景泰长城文化研究丛书

永泰城史话

YONGTAICHENG SHIHUA

石延荣 著

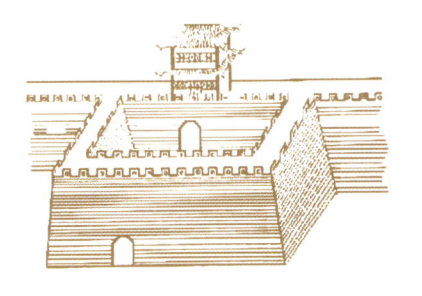

读者出版社

图书在版编目（CIP）数据

永泰城史话 / 石延荣著. -- 兰州 ：读者出版社，2024.10. -- ISBN 978-7-5527-0837-0

Ⅰ．K295.74

中国国家版本馆CIP数据核字第2024XY8626号

永泰城史话
石延荣　著

责任编辑	房金蓉
装帧设计	雷们起
摄　　影	寇明灿　魏烈荣　俞宝荣

出版发行	读者出版社
地　　址	兰州市城关区读者大道568号(730030)
邮　　箱	readerpress@163.com
电　　话	0931-2131529(编辑部)　0931-2131507(发行部)
印　　刷	甘肃浩天印刷有限公司
规　　格	开本787毫米×1092毫米　1/16
	印张21.25　插页7　字数328千
版　　次	2024年10月第1版
印　　次	2024年10月第1次印刷
书　　号	ISBN 978-7-5527-0837-0
定　　价	96.00元

如发现印装质量问题，影响阅读，请与出版社联系调换。

永泰古城

明长城景泰段

永泰川烽燧线

永泰川旱砂地禾尚头小麦

圣旨（清代）

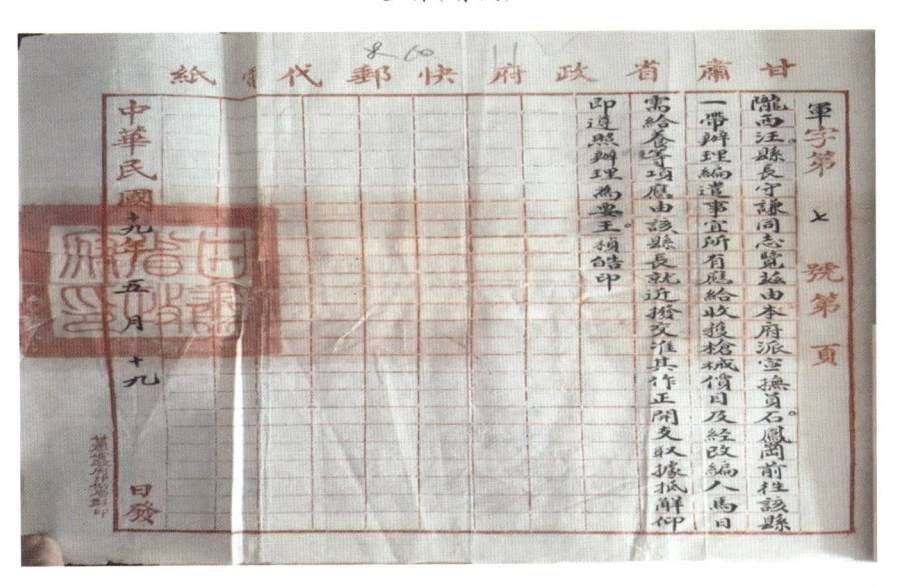

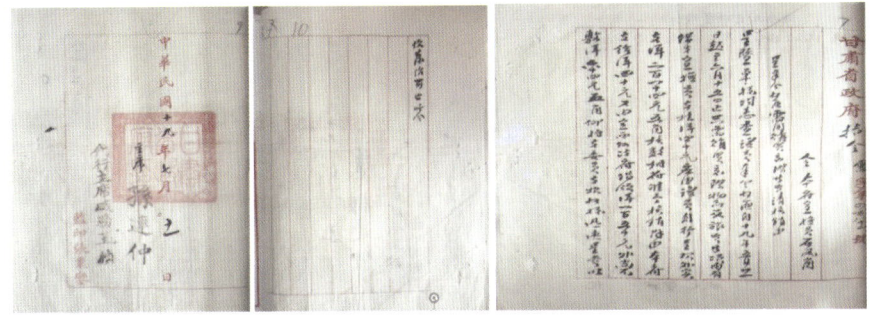

甘肃省政府电报军令（民国）

大佛寺神龛(制作年代不详)

铜塔(元代)

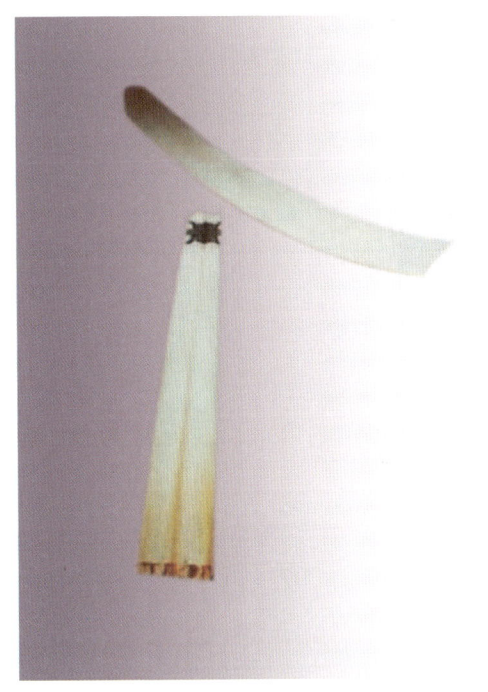

象牙笏板(明代)

永泰城铭碑石残片(明代)

永泰女小及永泰小学学生毕业证(民国)

李维周编著的《海门汇集》（民国）

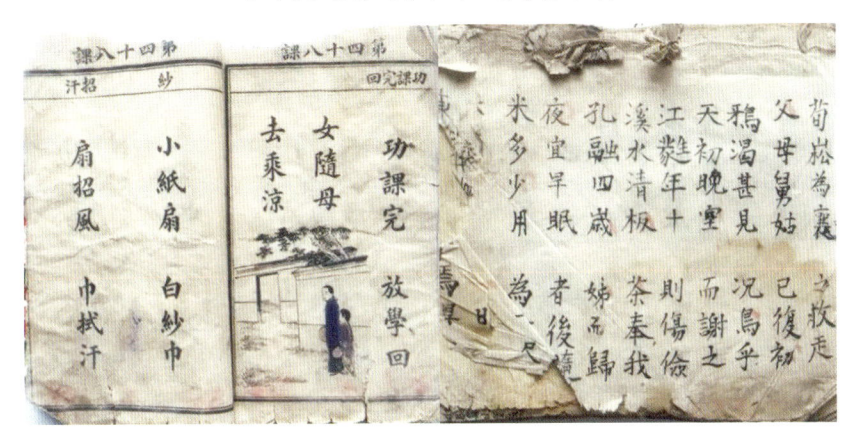

永泰女子小学国文课本及学生作业本（民国）

永泰城居民家谱序文

精耕细作 翔实绵密

——为《永泰城史话》而作

高启安

自从关注本邑景泰的历史文化以来,常慨叹景泰文物缺少,文化浅薄,出乎其类拔乎其粹者寥寥,与周邻县区相比,单弱明显。多年来孜孜矻矻,游历于山川,耕耘于纸墨,力图丰富历史文化遗存,为故乡增光添色,庶几不负生我育我之故乡。而有志于此、先我过我者,大有人在!

而今,就有这样一位沉浸于故乡文化遗存的挖掘、钩沉爬梳,不遗余力地精耕细作、集腋成裘,成鸿篇精制者,他就是石延荣君,其大作出版之际,着我写序介绍。"嘤其鸣矣,求其友声"。

我这些年因研究地方史,结识了许多地县的文史专家,他们怀着对故乡本土深深的爱,得地利之便,辛勤耕耘,努力挖掘搜求史料,钩沉发覆,从事着最接地气的研究,点点滴滴丰满着故乡的历史文化,他们是重要的本土历史文化研究方面军。我书橱上就有家乡景泰县杨悦春《景泰古今》(景泰县地方志办公室,2000),郝天魁、朱发忠、马成福《景泰这片热土》(中国文史出版社,2006),郝天魁《芦阳回忆录——芦阳五千年第一书》(2008),杨悦春主编《景泰史话》(甘肃文化出版社,2011),郝天魁《神往的地方:郝天魁诗文集》(香港天马有限出版公司,2012),闫志祥、王扶念、闫立昆编著《永泰城与寿鹿山》(景泰县文化馆,2012),李树江主编《百年景泰人物史话》(景泰县文化馆,2012),杨世娟、杨明浩编著《阅读景泰》(甘肃教育出版社,2013),李树江编著《丝绸之路与景泰》(2014),王博恩《大清藩篱岳钟琪》(兰州大学出版社,2014),沈渭显主编《景泰民俗》《景泰文物》、马仲辉《三眼井古今》(景泰县文化馆,2016),杨生华《忆青春——致我可爱的家乡》(兰州大学出版社,2017),沈文云《红西路军在景泰的故事》(时代文献出版社,2022)等十几本,尚未经眼拜读者,据说还有十几本著作,单篇论文又不知凡几,蔚为大观。《永泰城史话》就是石君延荣精心打造的一本力作。

永泰城,是甘肃有名的城堡故迹,也是景泰县努力保护、倾力打造的旅游名胜。关于永泰城的介绍宣传,已不少。以我所见所知,就深度、广度、新鲜及细腻详尽而言,以延荣此本《永泰城史话》为最。

全书分18章60余条目,煌煌20万字,可谓永泰城历史文化之大全,举凡城建背景、城之布局构建、城内建筑,搜罗备细,如府衙、城隍庙、马祖庙、龙王庙、娘娘庙(九天圣母庙)、风神庙、二郎庙、老君阁(原名犹龙阁,亦称大清宫)、行官殿、水龙王庙、灯山阁、玉皇阁(钟鼓楼)、新戏楼、菩萨阁、药祖楼、真武楼、文魁阁(文昌阁)、财神阁(镇番阁)、四圣宫(文庙)、关帝庙(武庙)、三官庙、城隍庙、后寝宫、土地庙、马祖庙、火神庙、白衣菩萨殿、大佛寺、小寺儿(永福寺)、十王殿、崔氏家庙等,凡30余座,种种宗教建筑,可谓当时西部民间信仰之综理,也凸显了景泰当地特殊的民俗信仰,如"娘娘庙""白衣菩萨殿""行官殿""三官庙"等。一城而具备如此多的宗教和民间信仰建筑,可知永泰城不仅仅是一座军城。我大致比较了一下红水城,当时"松山之战"刚刚结束,红水城内还没有如此多的反映宗教和民间信仰的建筑。到了永泰城修建时期，"松山战役"已过10年，如此多的宗教和民间信仰建筑出现于永泰城，反映了当时这一带国泰民安的局面。这些，不仅是研究景泰地方宗教和民间信仰的珍贵资料，也是战后居民陆续迁入实境的真实写照。目前所见，这是永泰城建最为详备的史料。只此，可见石君细致认真踏实的学风。

我特别在意作者所列《永泰城居民姓氏渊源考略》一目，这是目今许多方志、地方历史研究者未加关注者，却是氏族来源根脉，地方文化渊源，不但具有社会学的多方意义，而且本身又是地方开发、人口迁徙史的重要线索，其重要性不言自明，显示了作者的不凡眼光。作者所列十种途径，土著居民、戍边兵户、朝廷命官、经商谋生、避乱落户、充军落难、逃难落户、投亲靠友、传教落户、联姻落户等，又何尝不是我景邑居民之渊薮？

类似的独到眼光及史见，比比皆是，如"古城民俗"一节，所列10种，其中春节即有9项，所记详细，与他处有不同者，是重要的民俗史料，如"四月八"的"朝山会"，老爷山上唱大戏；五月十三的"关帝会"，在关帝庙前举行"舞大刀"活动等，都显示了地方民俗信仰的浓郁和特点。

作为饮食文化研究者，我当然特别关注"古城美食及其做法"一目，作者所列25种永泰城流行之饮食品种及其做法，可谓搜罗殆尽，大多数也在景邑其他地方流行，唯个别名称发音稍异、做法稍有不同而已。

景泰作为丝路沿线、农耕和牧业相接交融的地区，其饮食凸显了不同生产方式下的主要食原料特征和烹饪方式，如作者所举的"麻麦""锅块"（锅盔）"炒面"等，不仅是居民的日常方便食物，也是丝绸之路商旅行人的路途食物之一；"油茶"则凸显了游牧民族的食物特点；"油饼子""麻花"等，很早就出现在史籍中，也是古代敦煌人的美食之一。景泰作为河西走廊的桥头堡、丝绸之路的重要地段，流行这些食物，在情理之中。

除此外，作者搜罗移录了几乎所有关于松山之战、创建宽沟城、创建宽沟义学等碑铭，以及寿鹿山有关的诗歌等文学作品，分为"奏疏铭文""序记汇录""岳钟琪边塞诗词""重修永泰义学诗集""《海门汇集》""逃难曲""诗词序文集锦"及楹联等，搜罗备细，有志书"艺文"之性质，其中如《海门汇集》等，是难得一见的地方文学作品，可谓地方文学之代表。凡此种种，不仅是永泰城、宽沟城的历史记忆，也为研究者提供了永泰乃至一路连山（景泰一带的方言，山前岭后一带）全方位的历史资料。

石君生于永泰，长于永泰。我与石君相识也晚，后阅读其发表在报纸杂志上的文章，知其笔耕不辍，不仅是一位文学爱好者，也是一位醉心家乡史地掌故的文史研究者，及至阅读本书，则一笔一画，饱含深情和责任，充满了对家乡深沉的爱。此书不单是永泰的史料大全，对研究整个景泰历史文化，也具有重要的意义。

高启安

2024年6月26日于蜗蛙居

高启安（1957—　），甘肃省景泰县人，兰州大学历史文献学（含敦煌学）博士，日本京都大学博士后，兰州财经大学教授。曾任烟台大学客座教授、浙江工商大学中国食文化研究所客座研究员、兰州大学敦煌学研究所兼职教授、日本京都大学人文科学研究所外国人研究员。现任甘肃省敦煌学学会副会长、中国敦煌吐鲁番学会理事、中国国际食学研究所（西安欧亚学院）特邀研究员、西北师大历史文化学院兼职教授、硕士研究生导师、河西学院历史文化和旅游学院特聘教授、陕西师范大学人文科学高等研究院特聘教授、内蒙古师范大学兼职教授、《丝绸之路》杂志社编委，世界中餐业联合会专家组成员。

从事敦煌学、裕固族、丝绸之路饮食文化、地方民俗、甘肃地方史、岩画等方面的研究工作，发表相关研究论文210余篇；主持国家社科基金及省部级项目多项，著作有《唐五代敦煌饮食文化研究》《〈肃镇华夷志〉校注》《信仰与生活——唐宋间敦煌社会诸相探赜》《丝绸之路饮食文化研究》等。所著《旨酒羔羊——敦煌的饮食文化》被翻译为日文在日本出版。

目 录

第一章　丝路雄关永泰城　　　　　　　　　　　　　　　　　/001
　　第一节　鸟瞰永泰城　　　　　　　　　　　　　　　　　　/001
　　第二节　透视永泰城　　　　　　　　　　　　　　　　　　/005
　　第三节　永泰城在历史上的军事战略地位　　　　　　　　　/009

第二章　会剿松山　甘肃新边　　　　　　　　　　　　　　　/013
　　第一节　松山会剿　　　　　　　　　　　　　　　　　　　/013
　　第二节　松山会剿的官方碑记　　　　　　　　　　　　　　/015
　　第三节　大、小松山地理位置考证　　　　　　　　　　　　/017
　　第四节　松山会剿的起因　　　　　　　　　　　　　　　　/019
　　第五节　松山大捷的历史意义　　　　　　　　　　　　　　/020
　　第六节　复土新边建雄关　　　　　　　　　　　　　　　　/022

第三章　筹划监修永泰城的主要历史人物　　　　　　　　　　/025

第四章　永泰城相关建筑及兵制粮饷概况　　　　　　　　　　/028
　　第一节　军事指挥机构　　　　　　　　　　　　　　　　　/028
　　第二节　军事附属建筑　　　　　　　　　　　　　　　　　/032
　　第三节　民生工程　　　　　　　　　　　　　　　　　　　/040
　　第四节　老虎城　　　　　　　　　　　　　　　　　　　　/044
　　第五节　永泰营兵制粮饷概况　　　　　　　　　　　　　　/045

第五章　永泰城文化教育　　　　　　　　　　　　　　　　/047
  第一节　古城文萃集锦　　　　　　　　　　　　　　/047
  第二节　古城教育　　　　　　　　　　　　　　　　/107
  第三节　永泰秦腔与同乐社　　　　　　　　　　　　/122
  第四节　古城非物质文化遗产　　　　　　　　　　　/128

第六章　永泰城庙宇建筑艺术　　　　　　　　　　　　　　/132

第七章　永泰城居民姓氏渊源考略　　　　　　　　　　　　/156
  第一节　土著居民　　　　　　　　　　　　　　　　/159
  第二节　戍边兵户　　　　　　　　　　　　　　　　/159
  第三节　朝廷命官　　　　　　　　　　　　　　　　/161
  第四节　经商谋生　　　　　　　　　　　　　　　　/162
  第五节　避乱落户　　　　　　　　　　　　　　　　/162
  第六节　充军落户　　　　　　　　　　　　　　　　/163
  第七节　逃难落户　　　　　　　　　　　　　　　　/163
  第八节　投亲靠友　　　　　　　　　　　　　　　　/164
  第九节　传教落户　　　　　　　　　　　　　　　　/164
  第十节　联姻落户　　　　　　　　　　　　　　　　/165

第八章　永泰城历史人物　　　　　　　　　　　　　　　　/166
  第一节　明代人物　　　　　　　　　　　　　　　　/167
  第二节　清代人物　　　　　　　　　　　　　　　　/169
  第三节　永泰城内的名门贵族　　　　　　　　　　　/171
  第四节　新中国成立前永泰城军政人物　　　　　　　/174
  第五节　新中国成立前永泰城教育界知名人士　　　　/175
  第六节　新中国成立前永泰城文化界知名人士　　　　/176
  第七节　新中国成立前永泰城医务界知名人士　　　　/177
  第八节　新中国成立前永泰城商业界知名人士　　　　/178

第九节　新中国成立前永泰城其他知名人士　/178

第九章　永泰城岳氏家族　/179
　第一节　岳氏家史溯源　/179
　第二节　岳府人物　/180
　第三节　少年岳钟琪与永泰城　/184
　第四节　岳氏情系桑梓　/185
　第五节　岳府遗址　/186
　第六节　岳家坟嶂　/187

第十章　永泰城周边概况　/191
　第一节　山岳林地　/191
　第二节　所属村里　/191
　第三节　坟地墓冢　/192

第十一章　永泰城旅游文化资源　/195
　第一节　寿鹿山　/196
　第二节　百年县治宽沟城　/236
　第三节　永泰川　/255
　第四节　丝绸之路与永泰城　/258

第十二章　古城轶闻传说　/260
　第一节　民间传说　/260
　第二节　岳公轶事　/267
　第三节　道家奇闻　/271
　第四节　红色往事　/275

第十三章　古城民居　/279

第十四章　古城民俗　/283
　第一节　春　节　/284
　第二节　其他节俗　/287

第十五章　古城习俗 /291
第一节　饮　食 /291
第二节　服　饰 /292
第三节　人生礼仪 /293

第十六章　古城美食及其做法 /295
第一节　特色面食 /295
第二节　特色菜肴 /300
第三节　其他美食 /303

第十七章　永泰城影视文化 /306

第十八章　复兴之梦 /309
第一节　逐梦永泰 /309
第二节　永泰赋 /313
第三节　景泰赋 /318

后　记 /327

第一章　丝路雄关永泰城

永泰城地处兰州通往河西走廊的咽喉要道,自古为兵家必争之地。数百年来,一幕幕烽烟往事在这里上演。汉击匈奴、唐蕃角逐、夏蒙争锋……明代,这里的战略位置愈加重要,不仅是通往河西走廊的必经之路,而且是抵御游牧民族袭扰的重要支点,更是守卫金城兰州的前哨。由于政治、历史、地理、气候等综合因素的影响,历史上的丝绸古道并不是一贯畅通无阻的,沿线很多当年曾经辉煌一时的城堡、集镇、村落,现在大都不复存在了,只留下残存的遗迹,黑白的记忆,片段的追思,甚至悲凉的凭吊。

永泰古城是丝绸北路沿线现存的最具代表性且保护较为完整的明代军事城堡,是明长城边防体系的重要组成部分,是万历时"甘肃新边"的重点国防工程,是兰州以北最高军事指挥机构。2006年,永泰古城被国务院列为全国重点文物保护单位。

第一节　鸟瞰永泰城

永泰古城位于景泰县寺滩乡永泰村,西距县城一条山镇25公里,坐落于老虎山北麓。始建于明万历三十五年(1607年),城周1700多米,城高12米,城基宽5米,夯土层厚12至18厘米,城头一周有女墙799堞。登高鸟瞰古城,古老城垣的立体曲线,犹如一只长寿吉祥、静逸泰然的千年灵龟俯卧在永泰川这片广袤的原野之上。

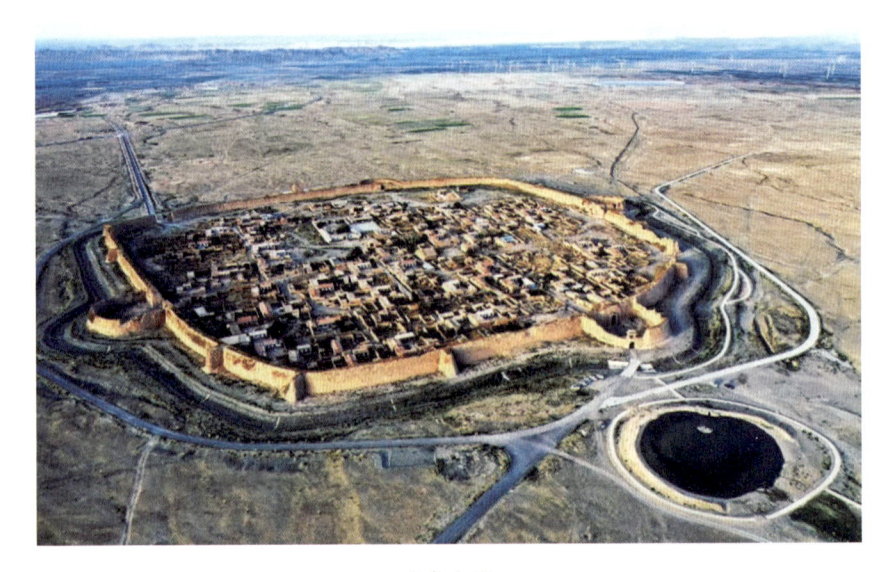

永泰古城

　　古城平面略呈椭圆形，南面只开一道城门——永泰门。城门外有瓮城，瓮城也只开一道门——永宁门，面向西南。城周有四个半圆形的"月城"即瓮城，当地人称"城圈子"，城周有十二座炮台（又叫马面），瓮城与大城连筑为一体，起着马面加固支撑作用。城外环城一周为护城河，当地人称"城壕"，深约2.5米，宽约6.6米，距城墙约10米开外，构成了一道科学完美的防御工事。北城外约20米处，有一座烽燧，残高7米，平面略呈方形。墩北依次有五座小墩，残高4米至5米，与大烽燧南北呈一字形排列延伸，是夹砂夯筑的军事防御设施。据《皋兰旧志》记载："县南有路塘二……一在永泰北城外，中有大墩一，旁有小墩五，自昔有兵，今废。"可见，此处塘墩修筑时间早于永泰城，永泰城建成之后，"塘墩"的战略作用逐渐被城堡取代了。

　　城内的人畜饮水，是从城南两公里处的老虎山下老虎沟峡谷前段水磨沟，用石条和青石块砌成绷拱（暗渠），把该峡谷里的松根泉水引入城内的。在南城外约50米处建成占地2800多平方米的用汲海（当地俗称大涝坝），以供牲畜饮用及灌溉农田。城内自南而北，从上到下沿街凿有五眼井，井与井之间以地下水道串通,将水灌入井内供城内人畜饮用。至城北角,又修了一个涝池,名曰"甘露池"。水从第五眼井下面的水道排出流入涝池,供城内居民洗衣、饮牲畜、浇灌菜地。相传这五眼井与"甘露池"是清初"威信公"岳钟琪所修。雍正二年(1724年),宁远大将军岳钟琪归里祀祖,在城内凿五眼井以补龟城之五脏。修"甘露池"为龟之六腑,以补龟城之地脉,增添龟城之灵气。显然这只是个传说而已。明代筑城,城内军民用水问题必然是首要亟须解决的问题。但春秋更替,年久日深,再加上土质碱化、地震等因素,到了清初城内饮水设施堵塞损坏,需要疏通维修,应在情理之中,此乃岳公为民之善举。

永泰城南倚老虎山,北连明长城,东临黄河,西控庄凉,应急兰州与红水之间,是大明王朝在西北边陲苦心经营军务的例证。明万历三十五年(1607年),兵备副使邢云路在红水城南一百四十里筑永泰城,又南一百里筑镇虏(正路)堡,再南一百八十里筑保定堡,再南九十里到金城兰州。中间筑墩院二、墩台四十四,补修红水、永泰等地墩台七十余座,廨舍、仓廒具备。万历三十六年(1608年)永泰城竣工,皋兰参军入驻。后因战时所需,兰州参将移驻城内,肃王裁拨卫所军马八百匹归永泰营,永泰城遂成为兰州以北最高军事指挥机构。

按照我国传统地理"三吉六秀"之易理,城内房舍以三街(中心大街、上十字街、下十字街)六巷(东巷、尕巷巷、武庙巷、前西巷、后西世、仓房巷)规划,中街较为宽阔,直通南北;上十字街东连中心街、北靠钟鼓楼、直通西城;下十字街在钟鼓楼东北约60米处,西连中心街,贯通东城;东西另有二条巷道(武庙巷、尕巷巷)连接中街;环内城一周为马道,长1700多米,宽约10米。于南城门内街西靠马道处建武庙,供奉武圣关云长;其后建三官庙,供奉天、地、水三官;于北城街西靠马道建大佛寺,供佛祖释迦牟尼;于大佛寺外院南巷道旁建永福寺,供奉观世音、文殊、普贤三大菩萨;于北瓮城门内街东靠马道处建长乐宫,供奉地藏王菩萨;于东街北靠马道建土地庙,供本方土地;于协署衙门东旁小教场北墙根建四圣宫,供孔子、孟子、曾子、颜回四圣;于长乐宫对面建倒坐观音阁,供倒坐观音;于武庙前建牌坊一座,其下当街建灯山阁,东大街十字建文魁阁牌坊……这些建筑井然有序,耐人寻味。永泰城建成后,在四百多年的历史长河中,几经兵燹,终不为破。如此完备的设计,堪称中国古代军事要塞教科书式的典范之作。

永泰城的建成,大大改变了明王朝西北边陲的军事防御形势。此后,火落赤等蒙古部落多次进犯松山,皆被击溃。永泰城发挥出重要的战略防御作用。到了清代,永泰营改设游击,后又改设为千总、把总……"原额马步兵六十九名,马四匹","后复减,只设守兵十四名,马两匹"。(《皋兰县红水分县采访事略》)康熙十二年(1673年),清宁远大将军"威信公"岳钟琪的父亲岳升龙授任永泰营千总,并在永泰城内修造府第。今天,岳府的建筑早已湮灭无存,但城内西北隅巷道至今仍叫"岳家巷子",城南2.5公里处奎龙山阴其祖茔岳家坟嶂遗迹尚在。

光阴荏苒,岁月如梭。到清末民初,永泰城这座军事要塞逐步嬗变为红水县及寿鹿山一带经济文化中心。屯田移民使这里发展为红水县(治所宽沟堡)一个较大的居民村落。永泰城内清时就有以庙宇创建义学的记载,"养育人才,即以维持风化,法至善也"。(《皋兰县红水分县采访事略》)到民国十二年(1923年),在城内下街原武衙署的左侧新修新式学校一所,即红水县第二公立高级小学校。当时,学校有上房五间,东西校舍内外各九间,讲堂(教室)五间。校门朝南,现保存基本完整。新中国成立后,随着国家教育事业的长足发展,国家拨款,群众集资,永泰小学得到多次维修,至今一直沿用。这也是永泰

永泰城列入全国重点文物保护单位

城内唯一保存下来的一处时代特点明显的典型建筑之一。

1972年武威地区文物普查队、景泰县文化馆对这座历史古城进行了联合考察。1982年景泰县人民政府正式公布永泰古城及城内五眼井等引水设施为县级文物保护单位。1987年，国家教委负责同志到景泰专程考察了永泰小学这一近代建筑，并给予了高度评价。1993年，甘肃省人民政府公布永泰城为省级文物保护单位；2006年，永泰城址被国务院确定为第六批全国重点文物保护单位；2009年，永泰村被甘肃省评选为历史文化名村；2012年，永泰村被财政部、住房和城乡建设部列入全国传统村落名录。2013年，省文物局和国家文物局批复甘肃省文物保护维修研究所编制的《永泰学校建筑群修缮设计方案》；2014年，根据国家文物局批复敦煌研究院、兰州大学文物保护研究中心联合编制的《永泰城址墙体抢险加固工程设计方案》，投资2271万元，实施永泰城址东墙抢险加固一期工程。城堡墙体加固运用裂隙注浆和表面防风化措施，进行夯筑、土坯砌筑、锚杆锚固、冲沟整治、墙基和墙顶排水等，加固不稳定的墙体。2015年，投资520万元，实施完成北墙、南墙、西墙抢险加固二期工程、防洪工程；投资286万元，实施完成永泰小学建筑群修缮工程，对永泰小学大木构架、院落地面、墙体、屋顶、门窗等进行科学修缮。2016年，甘肃省文物局和国家文物局批复华城博远（北京）建筑规划设计有限公司编制的《永泰城址文化和自然遗产保护设施建设项目文物保护方案》。2017年，省考古所专家对拟建区域进行考古勘探，开始施工。国家下达中央预算内投资永泰城址文化和自然遗产保护设施建设项目资金667万元，建设完成了步行道、看护用房、土地平整、水电路改造、环境卫生及消防设施等。加固修缮后的永泰古城，面貌一新，展露出历史的余晖。

第二节　透视永泰城

据成书于清末的《皋兰县红水分县采访事略》所载："城以圆形为之龟，

盖离首坎尻为之龟向,城周瓮城、炮台为龟肩足。预建诸庙,按三吉六秀布置方位以应甲折,谓之龟文。精心曲画,寓理于中,乃取'洛龟献瑞'之义也。欲使北狄西羌倾心向化,永为覆载,赤子以应,岁贡朝献。"城高三丈六尺,周围三里有奇,遥一里之谱,形圆,状似龟形。瓮城四(犹龟肩足),炮台十二。南门大小二,内曰永泰门,外曰永宁门。官道四(通城巅之甬道),女墙七百九十九雉。于瓮城巅建城楼四(瞭望哨楼),南城楼为三层,其余各为二层,上层供神,祈求平安,下层驻兵瞭望以防不虞。南城巅为药祖楼,取康宁之义,欲民永享太平;北城巅为无量祖师楼即真武楼,取天一生水之义,欲民终不苦其旱潦;永城向本坎离,体兼四维(地理八卦专用术语)。东城巅为文魁阁,虽云震位,实属巽宫,巽为天下之文风,尤主文明,使民比户弦诵,欲人文蔚起;西城巅为镇番阁即财神阁,供武财神赵公明,位置虽在酉位,实属乾宫,乾为天下之至健也,尤主乎战,若民设有不虞,勇于克敌。

永泰古城

城东南中街建一四层高楼,曰钟鼓楼,又名玉皇阁,上层供玉皇大帝,中层置象皮鼓,鼓内藏渗金锣,挝之音声宏远,悦耳中听,为龟之心脏。再者置鼓其上,遇惊而击,其声内可号令军民,鼓舞人心,踊跃杀敌;外则声震四野,让敌闻声丧胆,往往不战自退。当时,道教盛行,阴阳家谶言,老虎沟口正对永泰城门,有一股清煞气冲撞永泰城,于城池兵民不利。故于永宁门口建一老君阁(又名犹龙阁),系一座坐北向南的两层木阁。上层供奉太上老君道德天尊,下层通行。于其东侧六丈(20米)处(正对永宁门)建一间二郎庙,供二郎真君杨戬。设计者用一堵土墙把永宁门、东城墙、二郎庙、老君阁相连接,再把永宁门、西城墙与老君阁相连接,形成一道屏障。这样,人们从永宁门出来只有向西从老君阁下通过,才能各奔东西。老君阁就成了洛龟的首部了。并且在阁前西南约40米处又建了一座高约二丈四尺(8米),长五丈(6.65米)的照壁,以挡清煞,让其不能直接冲入城门。太上老君乃道教肇宗鼻祖,主握阴阳,道行高深,法力无边。以他为首,可统揽全邑,使永泰城牢不可破,固若金汤,历千秋而永固,保万世而无虞。再加上长有三只神眼、会七十三变的二朗真君把守城门,一切妖魔鬼怪或是魑魅魍魉,以及凶神恶煞,也不敢越此雷池半步,可使永泰城永保无敌,这种说法充满了浓郁的道教迷信色彩,实质上无论是老君阁、二郎庙、大照壁都是古城监修者为提高城池防御能力而精心设计的附属建筑物。

于北城墙外数丈,依次建有由大到小一线排列的六座墩台,形成一条龟尾。平时于紧靠城墙的大墩台上树一杆皂旗,随风飘荡,使永城有灵动之势,生机益然。城周有护城河环绕,常年蓄水,人畜不能跨越,以固城防。

城既落成,龟形显著,建城者劳心焦思,周于营谋,尤思龟为水族,旱燥之地恐难资生,故于南城门前数十步设一大清池,曰用汲海(又名太极池),供人畜饮水,方便城内军民。

前人思虑虽周,后人常有补缺。清雍正二年(1724年),川陕总督岳钟琪归里祀祖时,习知"洛龟献瑞"之义,曰:"邢公虽设龟形,未设脏腑,宜补之。"(《皋兰县红水分县采访事略》)遂于城内东西街并西巷北角设五眼串井以作五脏,于城内北角设一大池,曰"甘露池",合诸井并名六腑。从老虎沟口锻造石槽,将山谷内的松根泉水用㧯拱(暗渠)引至城内的五眼井,以充龟腹。井盈流至甘露池,池盈则于北水洞穿城流过,流至护城河,北水洞就自然成了龟尾部的排泄系统。《皋兰县红水分县采访事略》云:"邢岳二公,先后建设,为国为民如出一辙。二公虽曰培地补气,实则防患虑危,注重民生。实乃老臣筹边之良谋,保民之善道也。"

　　城内房舍以三街六巷规划,这些建筑井然有序,以作龟背之纹理。黄昏时分,落日夕照,若从高空鸟瞰永泰古城,金黄色纹理昭然,犹如龙马出河,洛龟负文,活灵活现,形神兼备。尤其是庙宇楼阁点缀其间,使洛龟更具活力,让人回味无穷。永泰城建成后,在四百多年的历史长河中,几经兵燹,终不为破,充分证明了设计营造之周详也。明时驻军守护自不必详说,至清咸丰二年(1852年),永泰营守兵因裁撤所剩无几,青海流寇,掠平番及红水界。当时,太平日久,守御无资,匪寇突来,人民逃窜。赖红水县丞冒公遣人绕道请兵截住归路……是役也,援兵虽胜而红水受创实甚,已蹂躏三十七庄,死者十八人,创伤者六十有三,被劫之家,四百三十有八,掳去牲畜二万二千有奇……永泰城确保无虞。"经此创后,红水地方人,始信冒公言,以筑堡建碉为急务。"《皋兰县红水分县采访事略》载:"清同治甲子三年春,匪寇猖獗,数攻城,急时无官兵,惟民坚守,城大民稀,弗能立堞守护,贼来急登城交战,民心一德,愿与城没,不愿弃逃,是以十数年之久未尝失守。""光绪十四年九月地震,倾圮东南城垣二百余丈(约660米)。乙酉二十一年河湟庄浪匪寇告警,民因城塌欲远逃之。邑生李国华、阎玉麟等,首倡劝众,努力就地筹款一千有奇,以作补葺之费,前署红水县丞查公德朗助成之,功始得竣。"(《皋兰县红水分县采访事略》)贼匪数攻永泰城,损兵折将,然城固若金汤,终不为破,永泰城民安然无恙。

　　永泰古城是目前丝绸之路沿线现存的最具有代表性而且保护较为完整的明代军事城堡,是明长城边

甘肃历史文化名村

防体系的重要组成部分,是甘肃"万历新边"的重点国防工程,是兰州以北最高军事指挥机构,堪称中国古代军事要塞教科书式的典范之作。2006年,永泰古城被国务院确定为全国重点文物保护单位;2009年,被甘肃省评选为历史文化名村;2012年,被财政部、住房和城乡建设部列入全国传统村落名录。2021年《白银市永泰城址保护条例》正式颁布施行,成为白银市历史文化"首法",将永泰古城的保护、管理、开发、利用纳入法治化轨道,永泰城青春焕发,青春永驻!

第三节　永泰城在历史上的军事战略地位

永泰古城位于寿鹿山主峰老虎山北麓水磨沟大峡谷北口2公里处的永泰川南塬沙滩草地上。地处甘、宁、内蒙古三省交界处,依山傍水,居高临下,川滩交错,沟壑纵横,是金城兰州的战略咽喉要地、丝绸北路的重要关隘、河西走廊东端枢纽门户,素有"鸡鸣醒三县"(景泰县、天祝县、古浪县)之美誉。

其北是一望无垠的永泰川,砂田连片,阡陌纵横,富有"料敌知无战,安边示有征"的诗情画意。其南面是"崇岗隐天,邓林蔽日"的老虎山,可藏百万雄兵于其内。进可以攻敌于百里之外,退可以老虎山为屏障,御敌于松山以北,稳操胜券。所以,此地颇具"一夫当关,万夫莫开"之战略天险,被历代战略家视为军事要塞。据甘肃省社科院研究员颜廷亮所编的《景泰与丝绸之路历史文化》一书所述:老虎山麓历史上水草丰美,牛羊成群,牧歌悠悠,驼铃声声,历朝历

水磨沟大峡谷

代诸多民族在这里繁衍生息,融合角逐,羌戎、吐蕃、匈奴、党项等民族争战时起,犯扰频繁。元狩二年(前121年)春,冠军侯霍去病西渡媪围索桥(今芦阳镇索桥古渡),在景泰境内痛击匈奴,并经老虎山麓一线进入河西走廊;元狩二年(前121年),汉武帝设立武威郡,在景泰县芦阳镇吊沟村大树梁筑建媪围城设置媪围县,隶属武威郡,为景泰历史上建县之始;同年,张骞第二次出使西域,上陇阪,过陇西,经靖远,从小口子下游索桥渡河。进入景泰境内,经响水、吊沟、芦阳到席滩,继续西行,过一条山、锁罕堡、老虎山、永泰、寺滩、三道埫、白茨水(居延置)、宽沟,折而向西南,至古浪新堡子翻嵩沟岘经裴家营、大靖、武威进入西域,开辟了丝绸之路,老虎山北麓正处于丝绸北路的要冲地带。汉宣帝时,为巩固边防,西汉定边名将——营平侯赵充国将军提出了名标青史的《屯田十二策》,并在金城令居(今兰州市永登县城西北庄浪河一带)移民屯田,国家为移民提供牛犁、谷种等物资,变牧场为农耕区。由于这种以兵民屯田的经营模式给边陲地区带来了先进的生产力,生产成效显著。随着西汉王朝对河西走廊的开发,屯田政策迅速推广到老虎山一线。在此期间,赵充国将军在老虎山前修筑老虎城(永泰人俗称旧城子),今天遗迹尚存。这种"军民屯田戍边"模式对西汉王朝经营河西乃至西域起到了厥功至伟的作用,泽被后世两千年。明庄浪兵备使梁云龙《荡空松山碑》所载"夫松山之虏岂其国初,然哉庆历间始也,盖松为汉武所开,以断匈奴右臂……";明兵备副使邢云路在《永泰城铭》中所云"郑伯分渠,营平屯田"。正是对一代名将——赵充国在此地屯田戍边的诠释佐证。唐宋时,此地名为龙沙,先后为吐蕃、西夏所据;元时复名松疆,成为蒙古人的牧场;明朝统一全国后,这里隶属狄道(即临洮府)。

明代宗景泰年间,庄浪(今永登县)守备魏荣防守失败,松疆(今景泰全境)被蒙古鞑靼部宾兔侵占并沦为牧地,老虎山南北农业经济受到严重摧残破坏。特别是明万历初年,蒙古部落松酋阿赤兔等纠合套虏(河套)宰僧著力兔、海虏(青海)永邵卜部等大规模入侵西北边陲,企图把大小松山(今景泰全境)与青海蒙古势力连成一片。一时间,狼烟滚滚,战火纷飞,边民流离失所,严重影响到明王朝西北边陲的稳定。为从根本上消除边患,明万历二十六年(1598年),朝廷以龙沙老虎城(今永泰城南旧城子)为中心,南北以大、小松山为界(大松山即今景泰县境内西部的寿鹿山、老虎山、老爷山一线;小松山即景泰县境内的北磴山、昌林山一线),组织了"松山会剿",此战历时半年之久,最终把蒙古宾兔部驱赶到了腾格里沙漠以北贺兰山一带,此战以明王朝的全面胜利而告终。战后,为进一步巩固边陲,明王朝在东起黄河索桥,西至古浪土门修筑了绵延200多公里的长城(当地人称之为边墙),并在兰州以北,长城之内,筑建了红水、芦塘、三眼井、永泰、镇虏、保定等城堡烽燧,其中以老虎山前的边陲雄关永泰城最为著名。同时,朝廷大规模移民实边、屯田兴疆,这就是历史上有名的"万历新边"。公元1636年,清王朝统一了蒙古各部,随着边陲烽火渐息,社会环境日趋安定,永泰城的军事防御职能不断弱化。清顺治时,永泰营由参将改设游击;康熙年间,由游击改设千总;乾隆年间,由千总改设把总;咸丰年间,裁撤永泰营把总。这样,永泰城到清朝末年,已由昔日的边陲重镇,嬗变为内地普通民堡。

丝绸北路寿鹿山段(今国道338线寿鹿山段)

永泰城所在的这条丝绸古道,在唐"安史之乱"后逐步废弃,直至明万历二十七年(1599年),"松山会剿"结束,新边筑成,河西走廊重归大明版图后才畅通,特别是明末清初,这里社会安定,交通便捷,商业繁荣,农业生产得到极大恢复发展,人民安居乐业,永泰城遂发展成为兰州以北繁华的边陲重镇。常言说得好:"栽下梧桐树,引得凤凰来。"明朝开国功臣常遇春之后裔常守维、宋忠武鄂王岳飞十七世孙岳仲武等为躲避中原战乱,迁徙西北,定居永泰城,给边远的永泰古城注入了富足的人脉根源。民国时,永泰城仍然是红水县的商业文化中心,红水县公款委员会、因利局、皮毛公卖所、皮毛征收局、商会一直设在永泰城内,商贸驼队络绎不绝,"魁泰号""庆余祯"等多家商铺生意兴隆、财源茂盛;永泰小学久负盛名,培养出了一批景泰县军政要人;1936年,红四方面军征战河西,红五军军长董振堂率部途经老虎山,夜宿永泰城,给古城永泰留下了光荣的红色记忆。

千古风流八咏楼,江山留与后人愁。历史上途经永泰城的这条商道是古丝绸北路东段的主要通道,也是今天景泰县振兴"一带一路"的重要地段。老虎城、永泰城等古堡遗址,佐证了这里曾经商贾官旅往来的繁荣和狼烟战火频仍的沧桑;永泰义学、永泰同乐社、永泰小学、永泰初级女子小学等学馆校舍汇聚了永泰城悠久的历史文化;寿鹿山、老虎山等得天独厚的自然风光,老爷山庙宇群、永泰城烽燧碉楼、红军将士夜宿过的安家大院、永泰川现代戈壁农业示范基地等人文景观,共同凝聚了永泰城厚重丰富的丝路文化、寿鹿文化、长城文化、边塞文化、红色文化,同时也印证了永泰城曾经的繁荣与辉煌!

第二章　会剿松山　甘肃新边

第一节　松山会剿

元朝灭亡后,明太祖朱元璋将元朝统治者赶出了中原,但由于蒙古贵族在一定范围内存在主动撤离的因素,因此依然保留着相当的实力,且与高丽、畏兀儿等势力依然保持着相当的联系,甚至在明初曾屡次侵扰明朝北疆,退居漠北的蒙古贵族蓄意复国。明太祖、明成祖多次北伐,战争持续了近百年,蒙古贵族最终向大明王朝称臣,建立朝贡关系。明正统十四年(1449年)七月,瓦剌在山西大同土木堡大败明军,明英宗朱祁镇被俘,这就是历史上有名的"土木堡之变"。从此之后,明朝由盛转衰,对周边少数民族的政策由进攻态势转向全面防御,从而形成了以"守备"为主的防御思想。蒙古诸部中最有实力者多次进攻明朝,明朝的疆界不断内缩,明军越来越依赖于长城防线。此时,蒙古鞑靼部野心膨胀,蠢蠢欲动。其首领俺答汗垂涎青海的富饶,携子宾兔、力兔等数万之众,经古浪大靖、景泰大小松山、天祝松山滩,袭据青海。一年后东返,留宾兔占青海,让力兔、宰僧、阿赤兔占据大小松山地区(今景泰全境)。这样,鞑靼部把势力范围从蒙古河套平原延伸至甘肃、青海,从而连成一线。在宁夏中卫、甘肃庄浪(今永登县)、凉州,开市贸易,并用武力劫掠边地百姓,黄河以西的松疆(今景泰)、古浪、民勤、庄浪(今永登)、中卫、河套大片土地被蒙古鞑靼侵占,严重影响到明朝西北统治的稳定。为了缓和边境冲突,迫于形势,明穆宗隆庆五年(1571年),明王朝封俺答汗为"顺义王",并对其子侄逐个加封。但事与愿违,这一举措更加助长了蒙古贵族的扩张气焰。他们光天化日之下,耀武扬威地骑着高头大马经常出没在兰州、西宁、庄浪(今永登)、中卫、靖远、凉州等地的闹市码头,抢劫财物,掳杀边民,使边地各族群众深受其害。

"土木堡事变"之后,随着西北边防形势的恶化,明王朝在西北地区先后设置了延绥、宁夏、甘肃、固原四镇。由于河套、松山、青海地区相继失守,便形成了被时人称之为西部"三大寇"的"套虏""松虏"和"海虏"(分别指长期盘踞在河套地区、松山地区和青海地区的蒙古族部落)。他们时常骚扰边境地区,给明朝西北边防带来沉重的压力。

明中后期边患首推甘肃一镇,甘镇之患在于争夺祁连一线,而松山又为该线咽喉门户。故巡抚戴才曾专门上疏明廷,强调甘肃边防的重要性:"甘肃一镇,最为孤悬,而防范机宜,犹当严密,所以然者何也?盖各边只知防秋,而甘肃四时皆防;各边只知防虏,而甘肃则又防番、防回。兵马奔驰、殆无虚日。"这反映出祁连山一线边患压力之大可谓西北四镇之首。因为松山(景泰)"左拥兰、靖,右护凉、古,前逼庄浪、两河则腹心,甘镇则咽喉",地理位置十分重要,控制了松山,就可凭借祁连山天然屏障,割断青海蒙古(海虏)和河套蒙古(套虏)之间的联系,在军事上处于主动地位,是大防要义所在。

万历十年(1582年),通过内阁首辅张居正"一条鞭法"的推行实施,明王朝财政收入显著增加,国力不断恢复。据《明史》所载:"太仓粟可支十年,周寺积金,至四百余万。""一条鞭法"的推行实施,增加了政府的财政收入,缓解了经济危机,缓和了政治危机,减轻了人民的负担。关键时刻,给正在走下坡路的明王朝注射了一针强心剂,带来了一线希望的曙光,朝廷军事上重用戚继光、李成梁、凌云翼、殷正茂等名将镇边。同时,进一步加强充实了西北边防武备,李汶、田乐、达云等名将齐聚西北边陲。为了从根本上解决西北边境隐患,明王朝积极筹划了一场复土新边的"松山会剿"。

经过多年的谋划筹备,明万历二十三年(1595年),经青海"湟中三捷"的沉重打击,西海、松山蒙古或远徙,或逃离,藏族公部纷纷弃蒙附明,明军乘机筑堡、募兵、冶铁、固要害、密哨探,为收复大小松山打下坚实基础。"湟中三捷"使得李汶、田乐、刘敏宽、达云消除了进攻松山的后顾之忧,决定一举收复松山。随着明万历二十六年(1598年),"松山会剿"的胜利,"大、小松山"守护金城兰州的战略防御位置越来越凸显,为了进一步巩固松山边防,在这里修筑边墙、城堡势在必行,永泰城的地理位置又处于松山边防咽喉地带,是"兰垣屏障"。这一切为后来筑建永泰城铺平了道路。

明万历二十六年(1598年)三月,通过两年的筹谋休整,收复松山的时机成熟。兵部尚书、三边总督李汶,大司马兼甘肃巡抚田乐约两河之众,集七路之师,统兵十万,对盘踞松山(今景泰全境)的蒙古部从东南西北四个方面发动全面攻击。甘肃总兵达云率五郡官兵从黑马河打入,西宁兵马备右布政使刘敏宽率青海军由大通河以东攻入天祝,庄浪兵备按察使梁云龙军从乌鞘岭以北夹击,甘肃副使李景元率两河壮士从黄羊川出击、西宁同知应坚和凉州通判王伦在其后堵截,另有甘州马应龙、凉州姜河、永昌王铁块等带兵参加会剿,大小之战数十次,战时持续了七个多月,击毙鞑靼头目十数名,军士数千,将蒙古贵族赶出松山(景泰全境),向河套以北溃逃。明王朝最终完成了割断河套蒙古部与青海蒙古部连成一体的目的,收复大小松山及附近大片失地,从根本上解除了西北边陲隐患,此战轰动朝野上下,历史影响深远。

第二节　松山会剿的官方碑记

当前,相关史料对于松山会剿的记载多为概述,于是时人为述功所刻碑记则成为最具价值之史料,当为研究松山战役的第一手资料。碑记共有三:即《定松山碑》《松山平虏碑》《荡空松山碑》。碑刻录文(节录)如下:

(一)定松山碑(原立于古浪县大靖镇大靖堡内,今佚)

明·肃州兵备使　崔　鹏

松山沿亘两河,为阿赤兔等所窃据者百有十年矣;明万历二十六年秋九月,巡抚甘肃兵部尚书田公谋谐帝幄、师应天弧,署鹏与西宁兵备右布政使刘敏宽,庄浪兵备按察使梁云龙,甘州兵粮分巡副使李景元,凉州粮储分守右参议张蒲,分旐五道,又署甘肃总兵都督同知达云,甘肃副总兵马应龙,凉州副总兵王铁块,镇番参将万赖洪水镇夷凉庄游击保定徐龙、朱启来、张守信等带甲万人,剿除兔虏,恢复松山,宣庙略于河西,靖边烽于漠北,奏龙沙之捷(龙沙今景泰县永泰城一带),屯虎城之田(虎城即永泰城南的老虎城,筑于西汉)。

(二)松山平虏碑(原立于古浪县大靖镇大靖堡内,今佚)

明·肃州兵备使　崔　鹏

时总制太子太傅李公汶运筹帷幄,巡抚兵部尚书田公乐借箸金符,西宁兵备右布政使刘敏宽挥戈青海之南,又署庄浪兵备按察使梁云龙控弦乌岭之北,署甘州副使李景元率两河壮士由黄羊川,又署甘肃总兵都督同知提五军官将于黑马圈,署西宁同知龙应坚振军旅在前,又署凉州通判史王伦挽当粟在后。于是田公秉钺扬麾,自发令,公之骑鹏等鸣弓环甲,重列冠军之营,督七校以顺天机,统六师而摇地轴,叱咤则风云是阵,张我虎队之威,战斗则草木皆兵,夺彼犬戎之魄,诛悍酋赤哈等八百级,头向番彝黄金等九千人。浑邪悬头不啻,绝居延之漠,先零落胆企图留湟野之屯,三军奏凯而还,二公露布以进。

(三)荡空松山碑(原立于永登县城内,今佚)

明·庄浪兵备使　梁云龙

夫松山之虏岂其国初,然哉庆历间始也,盖松为汉武所开,以断匈奴右臂,唐因而稍慎封守、宋失而入夷,迨我二祖逐虏开疆,始克复。时虽地广人稀,未暇垣筑,然而胡虏吭逐之,于三受降城外,则河套、贺兰皆无王庭,松山固耕牧沃区也,成化初,火筛虏套,虽或不无西讧,然或间岁一至,或秋高一至,松山亦非瓯脱也,惟隆庆之末,五单于解辫,自上古云中以至榆朔皆为开市,称藩,谓河西同一边镇,安可无市,于是招致宾酋携弟着力兔兔、宰僧子阿赤兔、额勒革麻记西移松山,而作之巢穴,开大小市于宁卫庄浪,又成一西河套,此松虏之所由起也。夫松虏既款市而护储胥则款之可矣,而奚必于空之也,盖松山左拥兰、靖,右护凉、古,前逼庄浪,两河则腹心,甘镇则咽喉,安能容得一虏。山以西扒沙为凉古屯地,山以东芦塘为靖虏膏地,山以南隆答、石炭,以至红井皆庄浪屯牧坟地,安可弃以与虏?

注:《定松山碑》《松山平虏碑》由肃州兵备使崔鹏所撰,《荡空松山碑》则由庄浪兵备使梁云龙所撰,在此次战役中崔、梁二人俱是参战将军,崔鹏所撰两碑所记大致相同,简要指明参与此次战役的将军和所率领军队,以及进攻路线。相较而言,梁云龙所撰《荡空松山碑》则少了战役过程和溢美之词,却翔实地叙述了松山的战略地位和历史沿革,甚至提及相关善后事宜,无疑梁碑史料价值为三碑中最高。

第三节　大、小松山地理位置考证

因梁云龙是庄浪卫将官,长期坚守在边境前沿,所以其在《荡空松山碑》中对大、小松山地理位置的描述最为翔实,自然也最为可信。其言"盖松山左拥兰、靖,右护凉、古,前逼庄浪,两河则腹心,甘镇则咽喉,安能容得一虏。山以西扒沙为凉古屯地,山以东芦塘为靖虏膏地,山以南隆答、石炭,以至红井皆庄浪屯牧坟地"。又《明史》载:"甘、宁间有松山,宾兔……居之,屡为两镇患。"可知,松山地处甘肃、宁夏两镇之间。

通过以上分析,同时结合当下行政区划就可发现,景泰县位于甘、宁、内蒙古三省交界处,其地理位置恰如梁碑所记"左拥兰、靖,右护凉、古,前逼庄浪,两河则腹心,甘镇则咽喉";而《松山善后事宜疏》也言其"东扼黄河,北阻贺兰,南缀兰、靖,西亘庄、凉"。所以,梁碑所言之松山所在地必然

寿鹿山（昔时大松山）

位于今景泰县。

景泰县地处黄土高原与腾格里沙漠过渡地带,祁连山东端余脉延伸入境,是河西走廊东端门户。景泰县境内海拔较高,且于历史有名的山共有三座,从北往南依次是昌林山、寿鹿山及米家山。昌林山作为祁连山东端靠北的一支余脉,呈东西走向,横卧腾格里沙漠南缘,距沙漠仅八公里,"阿坝一带之昌灵山林木颇属畅茂",林木葱郁,鸟兽繁盛。寿鹿山是位于祁连山东端较昌林山以南最大的另一支余脉,位于昌林山正南约三十三公里处,亦为东西走向。昌林山与寿鹿山连脉,两山森林覆盖率都很高,"永泰城十里曰寿鹿山,崇岗隐天、邓林蔽日"。

又《读史方舆纪要》中指出"大小松山在卫北六百里"。这里的"卫"指兰州卫。且说"今庄浪卫右,大、小松山",其言简单,尚为概说;《明史》载"庄浪卫……东有大松山,其北有小松山",亦仅言大小松山之相对位置。相比较而言,《通鉴辑览》则详细许多,其载:"大松山在平番县东北与兰州交界处,小松山在其北,为边陲要地。"而《通鉴辑览》成书于清乾隆时期,当时,平番县辖有今天祝县境,兰州包括今景泰县大部,故此文中大松山之地理位置与寿鹿山相合;文中又言小松山在其北,且梁碑言"山以西扒沙为凉古屯地,山以东芦塘为靖虏膏地",而"扒沙"为今古浪县大靖镇,"芦塘"为今景泰县芦阳镇,昌林山以西约二十五公里处为大靖,寿鹿山向东约三十二公里处为芦阳镇,亦合昌林山与寿鹿山之位置。

昌林山(昔时小松山)

综上,作为两河腹心、甘镇咽喉的大、小松山应位于今天甘、宁、内蒙古三省交界的甘肃景泰县境内,小松山便是作为景泰和古浪界山的昌林山、北磴山一线,而大松山则是由天祝境内毛毛山延伸入景泰县的东端山脉。《兰州府志》中所言之"寿鹿山",即今北山"寿鹿山"与南山"老爷山"之统称。

第四节 松山会剿的起因

因大、小松山不仅扼守河套往返西海的咽喉要道,而且地处甘肃、宁夏、固原三镇之间,战略位置十分重要,明朝中前期,往来游牧的蒙古族部落很快便意识到此地的战略价值,但都无力占据。直到嘉靖十二年(1533年)以后,墨尔根济农(济农又译吉囊、吉能)与俺答汗两兄弟几次发兵攻打流窜西海的宿敌亦卜剌、阿尔秃斯、卜儿孩等原本不服从达延汗的诸部,途经此地多次,俺答汗察觉到此地的重要性和价值后,便逐步取得了此地的实际控制权。后随着其部众的繁衍壮大,河套地区已不能满足其部众生存需求,且与明朝休兵互市后,他便让自己的子侄宾兔、力兔等率其部众于此驻牧。在守护进出西海之通道的同时,作为一根钉入甘肃、固原、宁夏三镇之间的楔子,"阳顺阴道,东市西剽",不但通过掠夺和互市不断壮大实力,而且牵制了明朝大量兵力,与"套虏""海虏"互为犄角、相互呼应,使得明朝西北边防压力骤增。

梁碑指出:"今则纠尔东房,到我内地建刹聚膻,与青、永、火、真连为三窟,而庄浪、昌都之南北悉为市场,掠汉抢番,为其耕种,其耳目、其爪牙凌夷。至首犯洮河、陷朔方,孰非松山贻之厉?"这一番话用反问的语气表达了明朝边将对"松虏"欺凌汉番的痛恨和为害四方的愤慨。在松山战役之前,俺答汗身死之后"套虏"开始没落,同时期明朝打击"海虏"取得"湟中三捷"。在此形势之下,剿灭"松虏"开始提上西北将官的议事日程。从肃州兵备使崔鹏所撰《定松山碑》和《松山平虏碑》可知,具体参与此次战役的指挥将官主要有三边总督李汶,甘肃巡抚田乐,西宁兵备右布政使刘敏宽,庄浪兵备按察使梁云龙、副使李景元,甘肃总兵都督同知达云、甘肃副总兵马应龙,西宁同知龙应坚,凉州通判史王伦、凉州副总兵王铁块,镇番参将万赖洪水,镇夷、凉庄游击保定徐龙、朱启来、张守信等。而主将李汶、田乐、达云等都是在此之前参与"湟中三捷"战役的功臣名将,所以在知己知彼的形势下,松山战役的结果几可预测。其后战事进展果不其然,明军分数路出击,对"松虏"外围据点各个击破,最终形成对松山的合围,一举剿灭了盘踞在此的蒙古部落,如崔碑所言:"诛悍酋赤哈等八百级,头向番彝黄金等九千人"。虽未赶尽杀绝,却也"尽拔其巢",收复了松山地区。

第五节 松山大捷的历史意义

纵观历史长河,"千古一帝"秦始皇开启了大一统的帝国时代。但新疆、西藏、青海以及甘肃大部得以纳入中原王朝版图则得益于西汉时期西域的"凿空",自此随着中央政府牢牢控制住河西走廊,西北的分裂势力再也无法分疆裂土。即使在今天看来,甘肃省的战略价值正是如此。甘肃省会兰州市正是如此成为内地联系西北的交通枢纽,而景泰县位于兰州以北,两地直线距离仅126公里,且两地间无险可守,景泰县至青海省会西宁市的直线距离为170公里,景泰县与内蒙古巴彦淖尔市(属河套核心地区)相距480公里。如此便不难理解明朝时期松山地区(今景泰县所辖区域)与兰州卫(今兰州市)的关系,同时,也体味到永泰城举足轻重的战略重要性。正如《武备志》所载:"松山东扼黄河,北阻贺兰,西亘庄凉,南缀兰靖,延袤千余里。"非是夸大,甘肃镇以"一线之路,孤悬几二千里,西控西域,南隔羌戎,北遮胡虏"也不是危言耸听。明朝后期,若是"套虏""松虏""海虏"势成一体,阻断河西走廊,则新疆、西藏、青海三省必然有失。《明史》载:"时北部俺答猖獗,岁掠宣、大诸镇。又羡青海富饶,(嘉靖)三十八年,携子宾兔、丙兔等数万众袭据其地。卜儿孩窜走,遂纵掠诸番。已,引去,留宾兔据松山,丙兔据青海,西宁亦被其患。"《皇明嘉隆书钞》载:"宾兔台吉延据大小松山,父子兄弟种类日渐繁多,切近甘镇凉庄,固镇兰靖等处,丙兔台吉流住西海,与克奥台吉等九枝跨牧黄河南北,切近甘镇西宁,固镇河洮等处,而甘固与延宁均之为急矣,四镇俱臣阃外事。"且"松虏""海虏"本就是"套虏"一部,可知虏患不绝、形势危急。得益于明朝朝廷一力征剿、将士用命,最终取得了松山一役的胜利。虽然史书记载有万历三大征,但笔者认为,驱除"松虏",恢复松疆,修筑边墙其意义同样重大,不仅使"松虏"成为流寇,威胁降低,同时断绝"海虏"与"套虏"的联系,为明朝后来各个击破奠定了基础。此外,新边及堡城的修筑,极大地加强了防御力量,巩固了明朝在此地的统治。收复该地的同时也极大地改善了甘肃、固原、宁夏三镇之间防卫缺失的现状,使得蒙古族在腾格里沙漠以南失去根据地,所以蒙古后虽屡次兴兵,但再也无力南下重新占据大小松山,由此,西北形势大为改观。只不过新边修筑不久,明朝便灭亡了。清朝建立后,永泰城一带至此成为内地,大小松山之名也渐渐湮没于历史而无闻了。

第六节　复土新边建雄关

　　松山会剿结束后,明万历二十七年(1599年),三边总督李汶亲自踏勘了景泰西北一带的地形,并及时向朝廷上奏《松山善后事宜疏》,提出了筑边墙、建城堡、设将官、屯兵田、移民实边等巩固建设边防的重要措施。朝廷审时度势,批准奏疏。万历二十八年(1600年),明王朝修筑了自古浪泗水至黄河索桥(今芦阳镇索桥古渡)约200公里的长城(景泰本地人俗称边墙),为与明初甘肃镇已经修筑的兰州黄河至嘉峪关的长城相区分,故称后者为"新边"。新边比旧边缩短了近500公里,这样,不但为朝廷节约了财力民力,而且更加有力地强化了西北边防。《武备志》载:"万历二十六年,出兵恢复,卜筑戍守,割大小芦塘等处属固原,红水河、三眼井等处属临洮,阿坝岭、大靖城等处属甘肃,自黄河索桥起至土门止,共四百余里,而兰靖庄凉一千四百余里之冲边,今俱称内地矣。"从中可以看出,新边墙的修筑将原三镇共防的一千四百余里长的防线收缩为四百里,将易守难攻的松山地区重新纳入明朝版图,使得明朝与蒙古族的对峙分界线向北拓展到腾格里沙漠一线,防卫效果自然更佳。

　　蒙古宾兔诸部由于驻牧松山一带长达百年之久,其恋复故巢之念想不可能在短时间内轻易破灭。新边虽有驻兵防守,但其侵扰仍不间断,致使战争时有发生。但是被驱逐的"虏酋"显然不甘心失败,《方舆考证》载:"(万历)二十七年四月,虏酋潜入扰筑,谋夺故巢,副使荆州俊发兵伏黄沙掌(今景泰县上沙沃镇附近)袭击破之,追至中卫,虏遁走。又三十年八月,虏屯据松山之北,总督李汶檄兵由芦沟(今靖远县北滩镇芦沟村)出捣巢,虏大创。"

　　鉴于兰州兵马应援松疆往返艰难,所以,万历三十三年(1605年)八月,甘肃巡抚顾其志以《奏城永泰疏》上书朝廷,在奏折中具体阐明了在老虎城北选址建城的重要意义,详情如下:松山疆域初开辟时,仅有红水等小堡,边防势孤力单,尽管有兰州兵马接应,但仓促之间不能立即赶到,何况奔驰五百多里,军马疲困,即使赶到,又如何抗击剽悍的外虏侵犯呢?再说沿途人烟稀少,没有临时食宿驻扎之地,倘若强敌趁机进犯,我方无城堡可依,这就不是万全之策。我们重新勘察合议,都认为在原先老虎城北建一城堡,设将驻军最为合宜。向南再设两个小城堡与兰州相望接应,如果这样,松疆的边防就有恃无恐了。此地原名老虎城,过去松虏长期侵占,他们熟知此地的优越,依恋故巢,不可能轻易忘却丢弃。再说以"老虎"为名,不够文雅,虎难驯服,新城名应拟改为"永泰",这样可一新耳目,永远断绝胡虏的狂妄念想。朝廷经过斟酌定夺,果断地批准了这一奏疏。

终明一世,明蒙在西北共发生战争857次,仅甘肃镇共382次,列四镇之首。其中天顺至成化、万历年间为两个战争高发期,前者以俺答通贡为转折点,后者则以万历二十三、二十六年的"湟中三捷""松山之捷"进而恢复祁连山防线为转折点。当甘肃镇隔绝东西蒙古后,延绥一镇便无烽火,西北遂安,所以刘敏宽在《湟中三捷纪事诗》中写道:"除凶雪耻龙堆外(龙堆指龙沙,永泰城东有龙沙岘,即今之永泰城一带),饮至旋师虎帐前。片石勋名高自勒,祁连山上即燕然。"

事实上,松山防线的巩固,不仅使甘肃一镇从此安宁,整个西北的战事也呈逐年下降趋势。明廷因此每年"所省粮饷岁不下数十万石",既减轻了人民的负担,也在一定程度上缓和了阶级和民族矛盾。"朝廷无北顾之忧,戎马无南牧之虞,边民无杀虏之惨剧,师旅无调遣之劳,钱粮无浩繁之费……城堡次第与修,客饷日积于仓廪,禾稼岁好于田野……"军费节省、屯田开辟、盐法疏通等利市之措施,使明蒙边境地区"六十年来,塞上民物阜安,商贾辐辏,无异中原"。

万历三十五年(1607年),兵备副使邢云路会同总兵孙仁,参将王维英、张恩俊,都司王嘉评,同知唐懋德、阮和声,知州李传声,监修新边郎中王聘贤主格册督宿,发动兵民准备筑城。复令参将达云、萧如熏,根据山相地形在老虎山前选择城址,构思布局,以画城图。偕同文武官员,调拨军民,协力同心,就地取材,挥汗上阵,全力以赴,修筑经营。自万历三十五年(1607年)春三月动工,至万历三十六年(1608年)夏六月落成,城曰永泰,周边迤逦共筑建维修烽火台120座,其北140多里与红水城、新边墙遥相呼应,迤南约100里筑建征虏堡(今正路堡),再南180多里筑建安定堡,再南约九十里即为金城兰州府,南北连通一线,广袤1800多里。永泰城东临芦塘、靖远,西界庄浪(今永登县),北连沙漠,南屏金城,形成群虎四围之势。永泰城周边崇岗隐天,森林蔽日,春华秋实,衣食自给。守城将士的刀枪器械样样具备。是年秋天,皋兰参军移驻永泰城,各部副将及隶属士卒依次把守各个城堡关隘,不久,兰州参将入驻永泰。永泰城由此成为名副其实的兰州以北的最高军事指挥机构和边陲重镇。从此,永泰城一带风调雨顺,百姓安居乐业。

第三章 筹划监修永泰城的主要历史人物

永泰城建于明，盛于清，虽经四百余年风雨沧桑，但仍不失当年的边塞雄姿。其造型奇特，文化内涵丰富，实属国内罕见。420多年前，明三边总督李汶、甘肃巡抚田乐、顾其志，兵备副使邢云路等一大批文臣武将，为了西北边陲安定，千筹万计，力言上疏，开启了"甘肃新边"的大好局面，筑建了永泰城。

李 汶

李汶（1535—1609年），字宗齐，今河北省任丘市城西陈王庄人，嘉靖朝进士，累官至兵部尚书。万历二十年（1592年）西北边陲"虏患甚急"，李汶被任命为三边总督。二十六年（1598年），他与甘肃巡抚田乐上疏会剿松山。二十七年（1599年），李汶亲自踏勘边防地势，提出新边防务计划：

李 汶

（一）新修从古浪泗水至黄河索桥的三百七十里边墙（长城）；

（二）新修永泰、镇虏、保定等城堡；

（三）移民充边，发展生产，开发边疆。

李汶是倡议修筑永泰城的第一人。他督边十二年，经历大小战役一百余次，功勋卓著。他的《扫空松山恢复疆土疏》和《松山善后事宜疏》，具体记载了他亲临边防一线保卫和开拓建设边陲的事功。又向朝廷提出了他的防边策略,即筑险隘、留额银、驱黠房、罢远戍、连战守、防要堡、补军饷、收生蕃、复土官、任兵备等十策,被一一恩准,一时边防大振。时人评论朝廷倚重李汶的情形说:"急在外则以汶出,急在内则以汶入,直不得两李汶耳!"

李汶于明万历三十七年(1609年)去世,享年七十四岁,赠太师,赐祭葬。

田 乐

田乐,号东洲,郑州人,少时家贫,刻苦读书,通晓大义,胆识过人。明隆庆二年(1568年)中进士,初授东阿令,有惠绩,后升任河南道监察御史,在任时"守正不阿"。万历初年,改任凉永兵备道,勘察山泽,寻找铁矿,在下马圈开设北山铁厂,加强战备。松山会战时,他任甘肃巡抚,亲自指挥了这场大战,为扫清虏患、开发边防建立了功勋。后升任三边总督、兵部尚书、太子太保。田乐是开发松疆的主要指挥者之一,虽未参与永泰城的监修设计,但为日后永泰城的筑建奠定了基础。

田乐去世后,朝廷赐祭葬,谥号襄敏。

顾其志

顾其志,苏州长洲人,明隆庆五年(1571年)进士。历任山东、陕西布政使,后参加指挥松山会战。战后,任甘肃巡抚,旋即向朝廷上表《奏城永泰疏》,具体阐明修筑永泰城的重要军事意义,并明确提出"再照地名老虎城,向系虏地,且名不雅驯,宜改拟'永泰',一新耳目,永绝虏念。"他的这一奏折,朝廷批准后,派兰州兵备副使邢云路等率众施工,一举筑竣永泰、镇虏、保定(水阜河)三城堡,与兰州呼应,后以军功加兵部侍郎,提升总督三边军务,晋升南京兵部尚书。卒,追赠太子太保。

邢云路

邢云路,明朝天文学家,字士登,安肃(今河北徐水)人,曾任河南佥事,陕西按察司副使,后至京师参预历事。万历三十六年(1608年),在兰州建造20米高圭表观测日影,并写成《甲戌立春考证》(一卷)。书中提出了一回归年长度为365.242190天,误差仅为2.3秒,是中国古代测得回归年长度值之最佳成果,在当时属世界先进水平。另著有《七政真数》和《古今律历考》(七十二卷)。(见《辞海》)

邢云路

邢云路是修筑永泰城的总设计师和监修者。万历三十六年(1608年),永泰城竣工。兵备副使邢云路,选择吉日,并亲手撰写《永泰城铭》,登山祭奠,告厥成功。此文详细记载了永泰城修筑的具体施工过程和建成后永泰城的崭新面貌,通篇文采飞扬,脍炙人口,成为永泰城"五疏一铭"之中的不朽杰作。

第四章　永泰城相关建筑及兵制粮饷概况

明万历二十六年（1598年），松山会剿以明王朝的完胜而告终。后因松疆军务日益繁杂紧急，三边总督李汶在老虎山麓的老虎城附近设立临时指挥部（帅府），开始大规模实施建堡筑边、移民屯垦等固边兴疆举措。并在永泰城建成前后，在此地设立和建造了诸多军事指挥机构和军事防御设施，为该地区此后数百年的安定发展奠定了坚实的根基。

第一节　军事指挥机构

（一）三边总都李汶公馆（帅府）

建于明万历二十八年（1600年），置所在永泰南城门外用汲海南侧约15米处，属坐南向北的四合院式建筑，高大雄伟，呈威武之势。其前为三间前后拔檐、内外明柱、起脊翅角、两坡流水、砖木结构、板装修府门。中间为正门通道，左右边间为班房，是警卫戍卒的值班房。大堂正对府门，亦呈前后拔檐、起脊卧阁、四角带风铃、两坡流水、板装修瓦房。整座院落建在一米多高的平台之上，经三层石条台阶方可入门，显得宏伟宽敞。东西各为三间前拔檐书房，为书吏办公地。四角为灶房、库房。整院结构严谨，做工考究，是三边总都李汶召集将领、商议军情、指挥作战、部署边务的最高指挥机构。该公馆是早于永泰城的建筑之一。

李汶公馆遗址

(二)协镇衙门(副总兵府俗称协署)

协镇衙门遗址

明万历三十六年(1608年)建,位于南城门内右侧,与城墙相距一马道,坐东望西,前门临大街,为上下两层木楼。下层前后拔檐,中间为正门通道,内设屏风门,两侧间门对称在过道内,为班房。上层两檐流水,四围设走廊,显得宽敞气派。进入正门,正对三大间前后拔檐板装修大堂,其前左右各为三间前拔檐书房。明时"边将之冠"——甘肃总兵达云曾驻守于此,处理日常军务。

(三)参将府衙(俗称将军府)

参将府衙遗址

万历三十六年(1608年)建,在城东偏南处,坐北向南,为砖木结构,四丈(约13米)见方,八卦攒顶,四坡流水,脊峰收为圆顶的建筑,宽敞雄伟。四条屋脊顺坡而下,至半坡处改为四只昂首挺胸、眺望远方的螭吻,气势恢宏。殿内四根两人合抱的金柱矗立四方,其上狼牙箭正斜拉嵌,逐级而上,形成八卦攒顶的结构。做工考究细腻,巧夺天工。正堂前左右各为三间前拔檐板装修的书房,三间前后拔檐两坡流水大门楼。当年,参将李万疆、王维英等先后在此处理军务。

(四)游击衙署(俗称游击衙门)

明万历三十六年(1608年)建,坐南向北,与参将府相背,三间前后拔檐板装修的正堂,其前左右配有书房。府门与正殿相似,中间为正门,边间为班房。游击是仅次于参将的军事长官。永泰营明时所驻游击名册失考,清顺治二年(1645年)至十八年(1661年)先后由李天佑、王加栋、党光荣、胡光德、尉之祺、许宗等任永泰营游击，皆驻守于此。

游击衙署遗址

（五）按察使行辕（俗称察院）

按察使行辕遗址

明万历三十六年（1608年）建，位于城北偏东处。从东街十字南墙的砖雕二龙戏珠照壁以北约20米处，经过察院街口四柱三门七踩斗拱的七翘牌楼，向北行约100米即是察院（此街俗称察院巷）。坐北向南，三开间前后拔檐、板装修辕门,中间为正门,左右两间为班房。从正门进入,下十二级石阶进入前院。前院东西两面各为五间前拔檐板装修书房(清康熙时改为义仓),供警卫士卒住宿。中门为三间前后拔檐板装修两层两坡流水翘角木楼,下层中间为四扇屏风正门,由此进入内院,边间为班房。上层为戏台,台口正对行辕大堂。中门平时不开,由三间木楼东西两旁所设小山门出入(清乾隆时改为城隍庙后始称"不二门")。进中门过屏风门正对行辕大堂,大堂前为三间卷棚,比大堂正脊稍低。大堂是前后拔檐、两檐流水、下设地梁、铺装木地板的砖瓦房,整座建筑气宇轩昂,堂内能容纳三百多人,是明末按察使朱燮元等审察官吏、商议军政要事的重地。平时士卒站岗,戒备森严。大堂左右又各设一小院,院内各有坐北向南三间前拔檐玲珑精致的卧室。大堂前东西各为九间前拔檐书房,为书吏和往来要员住宿之所。该行辕是明时永泰城内军政机构中规模最大、建筑艺术最高的一处豪华型官邸。

第二节 军事附属建筑

(一)仓房

明万历三十六年(1608年)建,位于城内西部偏北处,占地约三亩,俗称仓房大院。院内有砖瓦建筑仓库数十间,是明末永泰营储备粮秣等军需物资的重要基地。在城内的四街六巷中,仓房巷名字一直沿用至今。

仓房巷遗址

(二)硝磺场(俗称硝磺灰堆)

硝磺灰堆遗址

硝磺场是永泰营熬制硝酸钾和硫黄配制火药的主要场所。明万历三十六年(1608年)建,位于南城外护城河东南百米处,占地面积1300多平方米。硫黄原料采掘寿鹿山猪咀哑巴峰硫碉矿熬制,硝酸钾从红水白墩子盐池硝盐中提熬。永泰兵户、制硝世家居尚宝数代为明、清永泰营熬制硝磺。天长日久,熬硝所烧煤灰及矿渣堆积成山,硝灰及煤渣堆最高处达6米。20世纪五六十年代,永泰村平田整地积肥填土,三年多时间才把此处灰堆陆续拉运完。至今,遗址尚存,四周硝灰明显。

(三)护城河

明万历三十六年(1608年)建,当地人称城壕。环永泰城一周,距城约10米开外,深约2.5米,宽约6.6米,长约1700米,常年蓄水,人畜不能穿越,是永泰城重要的城防工事之一。

护城河遗址

(四)官草沟

明万历三十六年(1608年)营建,位于城西南5公里处,今寺滩乡官草村。永泰营初设时,有战马千匹以上,储备军马草料是头等大事。草场必须远离烟火,做到隐蔽安全。除城内东南角设有临时草料场外,城西官草沟是当年永泰营储备草料的主要基地。该地山梁之上还建有墩台,高约五丈(约17米),其上为瞭望台,下为休息室,草场建于山梁旁,背风避水,下临宽阔草场可以牧马。此地明清时长期为官府管理经营,隶属永泰营,故名官草沟。明末,永泰营指挥苟时进及后裔长期驻守此地,后入籍永泰,为景泰苟姓始祖。

官草沟遗址

清光绪年间,官草沟出了一位才女,姓孟,名坤元,字顺成。天资聪颖,博览群书,工于诗史,后适嫁于湖南宦吏谢某为妻,随夫遍游陇右,所见所闻,皆有吟咏,著有《读史集》《记游记》各一卷。孟坤元是光绪时皋兰县红水分县唯一的一位女诗人,20世纪90年代末,孟坤元被列入甘肃省文化名人录。

官草沟群众文化艺术很有特色。民国时期,官草沟村购置皮影戏箱,开始试演皮影戏。新中国成立初期,本村艺人王之良主演皮影戏,在寿鹿山一带颇有影响,1958年停演。20世纪80年代末,官草沟还保存着部分皮影戏具。1972年,在官草沟发现一处窖藏铜器,内藏铜塔6件,其中完整的有两件,其余锈蚀严重,部件残缺。塔用黄铜铸造,表面氧化严重。塔身由四部分组成:第一部分塔基与四级塔座铸为一体,内呈梯形,不规则的穹窿高10厘米,底口径15厘米;第二部分为瓶座与"八山"铸为一体,扣放在塔座上。瓶座高3厘米,瓶身下口沿饰2层莲花瓣;第三部分为13轮,中间用圆锥形空筒,上套大小不同的法轮,用锡焊接做成,高7厘米;第四部分为伞盖与宝顶,伞盖直径4.5厘米,厚4厘米,上饰放射状线条纹,塔总高32厘米,从13轮向下到底层呈不规则的圆锥形穹窿。据有关专家从铜塔的结构和制法考证,属元代遗存。

(五)骟马沟

骟马沟遗址

明万历三十六年(1608年)营建,位于城东南6公里处老爷山麓,即今寺滩乡骟马沟村。此地沟宽滩平、气候湿润、水草丰盛,宜于战马休整养膘。明清时,军马均为骟马,对所征集的公马必须经过阉割后,分槽(场)喂养,由专业驯马师、骑士训练娴熟后才可上疆场服役。这里是当年永泰营阉割、饲养、驯服战马的主要场所。当年由兵户闫邦奇负责驻守经营,并由其后裔传承到清朝中后期,当地俗称"闫家骟马沟",一直沿用至今。

(六)教场

明万历三十六年(1608年)建,是城内守军出操训练的主要场地。位于城东南约2公里处,占地面积约33万平方米。操场中间东侧约2米高的平台上,建有一座二开间前拔檐坐北向南的阅兵堂(俗称扬武庭),相传原为红漆明柱、全部彩绘的标志性建筑,毁于清同治年间。台前约400米处筑有厚1米、高8米、长17米的东西走向射箭靶墙。靶墙经四百多年的风雨侵蚀,虽靶痕累累,但今天依然屹立于永泰城东。

扬武庭遗址

靶墙遗址

(七)屠宰场(牦牛圈)

明万历三十六年(1608年)建,俗称"牦牛圈"。位于城外西教场南,紧靠大沙河沿。是明清永泰营兵士豢养食用牛羊的圈舍,为守军屠宰牛羊的专用场所,占地约3300平方米,毁于清同治年间。现圮为平地。

屠宰场遗址

（八）敌楼

永泰门敌楼遗址

明万历三十六年（1608年）建，俗称城楼。在永泰城东西南北四座瓮城之巅，建成四座敌楼。均为砖木结构，除南门药祖楼为三层，其余三座皆为上下两层，重檐板装。下层为守兵休息之地，上层供神像及设守兵瞭望敌情专用。敌楼雄踞城头，威震四方，料敌于百里之外，令敌望而生畏，确保城防无虞。

(九)炮台

明万历三十六年(1608年)建,俗称马面。环城一周有十二座炮台,炮台与城相连,且突出于城墙外侧,因其形状像马的侧面而叫马面。炮台是永泰城防的重要防御工事之一,有效地增强了城墙的防御能力,使得攻击者无论从哪个方向攻城,都会受到来自多个方面交叉火力的打击。同时,对整个城体起着支撑加固功能。炮台上建有砖木结构的城堞(哨房),房内有火炕、火炉等取暖设施,供戍卒和更夫巡防、报更、休憩之用。

炮台遗址

(十)烽燧

永泰城烽燧共有五条路线。东边两条,一线起于老虎城,向东延伸,每10里一墩。俗称十里墩、二十里墩……直抵黄河岸边的媪围古城(今芦阳镇吊沟村),相传是汉唐烽燧;一条起于东教场,经龙沙岘、教场山尾、石磊梁……向东北延伸至锁罕堡,为明代烽燧。北边一线起于城北瓮城外侧大烽火台,依次向北延伸,每隔2公里为一墩。当地人称头墩子、二墩子、沙河墩……越过北磴山,直抵三眼井、红水堡与明长城相接,为明代烽燧,其建造年代早于永泰城。西边一线跨过大沙河,南依寿鹿山麓蜿蜒向西,依次为官草沟烽火台、单墩子、双墩子、毛家湾子、宽沟城、一座磨,直指古浪到凉州,墩距2里至5里不等,为明清烽燧。城南烽燧北起园子烽火台,南到大墩滩烽火台,穿过老虎山、老爷山,直抵镇房堡,迤逦向南,与保定堡贯通一线,连通金城,为明代烽燧。

永泰城南大墩滩明代烽火台遗址

据《皋兰旧志》所载：永泰城沿线烽燧每台配备的报警物品有灯笼、各色旗子、梆子、放炮用的火药、打火链及守备士卒使用的兵器等。明代规定烽燧在燃烟举火的同时，相应地放炮，使报警传递不但能看到烟火，而且可以听到炮声，并从烽、炮数目中得知犯边敌人数量。如：

举一烽鸣一炮，表示犯边敌人在百人左右。

举二烽鸣二炮，表示犯边敌人在五百人左右。

举三烽鸣三炮，表示犯边敌人在一千人左右。

举四烽鸣四炮，表示犯边敌人在五千人左右。

举五烽鸣五炮，表示犯边敌人在一万人以上。

守备在烽燧上的士卒，必须牢记这些军令，如果来犯敌人的数量与传报的烽、炮数有差错，或者中途产生误传，则属谎报军情，必以军法论处。所以守台士卒必须时刻仔细观察，确保军情无误。

第三节　民生工程

(一)水磨台

明万历三十六年(1608年)建,位于永泰城南约3.5公里处的老虎沟大峡谷前段山麓石梁上,占地300多平方米,原安装两台水磨,专为永泰城军民加工面粉所用。水磨是明代较为先进的面粉加工设备,故当地人把老虎沟下段俗称"水磨沟",一直沿用至今。虽经四百多年风雨侵蚀和洪涝冲击,但水磨台旧址仍在,特别是泉水进出口及水磨安装地段,块石衬砌基础基本完好,遗迹犹存。

水磨台遗址

(二)水磨沟饮水暗渠

明万历三十六年(1608年)建,南起老虎沟大峡谷水磨台北侧,北至永泰城内,全长3.6公里,渠体均在地面0.5米以下,用石条、石槽、青石块、黄胶泥、鹅卵石等砌筑而成,把老虎沟内的松根水引入永泰城内,水质安全洁净,是永泰城军民的主要水源。雍正二年(1724年),宁远大将军岳钟琪归里祀祖时,对此工程进行了系统维修改造。

饮水暗渠遗址

(三)园子

位于永泰城南0.5公里处,相传为西汉名将、营平侯赵充国在老虎城屯田戍边时所开垦。园子东到教场黄胶泥沟一线,南到水磨沟口大墩滩一带,西连大沙河,北邻用汲海,占地面积近千亩,土壤类型属灰钙土。

城南园子遗址

园子以老虎城为中心,分东、南两片带,每块耕地面积均在0.5亩至1亩左右,地埂高低起伏、参差有序、阡陌纵横,临路沿边的地埂均为青石块砌筑,高出耕地约1米,有效阻拦骡马牛羊等牲畜进地践踏庄稼。园子里的渠道纵横延伸,全是用青石块衬砌而成的石渠,年代久远,古朴坚固。人们把水磨沟里的松根水蓄积于大墩滩尕涝坝内,通过石渠灌溉农田,确保旱季水源充足。园子里盛产洋芋、蔬菜、油菜籽、大麦、青稞……园子里所产的洋芋有圆、卵、椭圆等形状,其含水量高,含磷量丰富,特别是维生素C,每百克鲜薯,含量高达20至40毫克。园子是城内居民的蔬菜生产基地,是古城的"菜篮子"。

城南园子经过长期的生产改造,人们在园子里石渠两旁栽植了大量的杏树、沙枣树、白杨树、柳树等。每年春天,杏花盛开,一片粉白,清香四溢,极具"霜禽欲下先偷眼,粉蝶如知合断魂"的诗情画意。仲夏时节,这里绿树成荫,洋芋花、油菜花、羊胡花、山柴花、鸡丁花……姹紫嫣红,争芳斗艳,清风徐来,沁人心脾,成为永泰城的避暑胜地。特别是杏黄时节,人们纷纷来到园子里采摘杏子,这里的杏子甜软爽口、瓤香汁多,深受城内男女老少青睐。永泰城的设计监修者、明兵备副使邢云路在《永泰城铭》中所云"周眺原隰,沟塍洒连。郑伯分渠,营平屯田",正是对城南园子里耕地渠道等生产环境的生动描述。

(四)用汲海

用汲海

明万历三十六年(1608年)建,位于永泰南城门外约50米处,占地2800多平方米,当地俗称大涝坝,坝底周边均用黄胶泥夯筑而成,排水口用巨型石条、大青石块砌筑,坝高4米至5米,水深1.5米至2.5米,供城内牲畜饮用及灌溉农田。每逢冬季,坝内水面结冰,城内的孩子们来此滑冰戏耍。康熙年间,永泰营千总岳升龙对此进行了维修加固。

(五)五眼串井

五眼井

明万历三十六年(1608年)建。城内自南而北,从上到下沿街凿有五眼井,井与井之间以地下水道串通,井深4米,井底用石条、黄胶泥衬筑,整个井身用青石砌筑,坚固安全,将水灌入井内供城中军民饮用。雍正二年(1724年),宁远大将军岳钟琪归里祀祖时,对此进行了系统维修加固。

(六)甘露池

明万历三十六年(1608年)建,在北城根下,占地1900多平方米,城内居民俗称"尕老坝"。池底周边均用黄胶泥夯筑而成,排水口用石条、大石块砌筑,坝高2米至3米,池水深1米至3米,占地面积约500平方米,供城内军民洗涤、牲畜饮用及灌溉菜园。雍正二年(1724年),宁远大将军岳钟琪归里祀祖时,对此进行了整体夯实维修。

甘露池遗址

第四节 老虎城

老虎城遗址

老虎城在永泰城南0.5公里处,因依老虎山得名,永泰城内居民俗称"旧城子",相传为汉赵充国屯田戍边时所建。成书于清末的《皋兰县红水分县采访事略》载:"老虎城,建自汉时。"由此可见,老虎城是永泰城一带建城之始。城体为夯土所筑,城平面呈正方形,每道边墙长250米,占地面积约6.3万平方米。现城墙均已倒塌,城内已夷为耕地。

第五节　永泰营兵制粮饷概况

明代的军制,最初是统一实行世军制,明中叶因军额不足而实行招募制,到了明末,募兵制已经占据了主要地位。不同的军制,明政府所采取的军饷供应措施不一样,所产生的后果和影响也不一样。明代中后期,军事任务逐渐由征伐变为镇守,军事任务日渐复杂,而适合做各种军事主官的总兵官取代将军也就是自然趋势,但将军序列并没有消亡,而是互相融合。将军、副将军为总兵官加衔,以区别于普通总兵官。参将、游击也加以整合变革,成为总兵官、副总兵官之下的行伍官名。

明万历三十六年(1608年),永泰城竣工,皋兰参军移驻永泰,设马军一千名,步兵五百名。后肃王以将官移驻(即兰州参将入驻),裁拨卫所马八百匹归永泰营。

清朝是中国历史上最后一个封建王朝,也是封建经济高度发展和专制主义中央集权进一步强化并走向衰败的时期。它经历了1840年鸦片战争以前的封建社会和以后的半殖民地半封建社会两个历史阶段。其军事制度既因袭历代王朝的旧制和满族的传统,也受到西方的影响。至清末,许多近代军事制度已逐渐建立和发展起来。清朝前、中期,兵权主要控制在皇帝手中。雍正时设军机处,以亲信充任军机大臣,"掌军国大政,以赞机务"。光绪三十二年(1906年),兵部改为陆军部,始有统率全国军队的权力,后又增设海军部,但军机处的权力仍重。到宣统三年(1911年),改责任内阁,另设军咨府,以秉承诏命,襄赞军谋,军机处遂废。

清朝建立后,统一了蒙古各部,西北边陲日趋安定,永泰城的军事防御职能不断弱化。清顺治时,永泰营由参将改设游击,设游击一员;康熙年间,永泰营由游击改设千总,设千总一员;乾隆年间,由千总改设为把总,设把总一员;咸丰年间,太平天国运动爆发,大批陕甘清军调遣南方,永泰营把总随之裁撤。

清乾隆时,永泰营原额马、步守兵六十九名,马二匹;咸丰初年,裁减设守兵共十四名,马二匹。永泰营有教场一处,在南门外老虎城(旧城子)东边。

乾隆年间,永泰营原额岁支俸饷粮料草,折乾银九百八十二两四钱二分;咸丰初年,永泰营原额岁支俸饷马乾银一百九十三两,粮六十四石,料豆十石八斗,草七百二十束。

第五章　永泰城文化教育

第一节　古城文萃集锦

(一)奏疏铭文

文章千古事,社稷一戎衣。在永泰城盛衰蝶变过程中,留下了一篇篇遒劲郁勃的铭文奏疏、一首首文采俊逸的诗词歌赋……记录了古城历史,描述了边陲战事。其中以大明边陲要员为彪炳"松山会剿"功勋和筑建永泰雄关而上表朝廷的"五疏一铭"最具代表性,句句脍炙人口、篇篇引人入胜。

1.边务疏

明·甘肃总督　彭　泽

甘肃地方虽云北控番众。然,惟也乜克怯瓦剌二部在北耳。其套部大众如小王子等,并进军阿尔秃斯亦卜剌等贼之巢穴,则皆在宁夏之贺兰山迤东。也乜克怯、瓦剌二种,久不犯边。甘凉一带,近边为患之贼,皆自东而西者。先年分守凉州副总兵赵英拨有官军一千五百员名,在于扒里扒沙(今古浪县大靖镇一带)、煖泉等堡按伏分手;庄浪(今永登县)参将鲁鉴拨有官军五百员名,在于速罕秃斯堡(今景泰县喜泉镇兴泉村,又名锁罕堡)按伏。盖套部欲犯中卫、靖房(靖远)、兰州、庄浪,先拥众至迤北大松山(今景泰县寿鹿山一带)驻牧,哨探我边虚实，由扒里扒沙等处入寇。此处有备，足以捍御，不至大挫。成化间，副总兵李宽、刘晟等威名俱出赵英、鲁鉴下，一因挫衄，遂称各堡孤远难守。掣回原设按伏官军，将各堡城、墩台、军士屯田，尽弃境外。筑打小边，离城一二里者有之，五七里者有之，以致迤北套贼，不拘多寡，皆得侵入我境，阻截大路，抢杀人畜。边防之坏，莫此为甚。臣乞及今兵粮颇集，临、巩、甘、兰等卫备御官军应合上班。套部正在草短马瘦之际，且总兵官徐谦原系赵英麾下，参将鲁经即鲁鉴之孙，备知其详，而忠义、威名、才略、勇敢颇能追配前修，行令统领汉、土官军，前去扒里扒沙、速罕秃斯等堡，亲诣踏勘。将原先城堡墩台，趁时修筑。量拨军官，按伏防守。如此则贼之出没，可以预知。非惟庄浪可保无虞，而靖虏、兰州、中卫等处，皆不被扰害矣。

(摘自《甘肃通志》《景泰县志》)

译文：边陲甘肃这个地方，虽说北边被蒙古鞑靼一部控制着，其实只有名叫也乜克怯和瓦剌的两个部落。远的河套一带的蒙古族部落只有小王子，近一点有宁夏贺兰山的阿尔秃斯、亦卜剌在那里盘踞，这两部多年来再没有侵犯边境。甘州、凉州一带近年来制造边患的，都是自东而西来的蒙蒙古族部落。早年分守凉州的副总兵赵英调拨官军1500多名，在大靖、煖泉堡(今景泰县兴泉村内锁罕堡)一带防守。驻扎把守庄浪(今永登)的参将鲁鉴有将士500多名，在锁罕堡(今喜泉镇兴泉村)防守。凡在河套一带的外敌要侵犯中卫、靖远、庄浪，必先调集军队到大松山(今景泰境内的寿鹿山一带)驻扎放牧，侦探我边防虚实，才可由大靖等处入侵。如果此处有驻军，足以防范外敌，不至于受大的挫折。宪宗成化年间(1465—1487年)副总兵李宪、刘晟等威名都在赵英、鲁鉴之下，往往受挫战败，说明这一带城堡孤单难守，继而抽回驻守的军队，竟然把边防的各个城堡、墩台、军士的屯田全部丢弃被蒙古族部落侵占。敌人在边境小打小闹，离我边陲守城一二里的有之，五七里的有之，以致延展到北套众贼，不拘多少，都能轻而易举地侵入我境，阻截商道，抢畜杀人。这一带边防治安混乱得很，受蒙蒙古族部落侵害的没有比这一带更严重的。

臣今上疏奏明,请朝廷允许现在将军队、粮食集中使用。临洮、渭源、甘州、兰州等地防守的官军,应该全部上阵,因为河套蒙古族部落正处在草短马瘦之际,敌人进犯的可能性不大。总兵长官徐谦原是赵英将军的部下,参将鲁经就是鲁鉴的孙子,他们对这一带的军事防务很熟悉。再说他们的威信、智谋、勇毅都能赶上前任。调遣并命令这些将军亲自到大靖、锁罕堡等地了解防守情况及敌情,将原先的城堡、墩台等工事趁时修缮加固,选拔智勇的军官驻扎防守。这样蒙古族部落即使神出鬼没,也是完全可以提前知道的。如此这般,不仅庄浪可保无事,连靖远、兰州、中卫等地都不会被侵扰受害了。

要义点评:这篇奏章写在修筑永泰城约100年前,详细阐明了明朝正德十年(1515年)景泰地区边防线上敌我双方侵扰与反侵扰的斗争态势。同时,一针见血地指出景泰一带边防线军备长期松弛的弊端。其核心主旨说明了景泰一线蒙古族部落虽多次侵扰,但只要明军加强战备,特别是一定要加强从大靖至兴泉一带的防御武备,就完全可保卫从中卫至靖远到兰州一线边防的平安。当然这一奏章中还没有提出在老虎山下修建城堡的问题,但是详细说明了河套一带的蒙古部落要侵犯中卫、靖远、庄浪等地,必先派兵到大松山(今景泰县寿鹿山及永泰城附近)侦探军情,字里行间都流露出景泰地区特别是老虎山一带战略地位之重要,为以后在老虎山下修筑永泰城埋下了伏笔。

明王朝当时为了缓和民族矛盾,减少外族对边防的侵扰和蹂躏,采取怀柔政策。于明穆宗隆庆三年(1569年)三月,封原蒙王俺答汗为顺义王,授予其子宾兔指挥同知,居住于兰州以北的松山。由于这些怀柔外交政策的推行实施,松山边陲矛盾有所缓和,边防暂时得到安定。

2.房部归巢善后事宜疏

明·总督　郜光先

陕西首首,塞外驻牧。自亦卜刺殊破之后,松山尚鲜房踪。今则宾兔台吉、著力兔台吉、炒哭儿台吉等,近据大小松山(今景泰全境),父子兄弟,种类日繁。顷因虏王俺答返佛西来,套虏卜失兔等纠合诸酋,计与俺答举兵图逞。俺答不与同仇,率众东返。当此各虏还巢之期,东奔西逐,此乞彼求,免启争端,而糜抚费。议令各照原地原巢住牧,各守本市,不许往来别市,无端乞求,以长骄顽。又兰、靖、庄、红地方等有奸顽军余,私窃边外松山矿利,潜入草地。甚有甘为虏使者,若不严禁,贻患匪轻。合无申明各边隘口、暗门,严密盘诘。兰、靖、庄、红等处,严禁矿徒。如潜放出边,该管官宜以纵容治罪。

(摘自《创修红水县志》《景泰县志》)

译文:陕西北部蒙番的部落头目,竟肆无忌惮地来我边陲驻扎放牧。本来自卜刺大败之后,松山一带少有蒙古人的踪迹。但目前敌首的部属宾兔台等三部,在大小松山(今景泰县境内寿鹿山、昌林山)一带,父子兄弟,繁衍日多。最近蒙古王爷俺答汗拜佛西来,河套的虏敌卜失兔等趁机纠合众多大小头目,合伙商议想与俺答汗联合举兵,图谋侵犯我边境。但俺答不愿与他们合流谋反,率领部属东返。在这种局面下虏敌各部也不愿东奔西逐,浪费粮饷,各返巢穴。我们认为朝廷应敦促他们各自在原地驻扎放牧,各守各的贸易互市,不许往来串通,以便助长其骄悍恶行。另外,兰州、靖远、庄浪、红水等地还有虏敌的"奸顽"残存,他们贼心不改,私下欲窃取松山的矿产,潜入水草丰茂的大小松山等处放牧。更有一些汉奸败类甘心为虏敌通风报信。若不严禁,造成的后果就严重了。应当申明:无论哪一个关隘、暗道,都需严密盘查,特别是"兰、靖、庄、红"一带,要严禁虏敌挖金开矿。如发现虏敌潜入边防草地放牧,就应该对当地的主管官员治以纵敌之罪。

要义点评:从郜光先总督的这一疏文中,可以看出,到了万历初年,明王朝与北蒙在边界线上关系尚且相安,但明朝边防一再松懈。北部的蒙古贵族受到了"土木堡事变"的启示,就想蠢蠢欲动,侵犯边境。或挖矿掘金,或争草放牧。郜光先总督向朝廷提出应严格要求边防守备的各级官员,要切实加强防范,不可麻痹大意、掉以轻心。如有失误,应以渎职通敌罪论处。但虏敌越来越猖狂,边防武备日趋薄弱,还出现了边贼汉奸,与蒙古族部落里勾外连,威胁到边防安宁。鉴于此状,防守官兵大多心有余而力不足,只能观望而已。

3.扫空松山恢复疆土疏

明·三边总督　李　汶

本年三月,松酋阿赤兔察纠合套部宰僧著力兔、海虏永邵卜等入犯,欲行闯边过海。各官军堵截迎敌,直捣黑马圈河、扒沙(大靖)等处,通共擒斩首级七百一十四颗,俘获番虏黄金榜仟等五百余名。七月阿赤兔等欲图报复,仍纠海虏,复行出犯。官兵堵击,枪箭射打,死头目卜打台吉等五名及散虏五十余人。各虏败走退遁大小松山。九月廿五六等日,两河五道官军,会集大小松山,虏惧远遁,逃窜不及者,弃戈降服。总计五道共斩首级四颗,擒活虏二名,俘获番虏八百八十名,马、驼、骡、牛、羊一千五百余。兰州参将闫逢时等,率兵从盐场堡出境,搜至插机滩,离边七百余里,斩获虏首五颗,生擒鞑女一口。再行穷搜,并无虏迹。大兵通回入境。看得松山广袤千里有余,宾酋窃据三十余年。扼吭于庄、凉,剥虏于兰、靖,左款右犯,朝市夕蹂。幸我侦探明备,伐彼狡谋。三月几覆其巢,七月再褫其魄。于是约会西河之众,大集七路之师,分道出兵,四面进巢,穷庐如扫,碛卤一空。伏莽之夷,稽颡内附,撤塘之虏,俯首就擒。乃复周历山川,穷搜陵谷,南连兰、靖,东尽芦塘(今芦阳镇),北斥流沙,西通泗水。膏腴可耨,要害可垣。师不殚财而留屯自裕,兵不血刃而版宇悉归。自是履亩而耕,列戍而守。庄、凉屹为中土,甘、固联若比邻,内贻堂奥之安,外绝门庭之患。此两河之福,万世之利也!

(摘自《天下郡国利病书》《景泰县志》)

译文:明万历二十六年(1598年)三月,松山一带的虏首阿赤兔等纠集河套虏首僧著力兔,伙同青海虏首永邵部等入犯我疆土,企图闯过边防连通青海,我朝西部各路官军同仇敌忾,堵截迎敌,直捣黑马圈河、大靖等处虏敌,共擒斩敌人的首级七百一十四颗,俘获蒙古鞑靼黄金榜仟部落族人五百多名。七月敌首阿赤兔等欲图报复,又纠合青海虏敌,大肆进犯。我官兵以枪箭堵击,打死敌头目卜打台吉等五名以及散兵游勇五十多人,各路敌人败走退遁于大小松山。到了九月二十五六日,两河五路官军,汇集大小松山,聚合兵力开始总攻,虏敌看到大势已去,惊恐远逃,来不及逃窜的,弃甲投降。五路兵马共斩敌头目首级四颗,活捉敌头目两人,俘获敌兵八百八十人。马、驼、骡、牛、羊一千五百多头(只)。兰州参将闫逢时率兵从盐场堡出发,搜捕残敌,直到插机滩(今宁夏回族自治区境内),这儿已离开边防线七百多里了,斩获敌酋头目五人,生擒鞑靼女头目一人。又乘胜前行坚壁清野,已不见蒙古鞑虏的踪影,大军才班师返回。

松山疆域广袤达一千多里,蒙敌占领三十多年。他们在庄浪、凉州一带骚扰,在兰州、靖远一带抢劫,往往是左边挑衅、右边进犯,早上闯入市场抢劫,晚上侵入村寨蹂躏边民,无恶不作。幸亏我朝守将及时侦察敌情,加强防备,主动进伐粉碎其狡诈的阴谋。大战三月,几乎捣尽其巢穴,连续作战,到七月顽敌已闻风丧胆。于是我方集结河西之众,集七路之师,分道出兵,四面进剿,扫荡敌人的老巢,残敌钻进草丛里叩头降服,撤退欲逃的俯首就擒。接着我军又在周边山谷沟壑,遍查陵谷。南至兰州、靖远,东至芦塘,北扫大漠,西通泗水,收复了一大片疆土。肥沃的土地可以耕种,险要的关隘可以筑城。这样,军队屯田可以自给自足。兵不血刃,而神圣的疆土版图全归。从此分田而耕,分兵驻守,庄浪、凉州屹立于中土,甘州、临洮相连若邻。内地家园安全,彻底断绝了边防祸患。这是造福河西、惠及世世代代边防黎民百姓的福祉啊!

要义点评:三边总督李汶是"松山会剿"的指挥者、参与者,本疏由其亲手起草,详细记述了明万历二十六年"松山会剿"的战斗经过,并用具体数据逐一说明了会战的胜利战果。特别是对战后明朝官兵清扫战场、坚壁清野的军事行动写得生动具体、栩栩如生,让人看了如临其境。通篇文笔流畅,内容丰富,字里行间流露出明朝边陲官兵对收复松山失地的喜悦之情。与杜子美《闻官军收河南河北》诗有异曲同工之效,可以对比鉴赏,同频共振,从而激发青年一代热爱家乡、建设景泰的热情和志向。

附:

闻官军收河南河北

唐·杜甫

剑外忽传收蓟北,初闻涕泪满衣裳。

却看妻子愁何在,漫卷诗书喜欲狂。

白日放歌须纵酒,青春作伴好还乡。

即从巴峡穿巫峡,便下襄阳向洛阳。

《闻官军收河南河北》作于唐代宗广德元年(763年)春天。宝应元年(762年)冬季,唐军在洛阳附近的衡水打了一个大胜仗,收复了洛阳和郑(今河南郑州)、汴(今河南开封)等州,叛军头领薛嵩、张忠志等纷纷投降。第二年,史思明的儿子史朝义兵败自缢,其部将田承嗣、李怀仙等相继投降,至此,持续八年之久的安史之乱宣告结束。杜甫是一个热爱祖国而又饱经丧乱的诗人,当时正流落在四川,听闻这个大快人心的消息后,欣喜若狂,遂起笔写下这首诗。

4.松山善后事宜疏

明·三边总督 李 汶

松山既空,故疆已复。其经理善后,最为吃紧。而善后非筑边、建堡、设官、屯田、其道无由。今会官踏勘,松山东西一带,延袤四百余里,堪修长边一道。河东自永安、索桥至小松山双墩分界,共一百八十里;河西自泗水、土门至小松山双墩分界,共二百二十里。在河东则芦塘川应设参将一员,兵马二千名,筑城一座;芦沟口以西红水河应设守备一员,兵马五百名,筑城一座;芦塘设防守一员,兵马一百名,筑堡一座。在河西则扒沙营应设参将一员,兵马二千名,帮筑旧城一座;阿坝岭设守备一名,兵马五百名、筑堡一座;裴家营、土门子各设防守一员,兵马各一百名,筑堡各一座。屯戍协守,相为声援。照得国初驱番众于三受降城外,河套、贺兰尚且无虏,松山故自宁区。成化初,虏据河套,虽或不无内讧,然去住有时,松山亦非瓯脱。惟隆、万间,款市一通,宾酋等盘府其中,庄浪遂成一线,而兰、靖、庄、凉,无处无时不遭荼毒。且伪造妖书、红旗、传播真主起于草地,以摇远迩。虽屡入屡挫,窥犯犹昔。幸今恢复,急宜修守。查凉之泗水至靖之索桥,横亘不过四百里,仍旧自永安历皋兰渡河,逾庄浪以至凉州,则一千五百里,舍此四百里不守,而欲守一千五百里之边,果孰难孰易?修此四百里之边墙,又何难而何阻?勘得自镇番至中卫,烽堠相望,迄今旧址犹存。其修边也,虽管主于筑墙,然遇沙卤则挑壕,遇崖绝则削堑,取其足以遏奔轶斯已也。

(摘自《皋兰县红水分县采访事略》《景泰县志》)

译文： 松山一带的蒙古族部落已被扫荡一空,大明原有的疆域已得到恢复。现在善后管理的事宜最重要,而善后除了修筑边墙、筑建城堡、设置官吏,驻兵屯田之外,再没其他更好的途径可寻求。最近,本府召集相关官员,实地踏勘松山一带地理地形,松山东西一带,绵延四百多里,可修边墙一道。黄河东自永安、索桥到小松山(今昌林山附近的北磴山)的双墩分界,共一百八十里;河西自泗水、土门至小松山双墩分界,共二百二十里。在河东芦塘川应设参将一员,领兵两千名,筑城一座(今芦塘城);芦沟口以西至红水河应设守备一员,领兵五百名,筑城一座(今红水堡);小芦塘(今芦阳镇响水村)设防守一员,领兵马一百名,筑堡一座(今响水堡)。在河西的大靖营应设参将一名,领兵二千名,要把这里原有的旧城(今大靖堡)加固修新;阿坝岭营设守备一员,领兵马五百名,筑堡一座;裴家营、土门子各设防守一名,各领兵马一百名,筑堡各一座(今裴家营堡、土门堡)。各点将驻扎防守,互为应援。本来太祖高皇帝建国当初,把敌虏驱逐于三受降城之外。当时,即便是河套、贺兰山一带,也尚且没有敌虏,松山一带更是我大明固有疆土。但成化初年,敌虏占据河套,敌人时或发生内讧,有时溜走,有时驻扎,松山一带也不是其在边境线上的守望之地。只是到了隆庆、万历初年,这一带设立的"互市"(明时,在西北边陲地区专门开设的蒙汉群众进行商品贸易的集中交易区)一通,蒙古一支的宾兔等部落于是盘踞其中,庄浪(今永登县)随之被敌占据。这样,兰州、靖远、庄浪、凉州无时无处不遭其侵扰毒害。蒙古族部落贵族并且伪造妖书、赤旗,传播其所谓"真主"最早兴起于这一带草地的舆论,造谣生事,远近散布。即使屡次侵犯、屡次受到挫败,贼心仍然不改,窥探、挑衅直至侵犯不止,这一带边境土地几十年被蒙虏侵占,动荡不安,百姓受害不浅。

幸亏这次松山会剿,驱逐了敌虏,收复了失地,朝廷应抓紧时机,修筑边墙和城堡,切实加强边境防守。经勘察凉州的泗水至靖远的黄河索桥,相距不过四百里。放弃此四百里不防守,而防守原来迂回一千五百多里的边防,由此可见,哪一道边防难守哪一道边防易守,不是一清二楚吗?修此四百里边墙,有什么困难阻挡呢?经勘探得知自镇番至中卫,烽燧连绵相望,到现在旧址犹存。这次修边墙,虽主要是筑墙,但当遇上沙漠盐碱处则挑挖壕沟,遇上悬崖绝壁就削斩壑堑,只要达到足以遏制敌虏侵犯、保我边疆平安无事就行了。

要义点评:三边总督李汶的这一奏疏是对松疆一线战略防御的系统部署,极具战略性、针对性、前瞻性、时效性。全疏可分为四部分内容:一是首先提出松山会战后松疆边务的"四大任务",即筑边、建堡、设官、屯田;二是阐明了松疆新边的具体策略及实施方案;三是李汶总督怀着沉重的心情,回顾了西部边防,特别是松山一带得而复失、失而复得的曲折历史;四是李汶在奏疏末尾果断指出实地勘测的新边路线与原来旧边对比,即古浪泗水至芦阳索桥四百里之间,是一条防御捷径,且修筑之事是刻不容缓的首要战略任务。

李汶这封奏章呈上后,朝廷迅速果断地批准执行。西北边陲官兵及时修筑了自古浪泗水至黄河索桥(今景泰县芦阳镇索桥黄河西岸)的近四百里边墙(明长城),环松山以内,比原来的边墙缩短了八百里,继而先后修筑了红水、三眼井、大小芦塘、大靖、土门、裴家营等城堡,达到了其"屯戍协守,相为声援"的防御目的。同时,也彰显出三边总督李汶的智慧韬略。

5.奏城永泰疏

明·甘肃巡抚　顾其志

松疆草创,红水诸堡,极称孤悬。原议有警,以兰州兵马应援。但红水距兰州五百里而遥,原隔险阻,一路绝无人烟,虏小举犹可拒守,脱或大举,单弱岂能支持?兰州官兵策应,猝不能至,况复奔驰远道,军马疲困,何能御敌?中无止宿委积之处,设虏乘间冲突,无城堡可依,非万全之策。臣等重复勘议,多方讲求,咸以老虎城地建堡设将为宜。迤南再设筑二小堡,接传烽燧,使首尾相应,犄角相成,冲疆可恃以无恐。向议欲设副总兵者,意将兼辖芦塘。芦塘虽同在松疆,乃陕西总兵所辖,彼此牵制,掣肘为难。似当止设参将,与红水、芦塘互为应援。查景古城守备,近在临洮七十里内,总兵兼制为宜。此官似属冗员,应改为兰州守备,移驻盐场堡。其景古城改委操守。新疆合用兵马多寡,酌量缓急摘拨,修城筑堡、公署等费,臣等于本地随意区处。既不敢仰给太仓,亦不敢派之民间,揆度人情事体,佥称便宜。再照地名老虎城,向系虏地,彼已习知。其恋复故巢,盖未尝一日忘也。且名不雅驯,宜改拟永泰城,一新耳目,永绝虏念。

(摘自《甘肃通志》《景泰县志》)

译文:当下,松山疆域刚刚得到收复开辟,仅有红水等几个小城堡,边防势孤力单。原先合议认为,一旦有敌挑衅进犯的苗头,由兰州的兵马应援。但红水堡距兰州有五百里之遥,山高路险,人烟稀少,侵犯边境的敌少还可以据守防御,若敌军大举进攻,边防守兵势弱力单怎么能够抵御支撑呢?尽管有兰州兵马策应,但仓促之间不能立即赶到,何况兵马奔驰五百多里,人困马乏,即使赶到,又如何能抗击剽悍凛厉的敌虏侵犯呢?再说沿途人烟稀少,没有临时食宿驻扎休息的城堡驿站,倘若强敌趁机进犯,我方无城堡可依,这就不是万全之策。我们松疆边陲一班人重新勘察商议,并多方征求意见,都认为在原先老虎城(今永泰城南旧城子)附近建一城堡,设将驻军最为合适。向南再依次修筑两个小城堡与兰州相望,接传烽燧,首尾相应,从南北两方面夹攻敌人,互相支援,那这一带边防就有恃无恐了。先前合议想设副总兵,其意欲兼辖东边六十里之外的芦塘城。但芦塘虽同在松山疆域之内,却属陕西总兵所管辖,彼此牵制扯皮,反而影响了芦塘事宜。既然如此,应当设一员参将与红水、芦塘互为应援。景古城的守备,近在临洮七十里内,总兵兼任最合适,这个守官似乎是个闲散无用之官职,应改为兰州守备,移驻兰州盐场堡。至于景古城,另安排军队驻守。为新疆供用的兵马多少,应根据战事缓急酌情调拨使用。至于在老虎山下等处修筑城堡公署的资金费用,臣等在本地想法征集,既不敢仰仗国库供给,也不能摊派于黎民百姓。从实际出发,方便合理为要。再说此地原有旧城名叫老虎城,过去是敌房长期占领区,敌房已熟知,他们依恋故巢的念想,不可能轻易忘却丢弃。并且旧城原以"老虎"为名,不够文雅,"虎"难驯服,即将筑造的新城应拟改为"永泰城",一方面让边陲地区的老百姓对此地耳目一新,同时,也可永远断绝敌房卷土重来的念想。

要义点评:甘肃巡抚顾其志的这一奏折,是修筑永泰城的重要文献依据。文中首先开门见山地阐明了边陲重镇红水堡的战略位置,字里行间透露出此地存在战事危机。然后以战略家的眼光从战事、战时、地理、人和等方面逐一说明了在老虎山下筑城建堡的重要战略意义。文中最重要的一点是第一次明确提出了"永泰"一词,并阐明"永泰"一词的新含义。本文是永泰城诞生的启迪汇智之作,四百多年来,一直被研究永泰城的史学家们所推崇传颂。另外,文中对芦塘城进行了阐述:"芦塘虽同在松疆,乃陕西总兵所辖,彼此牵制,掣肘为难。"这样,明确说明了芦塘城的地理位置和行政管辖,是当前研究芦阳历史非常珍贵的文献资料,不可等闲视之。

6.永泰城铭

明·兵备副使 邢云路

王者体国经野,辟土服远。彰明四讫之化,规恢万载之业,夐哉邈乎,弗可尚已!我皇上御极以来,勋放天壤,泽被寰海,山川四向,各止其所。乃有越在西徼,地曰松疆,却彼匈奴,弼我金城者,曩为皇祖龙飞,兴复统一之图,后为胡虏蚕食分裂,群丑之据。盖自成、弘迄于隆、万,殆百年间,弃而不守。至今上戊戌,我皇赫怒,张皇六师,发命大司马李公汶,田公乐等主其筹,元戎达君云萧君如薰等治其旅,率七郡鹰扬虎贲伙飞之士,合先大司马郑公洛首事所收归命羌氏,骁骑合得十万余人,誓众同日,分道出师,云拥风从,霆击电扫,从天下地,直抵穹庐,遂破巢卵,脑枭獍,折馘千计,俘获万余,余孽奔北。穷搜陵谷,扫清大漠,贺兰以西千余里亡王庭,由是化胡为华,光复旧物。当斯时也,虽则科地分屯,起坞列障,稍稍为桑土计。然以草创之际,日不暇给。嗣是,大司马顾公其志,镇抚是方,乃复咨文臣方岳、荆君州俊等,武臣元戎孙君仁等,度扼亢之要害,畴基定之熟计,议筑连城诸堡,为犄角率然之势。疏上报可间,余适以承乏备兵,来莅兹土。越岁,余乃奉率公檄,借文武诸将吏,协志戮力,胼胝奏功。经始于三十五年丁未春三月,迄三十六年戊申夏六月落成。城凡三:大曰永泰,次镇虏,暨保定,墩院若台燧凡百二十余,广袤千八百里。东轶芦靖,西跨庄凉,北界沙碛,前滨临巩,若群山而四维之也。其间崇岗隐天,邓林蔽日。华实之毛,衣食自出。厥有塘隍,联乃庐落。兵卫器械,亦皆具备。乃以是年秋,移皋兰参军驻兵永泰。而诸偏裨都护所隶卒多寡,以次戍守诸堡察焉。越岁乙酉春,厥居既定,边鄙不惊。然后馎谷旅祭,告厥成功。人神胥畅,山川以宁。上以缵恢拓之鸿业,下以贻永世藩篱之围,其斯以为盛乎!大司马顾公乃进余曰:"我心有营,惟子度之。我疆式廓,惟子奠之。我土告成,惟子铭之。"余逊谢不得,于是封山勒铭,用彰威德。铭曰:

瞻彼松岩,矗矗崇岗。
星分北落,岳镇西方。
襟带山河,为金为汤。
何物狼贪,狡焉鼠窃。
帝命虎臣,犁庭扫穴。
挽枪夜落,蟊贼朝灭。
荡彼滑夷,归我版图。
乃眷疆域,扶舆奥区。
华裔界限,既雄且都。
元老壮猷,规模远宏。
议筑三城,韩公之恫。
萧轨曹踵,惟余蹇蹇。
重险神皋,陟陟嶙峋。
随山刊木,先以劳民。
既决天阃,复开天垠。
连城百雉,说筑梯空。
龙盘虎踞,增拟阆风。
缮葺各列,联校疏通。
体势亘绵,走集巨固。
参旗错列,壁垒盘互。
圻埒星明,甲兵云布。
林麓之饶,何物不有。
夷言米哈,田猎飞走。
千军肉食,武夫赳赳。
周眺原隰,沟塍洒连。
郑伯分渠,营平屯田。
遝阡迤陌,陆海在焉。

邑庐相望，阛阓为市。

廛殖货列，商贾萃止。

从军皆乐，吉甫燕喜。

内宁外謦，巍乎功成。

何以臻此，车书大同。

皇威逊畅，格于八绂。

我铭斯记，著之金石。

景钟流芳，燕然轶迹。

垂亿万年，永保无敉。

(摘自《兰州府志》《景泰县志》)

译文：历史上有所作为的明君圣主既要拥有宏伟的国都，又要把国土疆域治理好，使四境边陲民心归服。既要昭明彰著，使帝王的恩泽教化广泛地施化到帝国各地，又要规划经营开发恢宏的万世基业。要做到泽及广宇，功垂万世，确实不容易做到啊!

今天我英明的圣主登基三十多年以来，勋业远达天壤，恩泽波及海内，使山川四海各得其所。且说在我大明疆域的西部，有一块地方叫松疆，长期担负着抵御匈奴、卫辅金城的重任。当初高祖皇帝开国时如巨龙翱翔，统一华夏全境，但松疆那一块宝地后来被胡虏蚕食，最终强占，大概自成化(1466年)到隆庆(1572年)一百年间，松疆被蒙古部落一直侵掠霸占，我朝也逐渐丢弃无暇东顾。

至今圣上在戊戌(1598年)三年，不忍胡虏继续为非作歹，害我边民，现在圣上雷霆震怒，决意征伐，于是调集六师兵马，命令大司马三边总督李汶将军挂帅，甘肃巡抚田乐将军统筹军务，大将军达云、萧如薰等率领大军，集七路斗志昂扬、英勇顽强的将士出征。再加上大司马郑洛收归的羌族骁骑，共十万之众，誓师后同日分道共赴疆场。云拥风从，雷鸣电闪，席卷大地，直捣敌虏的老巢。于是敌人的老巢随之土崩瓦解，鸡死蛋打，斩杀敌虏大小头目一千多名，俘获敌兵一万多名，个别残匪亡命逃走。我大军乘胜追击,遍搜高山深谷,扫清大漠。贺兰山以西一千多里没有敌虏的巢穴,这样松疆一带化敌虏为华夏,丢失的疆土得以光复。这时才可以量土分地,进行屯田,修庄筑堡,经营农耕,发展经济。

因松疆刚刚开始创建之际,百废待兴,众官忙碌,目不暇接。大司马顾其志正在镇守和安抚松山这一方疆域,于是向文臣方岳、荆州俊等咨询镇抚边陲的方法和策略,请武臣元首孙仁将军实地察看,定夺战略要冲,出谋划策。文武俊杰合谋议定在松疆周边修筑几座城堡,造成军事上的犄角互卫之势,现呈奏疏于朝廷,请批准执行。

此时,我正以兰州兵备副使的身份,来到松疆这个地方巡视。第二年(1606年)就持着公文走马上任,偕同文武官员,调拨众军士,同心协力,挥汗上阵,手上起茧,脚底脱皮,全力以赴,修筑经营。自万历三十五年(1607年)春三月,至三十六年(1608年)夏六月落成,共筑建城堡三座,大城叫永泰城,两座较小的叫镇虏堡(今正路堡)和保定堡(今兰州市水阜镇)。周边共筑迤逦绵延围墙及烽火台一百二十多座,广袤一千八百多里,东边越过芦塘、靖远、西边跨过庄浪、凉州,北边界限到沙漠,南边到达临洮、通渭一带,形成群虎四围的军事防御形势。

就永泰城而言,其南面是老虎山,崇岗隐天,邓林蔽日,春华秋实,衣食自给。城壕涝池,与房屋相连。守城的将士、刀枪器械样样具备。这一年秋天,把皋兰的参军调遣到永泰城驻扎,而各部属的副将及其隶属士卒的多少,依次安排戍守各个城堡。到第二年(1609年)己酉春,各城堡防守安置妥当,从此边境就不会发生令人惊心的突发事件了。然后以珍馐佳酿沿途关隘要塞设点祭奠,昭告天地,大功告成。百姓神灵和谐欢畅,山川因此宁静。对朝廷而言,继承光大拓宽了国家的宏伟基业;对黎民百姓而言,贻留下万世永固的边防,这的确是一件恢宏盛大的壮举啊!

大司马顾其志先生对我说:"我想筑建永泰城这样规模宏大的城池,你们已经圆满完成了,我大明西部这片辽阔的疆土,你们已经奠定了基石,这一宏大工程宣告竣工,你最适合撰写一篇铭文。"我再三谦逊推让,但最终

推却不过,于是当仁不让,恭敬挥笔为文,祭山刻石,以此来彰显大明王朝的威德。铭文如下:

瞻望永泰城南老虎山崇山峻岭上的大片松柏,
巍巍矗立于蓝天白云之上。
天上的星宿正属北方的分野,
大小松山像巨神镇守着大明王朝的西方。
永泰城以四周群山为衣襟,以黄河为衣带,
地处战略要塞,城若金铸,池若沸汤。
可是多年来敌虏像狮贪狼狠一样残害羔羊,
狡诈之徒似硕鼠行窃一样猖狂。
这一鼠摸狗盗的恶行震怒了当今我大明圣天子,
毅然命令国家的虎将,
定要把敌寇的庭院犁平、巢穴扫荡。
我天朝征伐大军晚上刚动刀枪,
那些蠢贼早上就死的死,亡的亡!
把盘踞多年的蒙虏一扫而光。
松疆版图复归我大明王朝,
战绩赫赫煌煌!
我们怀着眷爱神圣疆域的心情,
翻山越岭,踏入人迹罕至的地方。
这是我华夏民族的故土,
边界既雄伟壮丽,又辽远宽广。
军政元首志壮猷鸿,任重道远,
把边境的建设规划得十分周详。
怀着当年韩公出使藩镇的卫国赤诚,
决意新筑几座城堡,永保神圣的西北边陲。
巡抚执行总督的方略如萧规曹随不走样,

我也不敢怠慢，听从调遣，紧紧跟上。

我跋山涉水，亲临现场，何惧风霜，

在怪石嶙峋中开辟建城的广场。

率领众多的军民上山伐木，

运输建材的大军浩浩荡荡。

质检工程不放过每一个细节，

即使是每一道门窗；

更要抓好全盘设计，

使城堡确保质量。

城墙百雉，突兀而起，

内外的建筑群全靠能工巧匠。

新城地处边陲，龙盘虎踞，

高大的永泰门有天神下凡的威武气势。

把城外校场众多的设施一一修葺，

使各个工事既坚固又呼应一体。

烽火台绵延千里，坚如磐石，

随着军情的变化可走可驻。

旌旗猎猎如画，参差错落有致，

壁垒四周掎角，确保万无一失。

瞭望台上可洞悉千里军情，

披坚执锐的将士如云一样游弋巡逻。

老虎山周边的物产非常富饶，

山林中出没着各种各样的珍禽野兽。

将士田猎时如挟风裹电，拟腔摹调，

引出野羊麋鹿加以猎狩。

四季八节，猎物繁生，

守城将士皆有肉食，生活经常得到改善，

戍边卫国更有底气。

再看那山原、深谷、沃田、湿地，

阡陌交纵，田塍毗连，

完全可以播种蔬菜粮食。

像战国时的水利专家郑国引水灌田，

执行田官公平正直。

像西汉名将营平侯赵充国，

率领军民在老虎山下屯田戍边，

获得辉煌的业绩。

阡陌纵横啊！旱涝无虞，

丰衣足食啊！名闻遐迩。

城内屋舍，鳞次栉比；

街市商品，琳琅满目。

啊！货栈里各种货物堆积如云，

四面八方的商贾似乎都来这里交易。

平安和谐幸福，军民皆大欢喜，

就像吉甫一样的乐师高歌献词。

防守严密，虏敌恐惧；

功勋巍巍，大功告吉。

为什么能达到如此昌盛的地步？

是因为车同轨，书同文，

万方一体，天下大同！

皇恩浩荡，泽恩惠及天下；

国威强大，维系天地八柱。

我欣然挥翰，写下这片铭记，

镌刻于坚固珍贵的碑石之上，赫然醒目。

黄钟大吕，万古流芳，

松山会剿的功勋超过了西汉霍去病燕然铭勒的战绩!

祝贺宏伟的城堡落成屹立千秋、流传到千年万年,

金刚不毁,

坚如铜墙铁壁!

要义点评:兰州兵备副使邢云路是明朝著名的天文学家,是永泰城的设计者与监修者。本文是关于记录筑建永泰城最完整、最具代表性的历史文献,骈散一体,叙议结合,精挑细拣,详略得当,主次分明;以环境烘托主题,情景交融,情现景中,景随情现;想象丰富,既源于生活,不失边陲生活的真实,又高于生活,通篇充满了艺术魅力。全文节奏明快,语言豪爽,大事描述具体详细,有条不紊,井然有序,体现了作者睿智的思路与谋篇布局的潜力。本文开篇说明了西部边陲松疆的重要战略地位及松疆被敌虏鞑靼侵占的历史背景,接着生动描述了松山会战的宏伟场景和边陲官兵收复失地后的欢庆盛况。同时,全面描述了边地军民万众一心筑建永泰城的艰辛场景。特别是永泰城竣工后,千里松疆迎来了百年罕见的和平安定环境,永泰城内人民安居乐业,商贾云集,百业兴旺,经济繁荣,这是对万历时"甘肃新边"的真实写照。同时,从另一个侧面也描述出永泰城落成之初,就是集军民农工商为一体的综合堡镇,只是军事防御职能更凸显罢了,并不是当下一些地方书刊上所说的永泰城肇建时是单纯的军事防御城堡,这是当前人们不读史书,道听途说、人云亦云、管中窥豹、误入歧途所致。所以,今天研究永泰历史,更需要人们花大气力研读永泰城的相关史料,更需要俯下身子认真学习,才会有所收获进步。

(二)序记汇录

1.永泰城记

清·李国华

永泰城,汉时为老虎城,唐宋为龙沙,元被狄侵占,至明万历间李汶总督三边,前城损坏,地依松林,曰松山,尤曰松疆。房遁,汶与田乐等议奏筑城,文臣方岳荆州俊、元戎孙仁等助成,复令参将达云、肖如薰相度地址,明万历丙午三十四年冬月起工,戊申三十六年六月落成,

乃曰"永泰"。至崇祯时,我大清兵围城,陷,巡抚邱民仰、副总兵曹变蛟死之,洪承畴降即此城也①。城身高三丈六尺,周三里有奇,遥一里之。谱形圆,瓮城四,炮台十二,南门大小二官道,四女墙,七百九十九雉。城楼四,今剩南北二楼,东西倒塌无存。至咸丰壬子二年,黑番犯境,捕掠四郊,城保无虞。及同治甲子三年春,流寇猖獗,数攻城急,时无官兵,惟民坚守,城大民稀,弗能立堞守护,贼来即登城交战,民心一德,愿与城没,不愿弃逃,是以十数年之久,未尝失守者。胥缘我皇上德泽伦洽所致也。前奸吏伪报城陷,为盗空库储故耳。至光绪戊子十四年九月地震,倾圮东南城垣二百余丈,乙酉二十一年河湟庄浪流寇告警,民因城塌,欲远逃之。生员李国华、监生闫玉麟等首倡,劝众努力,就地筹款一千有奇,以作补葺之费。前署红水县丞杳公德朗助成之,功始得竣。

(摘自《皋兰县红水分县采访事略》)

①误。松山之战之"松山",在今辽宁锦州之南,此战洪承畴被俘降清,与甘肃之大小松山无涉,更与永泰城无关。

要义点评:本记为永泰本土文士李国华所作。李国华先生是清光绪年间的秀才(文生),是《皋兰县红水分县采访事略》一书的主笔。本记开篇对永泰城的历史进行了概述,接着对修筑永泰城的历史背景、建筑时间、城池详情、清兵围城、洪承畴降清、黑番犯境、奸吏盗库、地震城圮、官民补葺等事件进行了记述。由于作者受当时民间传说和历史知识局限的误导,文中对清兵围攻永泰城,城陷,巡抚邱民仰、副总兵曹变蛟战死,洪承畴在永泰城降清这一事件的记述是错误的。历史上洪承畴降清发生在辽东:崇祯十五年(1642年)二月十八日松山城(今辽宁锦州松山区松山镇)陷,总兵邱民仰、王廷臣、曹变蛟被杀,洪承畴、祖大寿兵败被俘至沈阳。三月八日,祖大寿率部献城归降,清军占领锦州。四月二十二日,清军用红衣大炮轰毁杏山城垣,副将吕品奇率部不战而降,松山、锦州、杏山三城尽没,至此松锦大战结束。洪承畴为表示忠于明室,宣布绝食,到了五月剃发降清。洪承畴投降以后,明朝不知道他已经变节,思宗闻之大震,辍朝特赐祭九坛,祭到第九坛的时候,又得到军报,说洪承畴降清了,京城大哗。据《清太宗实录》记载:"是役也,计斩杀敌众五万三千七百八十三,获马七千四百四十匹,甲胄九千三百四十六件。明兵自杏山,南至塔山,赴海死者甚众,所弃马匹、甲胄以数万计。海中浮尸漂荡,多如雁鹜。"松锦大战标志着明朝在辽东防御体系的完全崩溃,明朝在辽东的最后防线仅剩下山海关的吴三桂部。另外,文中对永泰城的修筑时间"明万历丙午三十四年冬月起工,戊申三十六年六月落成……"的记述也有误差。永泰城的设计督建者邢云路的《永泰城铭》中所述:"经始于三十五年丁未春三月,迄三十六年戊申夏六月落成。城凡三:大曰永泰,次镇虏,暨保定,墩院若台燧凡百二十余,广袤千八百里。"

本文写于清光绪三十四年(1908年)前后,文中清楚地说明了永泰城南北城楼尚在,东西城楼已倒塌无存,城外教场的杨武庭等建筑都毁于同治年间。且光绪戊子十四年九月(1888年)地震,倾圮东南城垣二百余丈(200多米)等,这些都是非常珍贵的历史记载。但是,今天一些人在讲解永泰城历史时,依然片面地宣传,说城内城外城头的所有建筑都毁于新中国成立后和"文革"期间。所以,在讲述永泰城历史时,一定要认真学习相关史料,真正了解掌握古城历史。在负责任地讲解永泰城历史的过程中,才可以使后来者不断地探索复原古城历史,否则,将误入形而上学的歧途,误导后辈,有碍于古城历史文化的挖掘研究。

2.永泰城图说

佚 名

从来有关于民者,与天地相始终,与国家同休戚。此千古不无之想,岂李公创万世不没之基,仅有此想也?如我永城,洵万世不没之基也,讵可轻视而轻忽哉?然地接边陲,界连夷壤,虽列版图王化所及,而实金城之锁钥,国家之屏蔽也。稍不谨严,即为叛类吞噬矣。考此地,汉以前为荒墟,自武帝开边,筑设虎城,及隋唐间改曰龙沙。历宋元明诸代,迭兴而为名区。至万历初,复曰松山,尤被丑虏侵占,岂非地之兴废随时世之变迁哉!大司马李汶,奉旨剿除,内联四镇,外招番夷,袭破火落赤、卜失兔,遂复其地。公鉴历代旋得旋失,欲筹以万全之策,永保其地,遂于三司倡议奏筑。相山度地,想象布局,以画城图。作圆式状,盖深意有取焉。城以圆形为之龟,盖离首坎尻,为之龟向,城周炮台为龟肩足,预建诸庙,按三吉六秀布置方位,以应甲折为之龟文。经心曲画,寓理于中,乃取洛龟献瑞之义也。欲使北狄西羌,倾心向化,永为覆载,赤子以应,岁贡朝献。李公劳心焦思,周于营谋。城既落成,其形显著。尤思龟为水族,旱燥之地恐难资生,故于城南门距数十步,设大清池一,曰"用汲海",使龟无燥涸,民有沾足。允矣,君子可钦可羡。又于南城巅建高楼三,以取三曰康宁之义,欲民享其太平。于北城巅建高楼一,以取天一生水之义,欲民终不苦其旱火矣。永城向本坎离,体兼四维,于东城巅建高阁一,虽云震位,实属巽宫,巽为天下之文风,尤主文明,使民比户弦诵,欲文人蔚起。于西城巅建高阁一,虽云兑位,实属乾宫。乾,天下之至健也,尤主乎战,使民设有不虞,勇于克敌。前人思虑虽周,后人犹有补缺。至本朝,邑威信公岳东美,于雍正二年归里祀祖,见知此义曰:"李公虽设龟形,未设脏腑,宜补之。"公于城内街东西并西巷北角设五眼井,以作五脏。尤于北城角设一大池,曰"甘露池",合诸井并名六腑。由老虎沟口造石槽于地中接流水于井,以充龟腹。由井递至甘露池,池盈于北水洞穿墙而过至郊外。岳公作此,费巨金。李、岳先后建设,为国为民,如出一辙。二公虽云培地补气,实则防患虑危。余于圣母庙见邑生员林得时叙《重修庙记》,代书城像,龟形之语,未见洞彻,因搜古碣残碑,得其记略,删其妄诞之辞,择其畅晓之语,汇成图说,以备后览。知李、岳二公诸设非虚,关地脉、重民生,老臣筹边之良谋,保民之善道,宜世守勿替可也。今则诸设,缺其大半,勿怪人文不振,灾异迭见,诚不如古之盛也。是为说。

乾隆三十九年甲午申月邑生员林得时创记

光绪十九年癸巳辰月邑生员李国华汇撰

(摘自《皋兰县红水分县采访事略》)

要义点评:《永泰城图说》后署名为"邑生员林得时创记",但文中"余于圣母庙见邑生员林得时叙《重修庙记》,代书城像,龟形之语,未见洞彻,因搜古匾残碑,得其记略,删其妄诞之辞,择其晓畅之语,汇成图说,以备后览"云云,从其中的叙述中可以看出《永泰城图说》非林得时所作,也就是说林得时不是本文的作者,而另有他人,李国华先生在此所谓"林得时创记"有误。林得时所创作者,乃永泰城图及《重修庙记》也。《重修庙记》,《皋兰县红水分县采访事略》不载。前不久,笔者在景泰县博物馆见到《永泰城图》,疑似清朝早期作品,或许就是林得时所画的《永泰城图》,但并不能确定,有待考证。目前,尚不知该图现遗藏何处。

本文叙议合理,详略得当,重点突出。全文以永泰城为主体,字里行间充满了对家乡的热爱之情,全文层次清晰,语句流畅。文章前后连贯,描写抓住事物的主要特征,一气呵成,文采横溢。《永泰城图说》记载了永泰城为何称为"龟城"的原委,并且详细描述了当时城内各个建筑设施的规模、方位、含义等。本文是迄今发现留存最完整的对永泰龟城的详细文字解说。笔者看到过许多关于龟城的含义、来历的文字,但由于缺乏史料,猜测、附会的成分居多,而《永泰城图说》,可以说是目前所发现最具权威的史料解释。本文不仅记录了建城的初衷,而且详细叙说了龟城的含义及各个建筑的象征。同时,对邑人岳钟琪(清雍正时宁远大将军)补修永泰城内五眼串井、甘露池及造福桑梓之始末,进行了详细记述。这是见证岳钟琪是景泰县永泰堡人的可靠佐证材料之一,也是中国古代"天人合一"思想在建筑艺术上具体反映的一个典型实例,具有很高的史料价值。

3.永泰重建诸圣阁记

清·李郁芬

岩疆戎马之地、尘垢塞鼻。独城中一垠,井迳四达,清绝可鉴。旧有诸圣阁一座,首奉玉皇至尊,雷祖一部,诸尊次之,楼阁连蜷相望,文昌、文曲峙其西,太乙救苦十王诸尊障其北,盖不但耸高震旦也。而信士王一遴,先是走兰,敦请渗金佛像一尊,宛然西来,大意晨昏香火,钟鼓之声锽鞈相闻,乃可谓非檀力一助。然阁势矗可梯云,横绝旷朗,行日月于眉宇,银云栴栴起踵下。东明日观,西照昆仑,群山千里,如食荝豆矣。是为胜地。其中乔聘三教逸史,其人若诸子辈,慧心密行,与缙绅择而后交,交亦无所染濡,是为胜人。人地辐辏,蜿蜒磅礴,士大夫之辱临于斯者,望光气之郁郁浮,登斯阁虑无不表、秉山河以自广也。志气奇远,俯瞰曹流焉,然犹曰是不徒以阁阁之,城之眺而池之俯也。若夫烟岚翠浮,金碧辉映。

永泰重建诸神阁记碑文

玉清一阁,是谓天街。泰阶六符,占验无诬。置无论,论其近且显者。如文昌一星、面角枕参,占云参大明,则臣忠子孝,人文秀杰之气蔚然以越,是亦士大夫之所祷祀以求,而深宜留意者也。多方就此,不为胜瑞乎?然则是役也,盖一举而三善备,所谓神道出其中,人道亦出其中。盖始虎城,一虎丘矣,岂曰泰?实岩疆亦犹夫羌笛杨柳,一片孤城万仞也哉!"工记于顺治九年,岁次壬辰夹钟,兴于康熙六年,岁次丁未花月吉旦。

（此碑文现置于永泰城内正街十字戏台前,常年裸露在外,日晒风吹,字迹湮灭模糊,亟待文保部门采取有效措施保护）

要义点评：本文乃邑人李郁芬创作于顺治九年（1652年）,距永泰城建成已45年,由于地震和风雨侵蚀等原因,城内的庙宇等建筑开始倾圮剥落,亟待修缮。文章开头记述了邑人信士弟子王一遴从金城兰州敦请渗金佛一事,渗金佛是永泰城庙宇内供奉的有价值的文物之一,当地人称之为"金佛爷",城内七十岁以上的老者都见过,可惜毁于20世纪60年代。玉皇阁又名钟鼓楼,位于城内东南街中轴线上,是一座四层高楼,是永泰城内标志性建筑之一,顶层供奉玉皇大帝,中层藏放象皮鼓、渗金锣（这两件文物是永泰城的镇城之宝,是永泰城建成后,朝廷为教化边民而特赐的宝器,清同治年间为土司飞贼盗失）,玉皇阁是龟城之心脏。其巍然矗立于城中央、气势雄伟,正如文中所述"然阁势矗可梯云,横绝旷朗,行日月于眉宇,银云栉栉起踵下。东明日观,西招昆仑,群山千里,如食菽豆矣。是为胜地。"让人读来如临其境,如睹其貌。全文以诸神阁为中心,描述细腻形象生动,叙议结合恰当。特别记文之尾句"盖始虎城,一虎丘矣,岂曰泰? 实岩疆亦犹夫羌笛杨柳,一片孤城万仞也哉!"可谓画龙点睛,本篇堪称永泰本邑文士之代表佳作。

4.请五大部序

清·刘我哲

闻之华严圣会其起已非一日,但世远人亡,五大部前人未获请备。后又复起华严圣会,每每往外搬经,甚觉不便,彼时有白塔寺和尚姓张者,偶至永泰,言请五大部。经赀交费共十八两六钱,于是众会人等各称力量喜施已赀,遂央请经者释子张海印、海浩经赀交费共二十二两,于康熙四十三年从河洲搬至永泰。五大部恐日久有失,首事者何大海、艾廷献、许汝进、杨维蔚买木治柜漆而藏之于三官庙内,凡遇会诵经者,不苦于拂尘劳瘁。敬为之序,以志之。

五大部经箱

共计经数:

华严经捌拾壹卷　涅槃经肆拾贰卷

金光明经拾卷　心地观经捌卷

报恩经柒卷

共经壹佰肆拾零捌卷。铜磬一口,价银一两六钱。

箱前:中间三个佛像;箱上:左、右各一罗汉像;

箱下:左、右各一护法神。

华严会弟子会首:

尤可奇	张　荣	孙继茂	杨永达	何大海	艾廷献	平光雨
杨继蔚	杨　芳	闫乘直	刘一琳	陆　宁	李　绅	郝启佑
曾继礼	闫乘容	石庄林	魏嘉杰	余汝英	党光荣	闫自生
许汝进	戴国章	张辅汉	蔡光华	冯国源	魏嘉儒	

匠工:顾际泰

康熙岁次甲申年蒲毂旦　泾阳县庠生刘我哲书

录自永泰城址博物馆《五大部》经箱铭文

要义点评:本文是当时旅居永泰城内的陕西省泾阳县庠生(秀才)刘我哲于康熙甲申年(1704年)为永泰城华严会信士弟子敦请五大部(华严经、涅槃经、金光明经、心地观经、报恩经)经书而写的序文。全文惜墨如金,寥寥407字,清晰地记述了永泰城华严会会首为敦请五大部经书,踊跃捐款、央请高僧、购置经柜、漆绘柜面、费用资额、经书卷目、佛像尊数、会首名册、匠工姓名等事项。

芸芸众生,红尘客梦。华严会众弟子终于在康熙甲申年五月一个惠风和畅的吉日,把五大部经书共148卷从300多公里之遥的陇中重镇临夏敦请到了永泰古城。五大部经书落地永泰城,功在教化,惠及桑梓,是古城宗教史上的一件盛事,颇具"唐三藏西天取经"的逸闻传奇。

江雨霏霏江草齐,六朝如梦鸟空啼。只可惜这些珍贵的经书文牍,后来被付之一炬。

5. 文魁阁重建碑记

清·梁　垣

天地之大,古今之遥,非有得其秀而最灵者参尔于其间,则三才几成虚器。夫秀灵之最著者,惟圣贤,而圣贤之表见者,首孝悌。梓潼者越嶲之孝子,晋之忠臣也。盖为母报仇,死于王事,实发于至性至情所不得已者,初何心于庙食万世以为名也。且古称忠孝不一,其人何独盛于梓潼,而以文昌拟,岂纯亦不一之道,别有参与冲漠之源欤?按文昌乃天之六星,在紫微垣外,北斗魁前,如半月形,盖天之六府也。一上将,主建威武;二次将,主正左右;三贵相,主理文绪;四司命,主赏功进德;五司中,主司过诘咎;六司禄,主佐大宝。梓潼人也,曷克当此?盖尝观天人之理,感召昭昭,傅说托于其尾,东方朔见于岁星,陈盛父子微德星聚。宋、周、程、张、朱诸子,出日月合璧,五星联珠,成象昭垂,由来不谬,故君子不可以不知天也。梓潼协星,代远无稽,独于近年,教匪不靖,至梓潼县望风远遁。奇绩伟烈,声震一时。想见圣人作而万物睹,千载犹赫赫也。嗣奉旨崇祀,礼兴圣庙,武庙同,是则神之能赏功、进德、司过、诘咎、司禄而佐大宝者,不已彰明较著欤?至魁则北斗七星,一天枢,二璇,三玑,四权,五衡,六开阳,七摇光。一至四为魁,主天地人时;五至七主声音律吕。盖所以建四时,均五行,定纪纲而施号令也。人间崇祀,均敬天地,勤民意,并求形惟肖。虽属附会,究亦无怍。洋洋如在之旨,特不可以二圣称也。举兰西北三百余里有

文魁阁遗址

红水分治,东南有永泰城,形势盘纡而人文木盛。前分令熊公雅意,作人函,创东门,议建文魁阁,以迎震方佳气。垂三十余年乃克举目睹人文兴起,胜迹钟灵。嗣因阁踞峻险,风霜剥蚀,有倾圮势,乡人士闫大官、陈建孝等,乃倡议重建,而巍焕之落成,属记于予。于苍兹而嘉士民之有志观光也,不得不以文辞,因序天人相协之理,以为修身立命者。劝言未毕,阶下群起而问曰:"修身立命以何为先?"曰:"人受命于天。"天道之善,元亨利贞;人性之善,仁义礼智。孟子道行善,必称尧舜,尧舜之道,孝悌而已矣。孝悌则必敦六德、六行、六艺。敦德行艺则必务致知、穷理、博学、通文。博学通文,自然契于阴骘精微。所谓顺理则裕,从裕惟危;积善余庆,不善余殃;惠迪吉,从逆凶、省修立者所贵求,无悖于天,以遂其性,兢兢然自率弟始,推而修、齐、治、平,一以贯之。懿德如是,必上干列宿掇巍,科登仕版,有不期致而自致者。然则,是举也,虽一乡曲祀典而光明正大,彻乎天地古今,其足以佑启后人而皾皾修明也,岂有艾欤?是为记。

试用知县分发甘肃候补直隶州署皋兰分县
前武英殿一等腾录官加一级苍悟梁垣熏沐撰
摘自《皋兰县红水分县采访事略》

要义点评：位于永泰东城之巅的文魁阁（文昌阁），始建于明万历年间，是永泰四大城楼之一，因多次地震战火毁坏。这是清嘉庆年间，地方绅士闫大官、陈建孝等人筹资发起的修缮文魁阁义举，同时邀请皋兰县红水分县县丞梁垣（广西苍梧人，拔贡）。即每十二年各省学政考选本省生员择优报送中央参加朝考，此称为拔贡生。同时经朝考合格，入选者可入官、任知县、任教职，拔贡是科举制度中选拔贡入国子监生员的一种）为之写序。鉴于地方绅士的此种义举，梁垣欣然允之，并写下了这篇文采流畅、哲理清晰的序文。

文昌帝君，全称文昌梓潼帝君，简称梓潼帝君、文昌君。文昌梓潼帝君本是号称蜀王的"张育"与梓潼的地方神"亚子"两位人物合并而成的神明。时人认为"张育"即为梓潼神"亚子"的转世化身，故称其"张亚子"。中国有"北孔子，南文昌"之说，可见南方梓潼帝君信仰之盛行。文昌帝君的陪祀神为"天聋""地哑"两位书童打扮的神祇，代表着"天机不可泄漏""文运不能人知""文人须谦卑少言"等意义。

本文逻辑严谨，易学知识丰富。特别是关于中国传统天文地理知识的论证阐述，深入浅出，字字珠玑，句句到位。文中重点对紫微星、北斗星在二十八宿中的位置、外观、职能等进行了逐一说明。同时，对永泰城文风不兴及文魁阁的教化作用进行了合理论证。全文以儒道哲学为宗旨，以天人合一为根本，强调阴阳和谐、乾坤并建。作为为政者要效法"天德""地德"，没有苍生百姓，为政者将一事无成。《坤卦》卦辞："君子有攸往，先迷，后得主，利。"并告诫为政者不要居功自傲，才能完成"利天下"的大任。文中还阐述了"……出日月合璧，五星连珠，成象昭垂，由来不谬，故君子不可以不知天也"，即五星连珠天象，也叫"五星聚"，我国古代用以表示水、金、火、木、土五行星同时出现在天空同一方的现象，也就是五星处在同一条直线上。这种现象不常发生，所以古人唯心地认为它是祥瑞之兆。后人推广到只要五行星各居一宫相连不断时就叫作"连珠"。从地球上看天空，水星、金星、火星、木星与土星等五大行星排列得非常相近，就像一条美丽的珠链。关于"五星连珠"在中国古代历朝历代的古书中都有记载,司马迁在《史记》中写道:"冬十月,五星见于东井,汉高祖进咸阳。"春秋战国时代,甘德、石申、巫咸等,各自建立了自己的星官体系。到三国时期,吴国的太史令陈卓,综甘、石、巫三家星官,编撰成283官1464颗恒星的星表,并绘制成星图(该星表、星图早已散佚),晋、隋、唐继承并加以发展,我国的星区划分体系趋于成熟,此后历代沿用达千年之久,其中最重要的星官是三垣、二十八宿。

6.城隍庙山门序

徐品珊

闻之,义为路而礼为门,人道且然,而况于神乎?夫神者,公忠正直之谓也。而或自内出,或自外入,与人道之出入起居一而已矣。倘有深宫以妥厥灵,而无巨门以利其行,不几有齿无唇乎?幸有先民为我永之城隍计也,则筹之熟矣。既勤坦墟复,有山门三楹,不惟神路攸通,一时骏奔在庙者,亦得其门而入,而进步瞻容焉。第以代远年湮,几经风雨之飘摇,而日居月诸,恒见砖瓦之错落。每逢天雨,呼漏是闻,是以弟子等不忍坐视,爰告同人协力帮助,重加缮葺。除本社助资而外,其余所费各需,无论多寡,公所独任。始得因春旧制而上换顶脊,俾缺者补之,废者修之。砖瓦土木之需,因者半革者半助者亦半。引领而望,庶观焕然一新。犹嫌败素无文,又后涂其丹艧,而绘画之工亦独任。兹于告竣之后,聊以叙其巅末,非敢曰矜能之,以继先民之志于不朽也云尔。

中华民国三十三年(1944年)四月二十日报表族裔徐品珊草述

(摘自《景泰古今》)

要义点评:徐品珊是民国时正路文士,与古城永泰有宗亲关系。本文是徐品珊1944年为邑人维修永泰城隍庙山门而撰写的序文,全文以"闻之,义为路而礼为门,人道且然,而况于神乎?"设问句开篇,开门见山,直奔主题。序文重点对永泰城隍庙三楹山门现状做了描述,又对维修山门的缘由及维修后的山门景观做了简要描述。这是永泰城民对城隍庙的最后一次修缮,时隔十四年后即1958年城隍庙就被拆毁了。永泰城隍庙始建于明万历年间,于清乾隆年间移置到原按察使行辕改建而成,是永泰城内最大的庙宇建筑群、最大的道教文化中心,是城内居民进行宗教文化活动的主阵地,综合艺术价值很高。

城隍,道教中守护城池之神。城隍信仰在南北朝时期兴起,至明清时期,渐由守护神演变成与人间政府所派遣的"阳官"对应的"阴官",专责这一地区阴间的大小事务。各地的城隍由不同的人出任,甚至是由当地的老百姓自行选出,选择的标准是殉国而死的忠烈之士,或是正直聪明的历史人物。永泰的城隍是纪信(?—前204年,汉朝将军,赵人。曾参与鸿门宴,随刘邦起兵抗秦。由于身形及相貌恰似刘邦,在荥阳城危时佯装刘邦的样貌,向西楚诈降,被俘。项羽见纪忠心,有意招降,但纪信拒绝。最终被项羽用火刑处决,多年后被郑州等地百姓奉为城隍)。永泰城隍之所以供奉为纪信,主要是此地隶属兰州府(兰州城隍是纪信),且为兰州以北最高军事指挥机构,兰州参将曾久驻城内,其次与城内中原移民和移民文化有关。

本文文笔通俗易懂,内容专一朴实。把修缮城隍庙山门的缘由、经过、功效有机结合起来,开门见山,平铺直叙,娓娓道来,让人如临其境,回味无穷。

7.重修永泰真武楼募捐序

吕锺渭

夫以山川钟毓之灵、风土民情之醇、人物风韵之秀,虽云由地气之钟接,以有使之而然,而实亦地方庙号,先足以壮其观,瞻磅礴威仪点缀氤氲,以辅相其成者也。永泰北城上端有真武楼一座,计上下十余间,盖自前明末叶万历时,邑之人士有以举斯功马:厥功巍峨辉煌,厥神金碧威严,厥楼高壮雄丽,厥势控膺银川。

原寿鹿山之麓,具形胜之区,建瓯脱楶,实有捍卫边陲、巩固方邻之盛。惜乎年沿代远,剥落倾颓,几遭地震,榱栋雕梁,金身塑像东斜西倾,天花楞板蛛网尘罗,地址穿陷,废垣败堵,入其地实有不堪寓目之慨。凤岗等每逢真武诞辰,列俎献贡,一登其楼而北望雄塞,心实离离缅怀,前贤意倍怆怆,抚景伤情,能不动流离感。切切思乎,念彼古人惨淡经营,愧来我兹徒增束手,其克已乎哉!惟思人之好善,就不如我书有之,作善将降祥。又曰:积善之家,必有余庆。一勺之水,演沧海之浪波;拳握之石,移泰山之巉巇用,特仰邀远迩。贤达乐善,君子好义,名流敢云,倾囊之助,金惜床头,省却哗嚣之费,赞襄其成。一念之仁,足以千古美德之,施禄享万年。倘蒙慨助,使倾者起之,圮者墁之,却者补之,丹护图楹,奂轮美然。竭绵力以速其成大,君子盛名鼎鼎,勒碑铭而弗替,是举也,非特凤岗等感铭镂骨,即邑之将来人士,咸读颂功德而无已也夫。是为序。

前补用县丞吏治研究所学员、优级师范毕贡士靖远县学附生吕锺渭志周氏谨序

石凤岗议长《重修永泰真武楼募捐序》手迹

发起人:石凤岗　曾勋元　李联蓉　王树棠　李汝芳　阎承安
王秉铎　王维新　余任儒　李秀芳　李作桢　李松龄
居凌云　崔国屏　刘成元

中华民国三十六年农历三月初三日
(录自中国台北国立档案馆《石凤岗档案》)

要义点评:中华民国三十六年(1947年)农历三月初三日,国民政府景泰县参议会议长石凤岗联合永泰乡乡长曾勋元,发动永泰乡李联蓉、王树

棠、李汝芳、阎承安、王秉铎、王维新、余任儒、李秀芳、李作桢、李松龄、居凌云、崔国屏、刘成元等地方绅士，为重修永泰北城顶上的真武楼而开展募捐集资活动。为此，石凤岗议长邀请靖远县名儒吕锺渭先生写下这篇募捐序文，并亲自手书此文，原稿现藏于台湾台北国立档案馆。

本文是继《永泰重建诸神阁记》《文魁阁重建碑记》《城隍庙山门序》后，又写的一篇保护修缮古城文物古迹的序文。本文与前三篇的本质区别在于，前三篇纯属地方绅士发起的民间行为，本篇是由政府官员牵头，与地方绅士一道发起的联合倡议行动。从中可以看出抗战胜利后的国民政府对文物保护已有重视倾向。

真武楼位于北城之巅，是永泰四大城楼之一，其内供奉着真武大帝。道经中称其为"镇天真武灵应佑圣帝君"，简称"真武帝君"。其一为北方之神。《楚辞·远游》注云："玄武，北方神名。"二为水神。根据阴阳五行来说，北方属水，故北方之神即为水神。王逸《九章怀句》云："天龟水神。"三为阴阳交感演化万物的象征。东汉魏伯阳《周易参同契》曰："雄不独处，雌不孤居，玄武龟蛇，纠盘相扶，以明牝牡，毕竟相胥。"就是利用龟蛇纠盘的例子来说明阴阳必须相合的观点。四为司命之神。龟因其寿命长而成为长寿和不死的象征，《史记·龟策列传》称其能导引咽气。明朝以后，真武大帝在全国影响极大，中国近代传统民间信仰尤为普遍。

本文结构严谨，极富文采。首先说明了真武楼的建筑历史及地理位置，然后描述了真武楼建筑群存在的整体隐患，从而进一步说明了修缮真武楼势在必行，最后，以"竭绵力以速其成大，君子盛名鼎鼎，勒碑铭而弗替，是举也，非特凤岗等感铭镂骨，即邑之将来人士，咸读颂功德而无已也夫。是为序"的诚恳之言，发出倡议，产生了良好的社会效应。

(三)岳钟琪边塞诗词

岳钟琪诗歌是目前史料所载第一个进入西域(新疆)的清代诗人，当时清朝还没有统一西域。袁枚《随园诗话》记载："岳大将军钟琪，为一代名将……丙辰赦归后，种菜于四川之百花洲。……未几，王师征西川，果复

启用。"(转引自钱仲联主编《清诗纪事》雍正朝卷1987年6月第一版第4477页)

雍正五年(1727年),准噶尔叛乱,岳钟琪拜为宁远大将军、西征统帅,他兢兢业业,一刻不敢懈怠,却因为汉族身份,因一次军事事故受到弹劾被捕下狱。《清史稿·岳钟琪传》有言:"钟琪督三省天下劲兵处,疑忌众……终清世,汉大臣拜大将军,满洲士卒隶麾下受节制,钟琪一人而已。"于是,他便因为这次军事事故在狱中度过了四年。境况的转变,在他的诗作中有鲜明的体现。李调元《雨村诗话》云:"公于军旅之间,辄寄啸于笔里,边塞诸作多慷慨悲歌之气。"(转引自钱仲联主编《清诗纪事》雍正朝卷1987年6月第一版第4478页)

同时,从入诗的题材上来看,清代西域边塞诗做到了无一不可入诗、无事不可入诗的地步,题材空前丰富。虽然清人丧失了唐人边塞诗中鲜明跳动的建功立业活力,缺少唐人边塞山水诗奋发乐观、昂扬向上的激情和浪漫挥洒、天马行空似的自信与对梦想的追求,但清人实录严谨的学者气息,对历史、地理、风俗、人情、风土的详细记录,为今日的西域旅游增添了历史的民俗的文化内涵。清人的边塞风俗诗对西域文化全面细致的描绘为今日的旅游风俗建设打下了坚实的基础。唐人气象的边塞人文情结加上清人的历史民俗内涵,对西域旅游文化的开发必将作出更大的贡献。

悼思爱妻[1]

一字如金爱惜之,却因相敬故如斯。

从今永搁闺中笔,自此无人解和诗。

[1]岳公妻高氏,被雍正册封为一品诰命夫人,能娴弓马,随钟琪出征,署中内外,莫不肃然。能诗与钟琪唱和。殁后,钟琪赋此诗悼之。

遗赠韩巫云[1]

漫话巫山入梦云,向人重着海榴裙。

年来杜牧风流减,朴被无香夜不熏。

①韩巫云,华阳人。钟琪侍儿,善歌舞,最受钟琪宠爱,后以卑微遣之去,钟琪吟此诗相送之,巫云赋诗相和之。

咏铃儿·和岳公

清·韩巫云

众芳灿烂独青青,赚得始皇仔细听。

寄语流莺今且去①,春风击遍灌花铃。

①【流莺】亦作"流莺",即莺。流,谓其鸣声婉转。

和玉千山人咏门神韵

岁底桃符换,家家为写真。

侯疑封户牖,荣比上麒麟。

共许千金面①,同为一代人②。

葫芦依样画③,只惜傍风尘④。

①千金,极多的钱。

②一代,一个朝代。

③葫芦,葫芦科。一年生草质藤本。原产印度,中国各地有栽培。果实可食用或药用,也可供玩赏或制盛器。依样,照样;依旧。

④风尘,比喻旅途劳累。

述 怀

忆昔少年时,所食尽膏粱①。

肉必啖大㪺②,酒必饮巨觞。

手能格猛兽,足可逐奔狼。

无志事毛锥,请缨誓戎行。

喜驰花叱拔,爱射野黄羊③。

①膏粱,指永泰城居民日常餐食中的黄米糁饭,至今仍在食用。

②大㪺,是指永泰城、寿鹿山一带逢年过节、婚庆丧礼上人们喜食的红

烧肉。

③猛兽、奔狼、野黄羊……据永泰城的设计监修者明兵备副使邢云路《永泰城铭》所述"林麓之饶,何物不有。夷言米哈,田猎飞走。千军肉食,武夫赳赳",足见当年永泰城、老虎山一带林茂物丰,野狼、黄羊、石羊、野兔等猎物尽出其间,城内驻军丰衣足食、兵强马壮的盛况。

这是迄今为止,从岳钟琪诗稿中所发现的唯一一首回忆少年往事的述怀诗,诗中所描述的情景与今天永泰城周边的环境及风土人情完全吻合,进一步证实了岳公生于斯、长于斯。同时,全诗真切地表达出岳公对故乡和童年的依恋怀念之情。

天 山

偶立崇椒望,天山中外分。
玉门千里月,盐泽一川云。
峭壁遗唐篆,残碑纪汉军。
未穷临眺意,大雪集征裙。

要义点评:岳钟琪曾数次出塞,一生在军旅中度过,塞外奇景吸引着这位戎马倥偬的将军。故而行军所到之处,于军务之暇,亦多吟咏。时值清代盛期,加之平叛战争顺乎民意,兵锋所指,所向披靡。故其诗感情豪迈,境界开阔,风格雄浑。《天山》这首七律就是这方面的代表作。

此诗作于屯兵新疆哈密巴里坤时,是一首登临寄慨之作。此处天山,指哈密境内的北天山,又称时罗漫山。这里苍山负翠,峭壁耸立,与巴里坤湖水遥相映衬,又是古代由哈密至巴里坤的必经之路,所以过山者亦多题咏。

首颔两联写登高远望。崇椒:高山顶。作者登上时罗漫山顶,只见高耸的山峦成为中外的分界。回望玉门关内明月千里,感慨顿生,这里包含着多少行军的艰辛、思乡的深情!向前望又看到另一种景象:"盐泽一川云。"盐泽:这里指巴里坤湖。因湖产食盐,故云。前方巴里坤湖上,天水相接,一片苍茫。这既是写实,又有象征意义,作者由此想到这次进击准噶尔的前景如何呢?"千里月"写路途之遥,"一川云"写空间之阔,很有特色,同时在写景中透露出思乡之情与对战事的思索。

颈联仍是望中所见,既写景又抒情。陡峭的石壁上有唐代的篆刻,残缺的碑文记载着汉军的功绩。"唐篆":当指姜行本纪功碑。碑述贞观十四年(640年),侯君集率军平高昌之役攻夺伊吾时罗漫山事,碑现藏新疆博物馆。"残碑":指裴岑碑。雍正七年(1729年),发现于巴里坤石人子地方。碑述东汉永和年间,敦煌太守裴岑率郡兵败匈奴王呼延王寿,刻石立祠记功。碑现藏新疆博物馆。这里承接前句,用"唐篆""残碑"表达了清军必胜的信念。这次战事将会如何呢?回答是,也将会像汉唐的军队那样,取得胜利,于此再刻石记功。如果说前面的"千里月""一川云"还有思乡及迷茫情绪的话,那么这里只有坦然豪迈之情了。最后两句"未穷临眺意,大雪集征裙",写出诗人此时情趣正浓,精神振奋。大好山河及英雄业绩引起作者的遐想、深思,表现出必胜的信心。大雪已漫天飞舞,落满征衣,但诗人的豪兴丝毫不减,在写景中凸显出抒情主人公的形象。全诗紧紧扣住一个"望"字来写。以登高远望开始,以"临眺意"未减作结,临洮是诗人的故乡所在,其中又以"望"时的感情变化为线索,结构谨严,情景融为一体,增强了作品的感染力。

本次征讨胜利后,为了进一步加强边陲防御,岳钟琪将军率领军民修筑了新疆哈密巴里坤城。今天,巴里坤人民为了纪念宁远大将军岳钟琪,在巴里坤人民文化广场上为其雕像立碑。

军中感兴

朔风吹帐卷号刁,大雪铃辕夜寂寥。

万里旌旗开玉塞,三年戎马锡金貂。

弓蛇毕竟成疑影,斗米何曾惯折腰。

未向林泉消积习,山灵入梦远相招。

述 怀

豪华往事絮随风,耻向人夸百战功。

浊酒未全浇块垒,名花才半绽玲珑。

盖棺论待千秋后,大觉迟醒一梦中。

读罢楞严空万象①,六窗掩映月朦胧。

①楞严,指佛教经典《中印度那烂陀大道场经》,简称《楞严经》。

春夜书怀

襆被夜生寒,春灯照影单。

漏残千里梦,人老十年官。

豹岭云黏袖,天山雪满鞍。

不因泉石异,惟有寸心丹。

秋 雨

檐溜无端不住流,孤灯照影又逢秋。

江湖此夕无人寐,恋阙思家欲白头。

赤壁怀古

苏老曾经载酒游,我来同客系扁舟。

吹箫音断潮犹烟,化鹤人归羽不留。

山色尚能邀月醉,水光依旧解天流。

英雄名士今何在,芦荻苍苍笑白头。

朝天关

盘曲上崇椒,雄关设险牢。

涛声侵岸阔,天影带云高。

昔过垂三纪,今来感二毛。

停车还旧访,斜日照征袍。

题云栈

长途九月客衣单，楚雨西风故作寒。
夹岸野花开似雪，连山霜叶染如丹。
盛年已识投闲好，垂老方知行路难。
匹马重来虚壮志，栈云应笑鬓毛残。

感 怀

好花好鸟帝城春，羁旅萧条白发人。
处世慎如危栈马，流年迅比下坡轮。
目昏晚读临窗隙，纸贵闲吟拂壁尘。
庄蝶几宵频栩栩，哪能常似梦中身。

军中杂记

列灶沙关外，营门淡晚烟。
月光斜照水，秋气远连山。
归雁穿云去，慈乌带子还。
征西诸将帅，转战又经年。
地在乾坤内，人居朔漠间。
日寒川上草，松冷雪中山。
铁骑嘶沙碛，金戈拥玉关。
楼兰诚狡黠，不灭不生还。

早秋塞上闻笛

碧天如水暮愁生，月上牙旗分外明。
小立却沾霄露重，初更愈觉葛衣轻。
风飘玉笛刚三弄，秋入阳关第几声。
十万健儿同掉首，一行鸿雁自南征。

夜宴诸将席散独坐书怀

老去家何处,空闻醉有乡。

十年三出塞,百战九征场。

瘦犬窥邻灶,饥鼠啮客床。

寸心空恋阙,辛苦事戎行。

清雍正七年(1729年),岳钟琪率军西征,率大军入西域。这是自从汉唐之后,千年以来汉人武士再没踏上的土地。他的诗歌与盛唐时代的边塞诗人们风格比较类似,长于写边塞雄奇景色和军旅艰苦生活,表达报国之情和家国情怀,战事顺利时充满奋发向上的自豪感,战事逆艰时表达的是思乡之情和忧苦感慨,文学成就很高。

(四)《海门汇集》

《海门汇集》是民国时期,永泰城民间文人李临溪(字维周,又名成桢)老先生搜集编纂的一本对联集。该书共收集永泰城、老爷山庙宇群楹联及红水县永泰城一带民间婚、丧、嫁、娶、寿、喜等各行各业对联50类2200多副。其中,永泰城、寿鹿山儒、释、道三教楹联1000多副,是迄今所发现的唯一一本记录永泰古城文化的纯文学作品书籍,对研究永泰古城文化意义重大。从20世纪50年代开始,永泰城及寿鹿山庙宇古迹开始被拆除破坏,

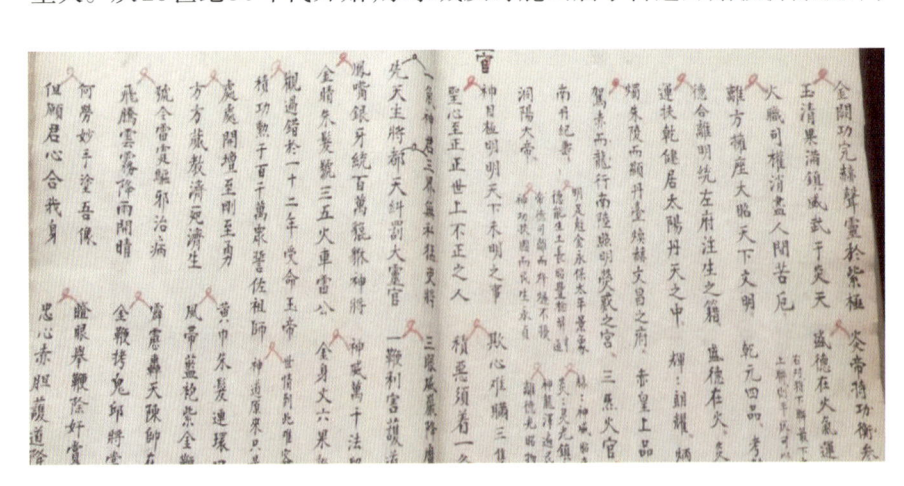

李临溪先生《海门汇集》手迹

迨至"文革",俱遭灭顶之灾,相关文书典籍均被焚烧。唯独李成祯老先生编纂的《海门汇集》一书,由于其家族后裔的精心保藏幸免于难,此乃古城文化之大幸。所以说李成祯老先生对永泰城文化的传承保护功不可没,是名副其实的古城文化传承人。下面汇录了《海门汇集》中部分庙宇寺院及民间楹联,供大家品读欣赏。

城隍庙

多昧者人之心　虽然善恶各异　幽有鬼神明有法
好还者天之道　大抵迟早不同　远在儿孙近在身

举念时明明白白毋欺了自己
到头来是是非非曾放过谁人

但愿回头便是岸
何须到此悔前非

从来善恶一毫何曾放过
自古赏罚半点不肯由人

举念奸邪任尔烧香终无益
存心正直见吾不拜有何妨

善报恶报迟报速报终须有报
天知地知尔知我知何谓不知

为人果有良心初一十五何用你烧香点烛
做事若昧天理半夜三更须防我铁链钢叉

为恶必灭为恶不灭祖宗有余德德尽必灭

为善必昌为善不昌祖宗有余殃殃尽必昌

四圣宫

气充两间与天地日月鬼神而合其德

道贯千古继尧舜禹汤文武乃作之师

泗水生金玉圣人出矣

尼山响钟鼓小子听之

万古不磨贤于尧舜远矣

五洲普及统以中西敬之

继往开来事业昭明天地并

报功崇德春秋享祀古今同

武圣庙

青龙刀拨动摇钱树

赤兔马踏开聚宝盆

才兼文武义重君臣耻与汉贼同天勠力远开新帝业

威震华夷气吞吴魏能使奸臣丧胆英灵还绕旧山河

杀人安人补仁义之不逮

以战止战合天地之好生

立身得之尼宣大智大仁大勇气节同乾坤共老

行己本乎春秋不淫不移不屈胸襟与日月争光

先武穆而神大汉千古大宋千古
继文宣而圣山东一人山西一人

六十年洒血孤忱何言称圣称帝
亿万载冲霄正气只见是佛是仙

秉烛春秋大节至今昭日月
存心忠义英风亘古振纲常

财神庙

灵光威黑虎
瑞气绕金鞭

富亦可求当念生财有大道
惠而不费宜知造物不尽藏

掌万民之福泽普沾吉庆
通天下之财源永锡丰盈

立万世无疆之业
来四方有道之财

积玉堆金德润千秋福禧
琦花宝树灵佑万古财源

昔为天上金玉主
今作人间福禄神

文昌殿

耕获在心田便赢得读书种子

品题归玉籍莫忘了阴骘文章

文德如天昭著九天星斗

帝恩似海祛除四海瘟蝗

魁星楼

笔点青云育亿万人之灵秀

元开紫极耀千百世之文明

握笔不曾轻一点

占鳌直欲上三台

彩缀金鳌辉生宝炬

光开紫极笔点青云

手援彩毫挥炎海

脚翻北斗耀南天

龙王庙

庙貌巍巍仗神恩风调雨顺

威灵赫赫蒙帝力时和岁丰

御四海济苍生功能配社

驾六龙出庶物德可参天

为龙神打醮联

众姓虔诚叩龙神而感应
群觋歌舞祈水利以增崇

致诚致敬酬神德
且歌且舞报圣恩

焚妙洞香霭八方而泯去
打单面鼓雨十日以降来

手之舞之能致十日之灵雨
龙乎王乎克除八方之烈风

厢房联

三华聚顶参玄妙
五气朝元悟长空

太湖石上拴意马
皇极宫中锁心猿

心即道道即心且自回光返照
色是空空是色勿令认假成真

有时静坐桥搭稳
无事归来身安端

为带松花香道院

故留秋月照丹台

移来物外三山景
造就壶中一洞天

寡欲原为勤玄妙
静坐可以修长生

修心须悟存心好
炼性当知养性高

阆苑清风仙曲妙
石潭秋水道心空

鹤唳九霄来紫气
身坐半榻展黄庭

抚掌笑春风丈室间中空世界
抬头看夜月九霄高处见道心

打破机关即悟人天于彼岸
求个解脱自了色相乎真空

祈雨联
露润九天倏忽祥云慰众望
龙翔四海随地甘澍沛环郊

雷震一声海底沧浪随势起
云生三级天边洪雨应时来

神灵有赫迅雷震而旱魃立去
天心至慈霖雨降而枯苗更生

谢雨联
雨露风云胥降资生之泽
农工商贾共存报德之心

此日得沾及时雨
无人不存报德心

海溢涌腾海底沧浪从海起
天心仁慈天边洪雨自天来

大佛寺
暮鼓晨钟惊醒尘寰名利客
经声佛号唤回苦海梦迷人

神力永扶千载盛
佛光普照四境安

无我无人观自在
非空非色见如来

万法皆空归性海
一尘不染证心禅

眼前色相皆成幻
静里乾坤不计春

片石孤云照色相
清池皓月映禅心

万法皆空明佛性
一尘不染见禅心

一心清静本无双乐利永垂万祀
三教庄严居第二光明普照十方

开法雨于西方天花散影
布慈云于中国贝叶成文

菩萨殿

西方贝叶演真经总不出戒定慧三条法律
南海莲花生妙相也只消闻思修一味圆通

观空有色西方月
听世无声南海潮

于世界常洒甘露
到人间广驾慈航

救苦殿

七宝骞林瞻瑞相
五色祥云放毫光

五色祥云足下起
九头狮子导前游

无量度人即随机而赴感
大慈拯世有誓愿之弘深

十王殿

五岳十宫同赞乾坤之化育
九幽六洞总持祸福之权衡

人鬼殊途造孽者有囚地狱
阴阳异路行善者高生天堂

三霄殿

千家赤子皆载德
万户婴儿咸沾恩

我却有一片婆心抱个孩儿与汝
你要行两件好事留些阴骘于他

福善有征看九重云霄送来玉燕投怀石麟入梦
感应不爽凭方寸心地种出兰孙吐秀桂子生香

恩深赤子林春风长养宜男草
福荫黄婆树惠泽平添婼女花

长发其祥保赤子登平安寿域
克昌厥后看佳儿产善信人家

九天卫房褆祾婴儿增福泽
太乙圣母骈幪孩子注荣昌

圣母慈悲最爱人间德凤
婆心接引送来天上祥麟

圣母无私合潭婴儿悉永寿
元君有感一方赤子尽延年

仰慈母之威灵九天显化
保赤子以乐利万姓沐恩

山神土主庙

骡马牛羊管教深山里放养
狼虫虎豹都从行事中招来

山中虎豹驱得远
心上豺狼逐却无

位居中央永保山河巩固
德配坤厚普佑人民奠安

德可配天资吏安民同裕国
功能载物庇农惠工遍通商

德配乾元赐福禄
恩昭坤厚降祯祥

须眉古雅先天老
杖履逍遥大地春

土旺能生金全凭正直
年高自获福惟仗端方

昆山碧玉源源进
丽水黄金滚滚来

马王庙

功司汉帝九良种
灵获周王八骏图

木本水源恩泽永被六畜旺
慧剑明镜岁时常拥八骏安

映日五色马全凭大造
追风千里驹总赖洪恩

牛王联

易耨深耕亿万姓全凭呵护
负重致远千百年共沾生存

断臂报君忠心耿耿贯日
挟戈刺秦节介勃勃参天

火神庙

三昧灿琼花永护南天法界
五通照火德长扶中土生灵

赤曜握灵符荧惑星昭回日月
朱轮焕法象风雷阵弥漫乾坤

火德中天扶日月
炎方一椅镇乾坤

位列炎方光有象
权操火德直无私

火职司权消尽人间苦厄
离方拥座大昭天下文明

　　　　灵官殿
三眼威严降魔大地
一鞭利害护道南天

瞪眼举鞭除奸赏善
忠心赤胆护道降魔

神目极明明天下未明之事
圣心至正正世上不正之人

一炁神君三界无私猛烈将
先天主将都天纠察大灵官

　　　　韦　陀
禅宫寂寞堪磨杵
佛心壮严也佩韦

护法全凭一杵诀
祛病管教万家春

无量祖师殿

拯世利人泽被于千万亿劫
修真学道功成于四十二年

无愿不从威德广被于海岳
有求皆应法力宏深于乾坤

玉虚证真迁三三而得道
金阙捧圣逢九九以飞身

药祖楼

神化无方能于山中医虎口
妙用莫测善于海上针龙鳞

活人妙术千秋重
济世良方万古传

采得自天台青黄赤碧三春艳
制来归药笼酸甜苦甘百味调

千百年来绵人寿
三十六方得龙宫

燮理阴阳调二气
权衡寒暑颂三阳

财神阁

玄坛有感多招宝
上帝无私广进财

金鞭光射财源茂
黑虎威生利益多

司万民之生涯利益
掌天下之物阜财丰

虫王联

黍稷稻粱仰圣泽以收敛
螟螣蟊贼仗神威而驱除

法令森严立使飞蝻退散
圣恩赫奕能祛走蝗消融

法雨殄穴蜡敛迹
炎火烧虫蝗潜形

老君阁

蕆教垂经为金木水火土之主
开天立极作道德仁义师之宗

三教九流无上祖
千行万艺天宗师

降生于无量数劫
说法于万二千天

一炁化三清不生不灭
五行炼八卦无我无人

主握阴阳命雷霆用九五数
化行今古著道德凡五千言

五千秘言融三才之妙道
八十余度接六趣之众生

三官庙

宝号三官唤雨呼风通至圣
正符万载福民庇国赖玄功

天官地官水官三官之灵纲维造化
上元中元下元一元之系古今流传

五圣五真降福禄
三元三品延祯祥

极定道宗太极还从无极始
元为善长三元总是一元分

天元炁地元形水元精会三元而有象
上福国中福民下福物赐诸福以无疆

天官地官水官只在心官不昧
求福赐福获福还须积福为先

正气调元天地人同归掌握
存神过化上中下总属蚨蠓

辅天地掌水衡赫赫恩波六合
握乾坤司坎位昭昭灵应九霄

星主联
紫微星宫位镇中天之上
黄道垣舍身居北极之高

万象宗师诸天统驭
列星教主无极元皇

紫微垣中作人生之主宰
南极宫内为造化之枢机

本命星联
流年六度降人间正高上赋形之日
每岁一经临凡世适劬劳生我之辰

七政同科司阴府是非之目
五行共秉判人间善恶之区

雷　祖
无上玉清王谈道而跌九凤
九天应元府化行而满十方

斗姥殿

乾象列三元位尊紫微高座
星源通一气精储黄道良辰

无上玄元天母主
真空妙相法王师

神府枕平川水色接蓝摇栋宇
灵峰标胜境山光挹翠上楼台

家庙祠堂联

春有心于露秋有心于霜道戴礼遗规钦崇祀典
父之贵者慈子之贵者孝式文公懿训笃念伦常

百行孝为先论心不论事论事贫家无孝子
万恶淫为首论事不论心论心终古少完人

尊祖敬宗岂专在黍稷馨香最贵心斋明而躬节俭
光前裕后诚惟是簪缨炳赫自当家礼乐而户诗书

秩元祀礼莫愆继祢继祖继高曾孝思不匮
屡丰年岁其有奉牲奉盛奉酒醴明德惟馨

必忠孝节廉自任几端方可无忝宗祖
是农工商贾各专一业便非不肖子孙

书宜勤读田宜勤耕外此凡属正经路头亦宜勤步勤趋毋堕先人事业
父当尽慈子当尽孝诸如有关人伦内事尤当尽心尽力以为后代良谋

左为昭右为穆想先灵赫赫洋洋五事六行垂法则
祖有德宗有功看奕叶承承继继千秋万载守经纶

八庙溯源流亲疏相联为一体
同宗讲礼让长幼无逾乎五常

宗功祖德流芳远
子孝孙贤世泽长

灶神联
位镇东厨降五福于人世
权通上帝奏万善于天庭

赫奕声光通赤帝
馨香禋祀奉黄羊

盛德独隆於正夏
赐福已肇夫元春

日照金瓯呈瑞色
烟浮玉鼎有馨香

福惠留中土
德言奏上苍

洪佑非过锡
申保合自然

灵光司火德
正炁达天庭

介福东厨主
司命一家尊

其他庙宇及民间楹联

渺渺玄元紫金阙
巍巍太微玉清宫

符握昊天尽覆载咸沾化育
帝临金阙统神人悉在权衡

道极尊德极贵巍巍乎万天帝主
教至广法至宏荡荡兮诸佛圣师

心广体舒慈光遍著于三界
功成道备妙相卓冠于诸天

虎水清流极慷慨
龙沙风物壮奇观

清·阎兆祐

基属龙沙可寻龙
地近鹿山堪觅鹿

民间人士搜集

(五)逃难曲

永泰城地处川旱交会、沙漠旱塬过渡地带，植被破坏严重，自然灾害频繁，其中以旱灾为烈。据《皋兰旧志》《皋兰县红水分县采访事略》《创修红水县志》所载:自清咸丰至民国年间,永泰城发生旱灾30多次,仅致使饿殍遍野的大旱就达10次之多。其中清同治四年(1865年),永泰城冬大饥,斗粟值银七八两,饿殍载道;清同治五年(1866年),永泰城春荐饥,斗麦值银40两,人相食;清宣统元年(1909年),永泰城岁大饥,斗米值银四五两;民国十七年(1928年),永泰夏秋皆旱,赤地千里,饥馑荐臻;民国十八年(1929年),持续干旱,春秋无下种,颗粒无收,人狗相食……数百年来,永泰人民铺砂筑渠,与干旱抗争,但终究抵挡不住来自腾格里、巴丹吉林沙漠风沙的肆虐。每逢饥馑,城内居民都要逃荒、讨饭、外出背粮,甚至背井离乡、妻离子散,好不惨痛。民国十八年(1929年),永泰城大旱,城内仅剩闫兆祐、余守元、余德元、余安元、安国正、石锺玉、张万国、崔至言等十五六户人家未外出异地逃荒。这是民国十八年在永泰城一带传唱的《逃难曲》,生动记述了当时的灾情惨状。

逃难曲

佚名

一

中华民国十八年,饿死黎民千千万。
人吃人来狗吃狗,鹰雀老鸦吃石头。
十个庄子九个空,你不走来啥守头。

二

儿子拉着老子手,哭死哭活同路走。
往前走来朝后看,娘老子丢下太可怜。
走了一站又一站,荒沙滩上无人烟。
无水渴死沙漠边,逃难的人儿命运惨。

三

四十里沙坡要走完,夜入沙堆活命难。

翻过沙坡走不动,肚子饿来腿又困。

大步走来小步行,半夜草棚把身安。

丢了娃娃顾大人,骨肉分离伤透心。

哀求大爷给碗饭,可怜天下逃难人。

四

一更想起老父亲,生死路上无音信。

二更想起老娘亲,养儿落了一场空。

三更想起结发妻,沙坡头上泪满襟。

四更想起小儿郎,今后不能再相见。

五更想起亲弟妹,彻夜难眠凉透心!

第二节　古城教育

(一)永泰义学

古城教育分为古代教育、近代教育、现代教育、当代教育四个阶段。古代教育从有史料记载的明末清初到清朝中叶为止;近代教育从鸦片战争(1840年)到"五四运动"(1919年)前夕;现代教育从"五四运动"到中华人民共和国成立前;中华人民共和国成立以后为当代教育阶段。教育不仅提升了永泰人民的文化素养,为永泰古城及景泰县培养了一批有用人才,而且对当时的政治和社会风尚发生过重要影响。在清末民初的古城教育中,不仅有《论语》《孟子》《荀子》等蕴藏着丰富教育资料的典籍,还有像《学记》这样精深的教育专著。还秉承"教学相长""启发诱导""因材施教""循序渐进""温故知新""言行一致""改过迁善""知行合一"等一系列教育、教学原则与方法,这些都是古城教育思想遗产中的瑰宝。

义学又称义塾,是私学的一种,本为私人捐资建立或宗族设立的乡校村学,是免费的蒙学,主要招收本族子弟,经费基本来源于地租。在我国清代以前就已经有人设立义学,如宋朝范仲淹就曾为同族设立义学,教授同族子弟。明朝以来,朝廷大力提倡兴办义学,义学作为一种地方的教育组织形式,在全国普遍设立,用来宣传封建伦理道德。教育作为推行教化、控制思想的工具,则是在清代,尤其是雍正以后。

康熙五十三年(1714年),议准"各省府州县,应令多立义学,延请名师。聚集孤寒生童,励志读书"。雍正元年(1723年),奉上院"各直省现任官员,自立生祠、书院,令改为义学,延师授徒,以广文教"。于是全国各地掀起了创办义学的热潮,义学一度发展到了相当规模。

清代设立义学与过去不同,主要有三种方式:第一,由地方官将书院、寺庙、祠堂等改建,如皋兰县义学由贤良祠改建;第二,由地方官创办,如庆阳府义学于康熙五十五年(1716年)由知府金垣生创建;第三,少数由地方绅士捐建或由宗祠合建,聘请品学兼优之生员为塾师,进行教学,教学组织形式和教学方式沿袭元明社学先例,招收的多是贫寒人家的子弟,带有慈善事业的性质,永泰义学属于此种。由于朝廷大力提倡,清代义学的普及发展为前代所没有。从中可以看出,清代永泰义学具有启蒙教育和普及教育的性质。

据《甘肃新通志》卷三十六《学校志·义学》记载,甘肃义学最早出现于明代,是由巡抚陈九畴创建的肃州直隶州义学。"明初,亦迁四方之民以实河西,故其习尚错杂,风俗靡有一定,玉门、嘉峪羌人出入,民无宁居。儒学建于成化三年(1467年),都御史徐廷璋,及正德元年(1506年),兵备副使李瑞澄廓而大之,其设义学在东北隅,盖其先巡抚陈九畴毁其礼拜寺为之者。嘉靖二十二年(1543年),副使张愚常选生童读书其中。"

在教学内容上,永泰义学受到政府严格的控制,重点突出社会教化和道德培养。义学学生除了读书、识字、讲书、读诗外,还要懂得礼仪揖让,懂得长幼有序,每日放学均要向老师行礼,以培养其日常行为规范。义学的教学一般分为两级。第一级以识字、习字为主,即启蒙阶段的教学。教材是传统的"三百千千",即《三字经》《百家姓》《千字文》《千家诗》及《幼学琼林》等。第二级是传授儒家经典的初级阶段,教材有《论语》《孟子》《孝经》等。清时,左宗棠在甘肃规定朱熹所辑的《小学》为义学的必读之书。他说:"古人八岁入学,十五入大学,次第节目,一定不可易。故小成大成,各有规模。经正民兴,人才从此出,风俗亦从此厚矣。须知自洒扫、应对,至希圣、希天、下学、上达,皆是一贯。今日入塾童子,先宜讲求《幼仪》《弟子职》,而归重于《小学》一书,方为得之。"永泰义学学生的流动性很大,大多只求粗识文字,以为谋生之用。少数则升入高一级教育机构,也有的人当作科举应试童生进行预备性教育。从形式上看,义学教材内容有故事、名物掌故、谚语、格言、对联、诗歌等,都以简赅的文字、严格的组句、整齐的押韵来表述。在内容上,除了宣传封建伦理道德规范外,还包括历史、自然、生产及日常生活等方面的知识。如光绪元年(1875年),左宗棠在甘肃各府、厅、州、县颁发了一些蒙学教材,并增发了其他一些图书,如《小学》《圣谕广训》等。永泰义学定有学规。光绪二年(1876年)制定的甘州府各属义学条规多达27条,其主要内容有:每所义学设教师一人,由府学、县学、书院斋长及经管义学的绅士共同选择品学兼优者,送县批准后,才能聘请;义学只收无力支付学费的学生;每日功课以讲经书为主,读史为辅,15岁以后方能学诗文,兼学有关天文、地理、水利、农田、算学等。

  永泰义学,原设在永泰城西大街之南。清初,由本邑绅士创建公馆,以备接待总督等上级高官巡察时居住。但建成不久即改为义学。光绪十四年(1888年)因地震坍塌,十八年(1892年),皋兰县红水分县代理县丞吴沅重视地方教育,积极倡导修缮永泰义学旧址,亲自作诗纪念,同时要求永泰城内秀才及读书人一起吟诗附会(诗文见后《古城文萃集锦》)。同时,令地方绅士闫兆祐等筹资捐款,把义学旧址维修完固,从而使教学正常开展,以免影响城内学子学业。直至民国初年,这里才改为小学堂。从清康熙初到清末近三百年间,永泰义学先后培养出了田庆、石佩、岳升龙、乔应迁、林得时、李文郁、阎荣、崔兆瑛、萧逢兰、苟存文、萧滋秀、阎世著、阎兆祖、曾光烈、张均、颜学洙、武绳祖、陈锦云、李国华等多名生员、贡生、廪生,其中颜学洙考中光绪乙酉科举人,岳升龙于康熙年间应征入伍,后因军功擢升为四川提督,李国华学以致用,主笔编纂了《皋兰县红水分县采访事略》一书,为记录永泰城乃至景泰县历史作出了很大贡献。

(二)重修永泰义学诗集

清光绪十四年(1888年)地震,永泰义学倾颓。十八年(1892年),红水县代理县丞吴沅欲重修,先命本邑士子作诗,后令地方绅士闫兆祜等筹款补修完固。

修义学有感
吴沅①

好义之人安在哉,学堂冷落半成苔。
地经巨震馀残舍,天坠斯文厄隽材。
不禁故宫禾黍叹②,端扶广厦栋梁摧。
琢磨今日逢良匠,好把轩窗面面开。

①吴沅,字浦生,湖南湘阴人。清光绪十八年(1892年),莅任红水县分令,情系教育。下车伊始,见宽山书院破败倒塌,即刻筹款整修,使之蔚然一新,易名为光四书院。于是谕宽、永、红、镇四堡生童,按月考课,以重斯文。又令各堡绅士,整顿义学,延师训蒙,一时家吟户诵,文风新起,风俗顿移矣。

②宫室成了农田,长满禾黍。谓故国破败或胜景废弛。《毛诗序》认为,《诗经·王风·黍离》是因"周大夫行役,至于宗周,过故宗庙宫室,尽为禾黍,闵周室之颠覆"而作。相传西周灭亡后,周大夫长途跋涉来到西周都城,看到过去的宗庙宫室都成了长满禾黍的田地,触景伤怀,无限感慨,就作《黍离》诗一首。后来微子朝见周王时,路过殷墟,看到宫室毁坏,长满禾黍,非常哀伤,就作了一首《麦秀》歌。

义学抒怀

邑生员·李国华

集义从来造俊贤,学须时习可参天。

人文未起耆英会,地劫曾经早歉年。

梓泽已虚谁作主①,武城虽小却闻弦。

少陵破屋秋风叹②,广厦而今庇万千。

①"梓泽"原是洛阳四河之一的瀍河发源地——孟津横水的梓泽。王勃《滕王阁序》中所指乃西晋洛阳石崇所建金谷园,又名梓泽。

②《茅屋为秋风所破歌》是唐代诗人杜甫旅居四川成都草堂期间创作的一首七言古诗。此诗叙述作者的茅屋被秋风所破以致全家遭雨淋的痛苦经历,抒发了自己内心的感慨,体现了诗人忧国忧民的崇高思想境界,是杜诗中的典范之作。

述怀

佚 名

地经巨震久荒凉,谁为斯文作栋梁。

不是宦游人缔造,奚从美富睹宫墙。

义学寄情

邑监生 阎玉麟

满壁图书摧竟残,荒凉院落少芝兰。

泰山已裂文斯坠,梁木其危材且难。

不胜秋风破屋感,何思宗庙美墙观。

而今涂抹丹朱艳,大庇四方寒士欢。

义学咏怀

后学① 李善澈

义学自来育俊贤,四郊诵咏晚凉天。

  地遭劫险斯文坠,道被困穷大厦颠。

  一片苔阶残夕照,数椽茅屋网丝缠。

  圣门今孰作良匠,鸟革翚飞计万千。

①后进的学者或读书人(常用作谦辞)。

(三)富文社

  学社(即文社)是元、明、清三代的地方小学。择通晓经书者为教师,施引教化,农闲时令子弟入学,读《孝经》《小学》《大学》《论语》《孟子》,并以教劝农桑为主要任务。明承元制,各府、州、县皆立社学,以教化为主要任务,教育15岁以下之幼童;教育内容更包括御制大诰、本朝律令及冠、婚、丧、祭等礼节,以及经史历算之类。清初令各直省的府、州、县置社学,每乡置学社一所,社师择"文义通晓,行宜谨厚"者充补。凡近乡子弟,年12以上,20以下,有志学文者,皆可入学,入学者得免差役。社学是当时农村启蒙教育的一种形式,明清两代,社学成为乡村公众办学的形式,带有义学性质,多设于当地文庙。社学一直是为封建统治者服务的地方文教机构,是官立的用于启蒙的一种教育组织形式,始创于元代,至清末而终结。

  富文社设在永泰城关帝庙内,是清光绪年间城内一些志趣相投的文人学子所结成的团体,以切磋文章、交流学习、相互借鉴学习经验为主。随着光绪三十二年(1906年)科举制度的废除,富文社逐步转变为永泰城内文人学子咏诗赋文的会馆,失去了其原有的义学性质。光绪年间,永泰文生阎玉麟、李国华等逢年过节经常在此赋诗作词,为城内庙宇楼阁撰写春联。1912年,中华民国成立,一切制度开始变革,文社即在其中。如县城宽沟堡内的宽山书院,初改为学堂,继又改为公立小学,1914年,红水县第二区第二公立高级小学校暨永泰小学建成,此社遂废。

(四)永泰小学

  永泰小学,原名红水县第二公立高级小学校。最初设在永泰城关帝庙内,民国三年(1914年)五月,由红水县知事田兆昆创办。民国十二年(1923年),红水县教育会成立,政府倡导大力发展国民教育。根据民国

《教育宪法》规定:"边远及贫瘠地区之教育文化经费,由国库补助之。其重要之教育文化事业,得由中央办理或补助之。"时任红水县知事郭则建、李荣庆先后兼任教育会长,注重国民教育,积极发动地方民众及社会贤达集资办学,一度掀起了兴教建校的高潮。其间,创建了红水县第二公立高级小学校暨永泰小学,第一区第二、三、四、五公立初级小学等。其中,无论从建筑规模、教学质量还是社会影响等方面看,永泰小学都最具代表性。

永泰小学大门(建于1923年)

永泰小学位于城中下街偏北处,布局有序,规模壮阔,建筑坚固,造型典雅,是一所颇具特色的民国校舍建筑。

整座校舍坐北朝南,占地面积3519平方米,由校门、教室、学舍、校园、操场、百草园等建筑物组成。学校分前后两院,是典型的"一本书"校园。教室坐北朝南,中轴一线,左右对称,前后照应。6米多高的青砖校门高大宏伟、古朴典雅。富有民族传统的小庑殿顶式的拱形校门,浮雕内容丰富,技艺精湛。校门顶上正中喷涌翻卷的海潮托起一轮冉冉红日,即烘云托月,象征现代文明如日初升,国民教育如阳光雨露普泽万民,教育从少年儿童抓起,才能成为国家之栋梁;顶部下端为悬柱悬笕,柱下左右各垂挂一串葡萄,寓意教育事业前景广阔、硕果累累;悬笕上镌刻"轮、罗、伞、盖、花、罐、鱼、鴬"等象征富贵功名的吉祥物,鼓励学生寒窗苦读,功成名就,能够成为国家的有用之才;悬笺下一横匾砖雕,上书"永泰学校"四个颜楷大字,端庄遒劲,引人注目,是原国民政府景泰县参议会参议长石凤岗先生所书,今已湮没无迹;其下左右两边正中是国民党青天白日"党旗、党徽"砖雕(已被铲毁);四围重檐中,浮雕"梅、兰、菊、竹、琴、棋、书、画"岁寒三友及文房四宝;其下为高3米、深6米的拱形青砖门洞,高高拱起,门洞内通铺平整厚实的松木地板,蔚为壮观。大门外左右两侧砖墙正中,各一幅二尺见方的浮雕,左牡丹,象征富贵吉祥;右荷莲,寓意纯洁美好。校门口两侧地基分别是两座高约一米的巨型正方体石坊,坚如磐石,寓意"教育基业,千秋永固";石坊两边各建8米长、3米多高的青砖院墙,两墙中央各设一孔圆形铁窗,如朗朗明月,又像儿童聪颖的双眼,寓意小学教育要从开启少年心扉开始;再向东西两边延伸各为一道八字墙,与院墙形成120°夹角,八字墙为庑殿顶造型,砖檐下浮雕卷叶荷花,形象逼真,刀法细腻,八字墙正中为太白堂,方正洁白,美观和谐,对称环抱。

学校前后两院三栋歇山顶式教室,由南向北次第排列,每栋七间,青瓦铺顶。三栋教室上有飞檐檩笺,两边青砖立墩,洁白的粉壁墙上镶嵌着拱门拱窗,中西合璧,美观大方。走进校门,内门依然是拱形砖门,门头砖立方上嵌刻"进步初阶"四个柳楷大字,为时任红水县县长李荣庆书迹,规中见逸,寓意应与"金阶初步"相关,同时,告诫老师们启蒙教育是人生的第一步,这一步至关重要,一定要抓牢夯实,锲而不舍。大门内侧两边为教室,与校门连为一体,坐南向北,和院中央教室相向对称。院中央该栋教室中间有一过道,过道

永泰小学中庭院门

门上端有悬笈悬柱,檐下砖立方上雕有鱼龙如意及毛笔等图案,间有绶带缠绕,激励学子今日寒窗苦读,来年鱼跃龙门。门上方浮雕一片桂树叶,上有砖刻"勤勉自修"四字,为该校首任校长李善澈手笔。此匾额颇具匠心,明书"勤勉自修",暗喻"他年折桂",勉励学生勤奋刻苦、持之以恒,才会学有所得。门两边砖墙上各有一块二尺见方浮雕:左刻三只小羊登崖,崖下溪流潺潺,上有红日高照,意为"三阳(羊)开泰";右刻一弯新月下数只梅花鹿或立或卧,一只小鹿呈蹦跳状,灵气十足,又有几只白鹤或立或飞,含"六(鹿)合(鹤)同春"之意。中央门道内铺松木地板,进入里院出过道为圆门,称"月亮门",取"蟾宫折桂"之意,昔日精致玲珑的圆门已毁坏无存。圆门外侧檐下正中有一扇形横额砖雕,上书"努力"二字,字体丰润隽秀,给人以朝气蓬勃之感。此额为本邑民国优秀学子、国立北平师范大学毕业生崔国藩手书。步出月亮门便到了学校里院,映入眼帘的是最后一栋教室"大礼堂"。大礼堂共七间起架,略高于前院的两栋教室,正中四扇棋盘大门,显得庄严肃穆,中间五间为校方集会议事办公室。左右两边各一间,一为图书仪器储存室,一为体育器械储存室。礼堂正面各砖柱上均雕有书帙、笔筒、花卉、画戟、梅、兰、竹、菊等图案,寓意丰富,形象逼真。学校前后两院东西两侧皆为师生宿舍,共计三十六间,均为前拔檐结构。两院每边各九间,十个廊柱亭亭而立,排列成行。每排中三间为一室,供教师办公住宿,开双扇门,其余为单间,是学生宿舍,为单扇门,窗户为木制"虎张口"。窗墙粉白,青砖围檐,是传统的"压字环富贵不断头"式样,四面宿舍结构相同,样式一致,宁静典雅。

学校前后两院的四角均设拱形小角门,其中,院中间这栋教室的东西两侧里外的小角门之间各有三间平房,两侧为耳房,中间为拱形后门。东门通百草园(后花园),西门通操场。四个角门又使前后两院、东西厢房走廊连接,成为穿山走廊;再加东南、西南两头的两个角门及里边的库房、灶房,每边二十七间,东西两侧共五十四间。两条长廊各穿过四个角门连通前后两院,学生上课时,老师从两边长廊行走,校园显得格外宁静雅致,幽深宜人。

　　学校肇造之初,曾购置洋枪(即土枪)五十支,开授军事课,对学生进行军训,普及初级军事知识,颇有一点陆军小学堂之风格。后因师资力量不足而终止,只开授语文、功名(政治)、算术、历史、地理、自然等课程。

永泰小学中庭月亮门

　　永泰小学建成后,地方贤达李善澈出任校长,红水县名儒颜学洙、武绳祖、任绪章、罗共之、苏贯山、王世衡等汇聚此校,传道授业。四方学子纷纷慕名而至,一时学风日炽、校名渐隆,成为当时红水县名校。至1949年新中国成立前夕,该校共结业三十六届,毕业学生达四百余人。新中国成立后,党的教育事业蒸蒸日上,工农子弟竞相入学。截至2002年,该校共毕业四十余届九百多名学生。1968—1981年,该校曾两度附设初中班,毕业十二届三百六十多人。目前,该校毕业学生遍及党、政、军、科技、教育、卫生、地质、工矿、商业、财税、公安、水电、农业、金融等各个领域。近年来,据古城相关人士统计,1950—2023年,永泰小学毕业生中,已获大学本科学历者达120多人,其中有博士生7人,硕士生9人,被全国重点大学录取的36人,有大、中专学历的160多人,他们都为建设家乡、振兴中华作出了一定贡献。

永泰小学历经百年沧桑,至今基本保存完好。学校古朴典雅的中西合璧式建筑风格,以及幽雅的校园环境在景泰县现代建筑中首屈一指,是甘肃省内至今保存较为完整的民国时期小学之一,在全国也为数不多。20世纪90年代,国家教委有关领导考察时,对该校给予了高度评价,愿永泰小学青春常驻,朝气永存!诗曰:

寒窗灯火映沧桑,故园曲径毓馨香。

莘莘学子书声朗,百年逐梦忆辉煌。

(五)永泰乡中心学校学董

民国时期的学董指一定区域内的学校负责人,各地选举有威望的热心教育的地方知名人士担任,具体负责该区内学校日常事务和重大事项。

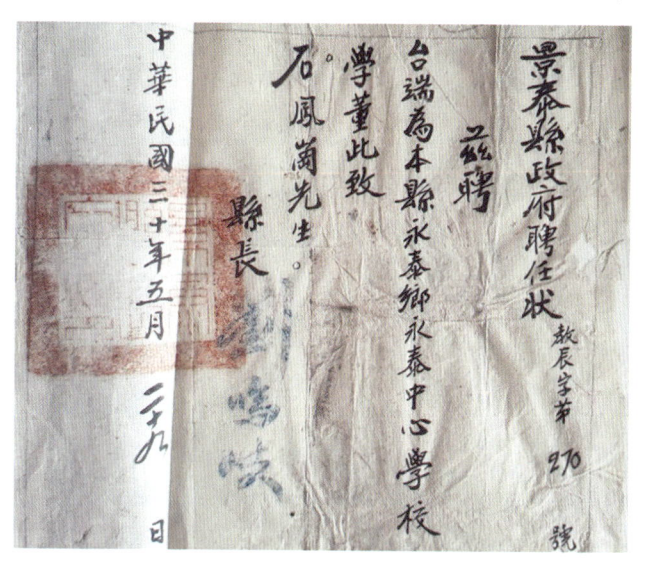

永泰乡中心学校学董委任状

民国三十年(1941年),景泰县政府设立永泰乡中心学校学董会,具体负责管理全乡教育工作。第一任学董石凤岗,永泰人,任职(1941—1947年),毕业于国民党西安陆军军官学校。

(六)永泰小学历届校长简介

田兆昆,陕西富平人,红水县知事,创办永泰小学,并兼任校长。

李善澈,永泰人,1923—1934年任校长,毕业于兰州陆军小学堂。

张延麟,籍贯不详,1935—1936年任校长,中师学历。

宋克齐,籍贯不详,1937年任校长,中师学历。

崔国屏,永泰人,1938年任校长,兰州一中肄业。

安维新,永泰人,1939年任校长,甘肃省立矿务学校毕业。

颜宗元,正路人,1940—1941年任校长,中师学历。

闫承安,永泰人,1942—1943年任校长,初师学历。

肖　洵(字小泉),寺滩乡单墩村人,1944年任校长,中师学历。

李秀芳,永泰人,1945—1946年任校长;后于1947—1949年又任校长,省立兰州师范学校肄业。

王立兰,寺滩乡三道淌村人,1947年任校长,景泰县简易师范学校毕业。

王允中,寺滩乡单墩村人,1949—1951年任校长,初师学历。

于国杰,寺滩乡宽沟村人,l951—1958年任校长,中师学历。

戴靖国,芦阳镇芦阳村人,1958—1962年任校长,初中学历。

张学让,寺滩乡井子川村人,1962—1968年任校长,初师学历。

胡永春,五佛乡人,1968—1969年任永泰小学革委会主任,初中学历。

韩　元,寺滩乡东梁村人,1969—1970年任永泰小学革委会主任,中师学历。

赵元章,武威市民勤县人,1970—1973年任永泰小学革委会主任,中师学历。

陈资才,五佛乡人,1973—1978年任永泰小学革委会主任,中师学历。

白复地,永泰人,1978—1987年任校长,初中学历。

王立治,寺滩乡三道淌村人,1987—1989年任校长,初中学历。

李崇仁,永泰人,1989—1992年任校长,中师学历。

王得彩,永泰人,1992—1994年任校长,初中学历。

李成勋,永泰人,1994—1996年任校长,初中学历。

马生骏,永泰人,1996—2018任校长,高中学历。

(七)永泰女子初级小学

清末民初,各地妇女追求平等的运动风起云涌,女子学校如雨后春笋般创办起来。但是,由于甘肃地处内地、文化落后、交通不畅、信息迟缓,造成了女子教育落后的历史局面。20世纪初,受民主思潮的影响,一批有识之士呼吁兴办女学,于是全国出现了一个兴办女学的高潮,女子学校的创办,推动了女子教育的改革。1907年,学部拟定《女子小学堂章程》二十六条和《女子师范学堂章程》三十六条,奏准清政府后,颁行全国,在清末学制中正式确立了女子教育的合法地位。两个女学章程的颁布,推动了全国各地创办女子学堂的新高潮,也催生了甘肃创办女学的开始。最初为清宣统元年(1909年),在狄道县(今临洮县)、天水县由私人开办两所女子学堂,其余各县则陆续创办女子学堂。1913年8月,蔡元培主持下的南京临时政府教育部正式颁行《壬子癸丑学制》。新学制的颁布,使女子同男子也有了同样的学制,女子可以依次接受初等教育、中等师范教育、高等教育。女子教育新学制的出台,体现了民国政府对女子学校教育的重视。依照民初新学制要求,甘肃省将以前的各项"学堂"改称为学校,"官立"改称公立,"监督""堂长"改称校长,并对女子教育作了较大调整。

永泰女子小学遗址

在新文化运动的影响下,妇女解放的步伐加快,随之而来的是女子教育观念的开放,推动甘肃女子学校教育迈上了一个新的台阶。民国七年(1918年)三月,红水县知事(县长)胡云梯在永泰创立红水县第二区第一公立初级女子小学校,即永泰女子小学。建校之初,校长由县知事兼任,后由女校教师永泰人——晚清秀才、国子监太学士崔守城(字至言)担任。学校租用崔守城家城南临街的三间闲置商铺作为教室,购置教科书、课本,设置桌凳、黑板等教学用具,卜择黄道吉日盛大开学。

初秋的七月十五,天高气爽,风轻云淡。当天上午十点,红水县知事胡云梯莅临古城参加女校开学盛典,城内乡民绅士纷纷来到街头女子学校门口贺喜,孩童雀跃,结彩贴对,鸣炮醑酒,热闹非凡。学校根据学生年龄分为高、中、低三个年级上课。当时,女学肇始,学风浓郁,秩序井然。学校开设修身、国语、珠算、唱歌等课程。国语课教识字,读《三字经》《百家姓》《四言杂字》《千字文》等;高年级讲《论语》《修身》《笠翁对韵》等,同时,也讲些历史、地理知识。教学中重视古诗文背诵、练写毛笔字等,凡写得好的字,教师加红圈,以示鼓励;凡背不会书、写不好字的学生,教师用戒尺打手,以示训戒。

由此可见,女校的课程安排是针对女生的生理心理特征进行的特殊设置,学校将"修身"课放在第一位,目的在于培养女子良好的道德品质。"家事"课在学校课程中占据重要位置,开设手工课程,注重家庭工艺学科的学习。另外开设"唱歌"课程,目的是培养女子高尚的道德情操。在女子学校开设这些课程,为培养女生的全面发展提供了重要条件。

崔至言老先生知识渊博、品德高洁、教育有方。他制定校规校纪,严肃宜人,教学相长。讲课读书抑扬顿挫,学生十分爱听,教学质量很高,深得学生和乡亲们尊重,本邑人都敬称先生为"崔师傅"。

女校第一批毕业生有石凤莲、张含花、化绍南、安静云、居秀云、李秀莲、崔秀梅、罗毓秀(满族)、罗毓莲(满族)、罗毓桢(满族)、罗毓翠(满

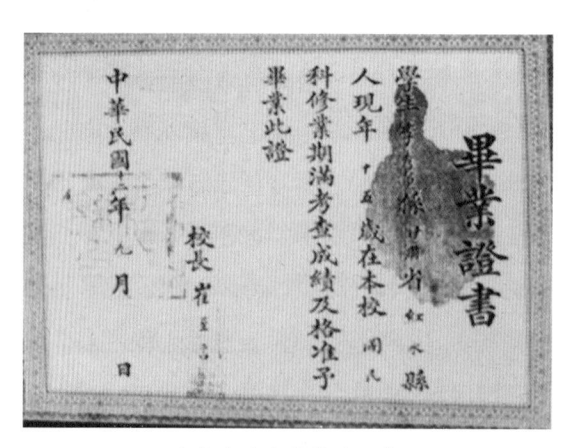

永泰女子小学毕业证书

族)、罗毓凤(满族)等。

当时,学校举行了隆重的毕业典礼。红水县知事党恂和地方绅士贤达等知名人士参加,为毕业生颁发了毕业证书、银制扇形纪念章等,并组织该届毕业生到县城宽沟堡、寿鹿山等地游览,这样既开阔女生的眼界,又增长了她们的社会见识。她们身上焕发出民国古城少女的青春魅力。

永泰女子小学校长委任状

永泰女子初级小学于民国二十九年(1940年)停办。办学二十二年,共毕业六届学生,首任校长崔至言,最后一任校长是永泰人石凤岗先生。

该校毕业生现已全部作古,但她们遗留下的证件让后代作为历史珍品保存了下来,见证了古城女子教育的历史瞬间。

永泰女子初级小校的创办,虽然时间短暂,但在当时边远闭塞的西北山城,开创了红水县女子教育的先河,可谓寒雪中的一朵娇梅,是古城近代教育史上破土而出的新生事物。今天,从古城大街走过,那琅琅的读书声,似乎仍飘荡在古城的上空,特别是该校第一届毕业生罗毓秀、罗毓莲、罗毓桢、罗毓翠、罗毓凤姐妹五人,被永泰人称为"五朵金花",由于她们特殊的家庭背景,后来均嫁给了国民党高官,其中罗毓凤女士跟随抗日名将孙连仲驰骋疆场,谱写了一曲巾帼不让须眉的抗日赞歌!

第三节　永泰秦腔与同乐社

(一)历史渊源

秦腔作为永泰人的一种文化财富而绵延传承,自然也就成为其一种精神信仰而发扬光大,从其孵化孕育到生成发展再到向未来无限延伸,似乎就像一张作茧自缚的大网,使世世代代的永泰人自觉投注了痴迷的情感来培育它、享受它。据清乾隆年间修编的《凉州志》所载:"古凉州民习秦声已久,甘州亦然。"乾隆四十四年(1779年)王曾翼所撰《甘州府志》卷四"风俗"篇中,也称这种秦声的流播在"西陲最尚"。正说明它在清乾隆以前不仅在甘肃境内就已传衍旷久,且在剧目、音乐、演员、班社以及各种表演技巧与程式的创造上多有积累。如始建于清乾隆二十五年(1760年)的敦煌营武班、始建于乾隆四十三年(1778年)的临泽沙河渠忠义班、始建于清道光十年(1830年)的宁远(今武山)于家班以及清咸丰初期的永泰同乐社、秦州魁盛社、金塔魏家班、清水马家班等,都为秦腔在甘肃的繁衍与发展立下了汗马功劳。

明末清初,地处边陲要地的丝路重镇永泰城,受外地文化,尤其是受陕西、山西、青海、宁夏等地文化的影响较大。据成书于清光绪末年的《皋兰县红水分县采访事略》和永泰城相关地方史料所载:明万历时,陕西兵户和移民就在永泰城一带传唱秦腔,永泰城内就有秦腔自乐班。相传明末肃王在永泰城内选妃时,在城内的城隍庙戏台上连唱了三天大戏(秦腔),最终选中了天生丽质、土生土长的永泰少女——熊姑娘。

清咸丰七年(1857年)到清光绪十三年(1887年)期间,陕西艺人带戏班先后来到景泰境内,演唱传授秦腔剧目。正路成立了陕山会馆,永泰组建了同乐社,芦阳、五佛分别办起了秦腔自乐班。从此,秦腔在永泰城内有组织地发展起来了。1926年到1938年期间,陕西艺人罗师傅、金叶子、吴应福及靖远艺人丁振华,先后来到永泰城传授秦腔剧目,对城内秦腔演唱的普及与水平的提升起到了极大的推动作用,涌现出了李生、居谦、安维民、安维刚等秦腔骨干,上演的剧目有《二进宫》《十五贯》《杀狗劝妻》《丁生扫雪》等。当年,同乐社制定了系统的社规:入了同乐社,就是一家人,无论遇到婚丧嫁娶或天灾人祸,大伙儿都要互相帮助,如1948年底,同乐社给本社困难户李某周济了3石小麦(300斤)。

  习惯成自然,风俗源自沉淀。唱秦腔已成为永泰人的传统风俗。无论男女老少都可以闭上眼睛随便哼上几句。每年正月,是永泰城唱秦腔的旺季,从大年初一到正月十五元宵节,城内的居民们都穿上新衣裳,先到各寺庙里去上香,然后到十字街口的转角戏楼看戏。戏院里座次按照长幼尊卑、老少大小井然有序地排列着。乡亲们看戏都很投入,看到入迷时,台上大声吼,台下小声哼,此起彼伏,同频共振,融为一体。除春节外,每逢传统节日,都要唱大戏。二月二,龙抬头,永泰城内舞龙耍狮跑竹马,戏台上秦腔吼个不停,人们喜气洋洋地把"农"头高高抬起来,期盼四季平安、五谷丰登;三月清明,城隍爷出府,远近十里八乡的乡亲们蜂拥而来,把偌大的永泰城围了个水泄不通,人们一边虔诚地看"肃穆威严"的城隍爷出府仪式,一边欣赏永泰同乐社的秦腔表演,期望人寿年丰、国泰民安;四月八,寿鹿山要举行盛大的朝山庙会,届时,宁夏、皋兰、古浪、天祝、永登等地的民众、地方绅士来此朝山拜佛,永泰同乐社的大戏要在老爷山下的戏台上连唱三天三夜,人们祈求风调雨顺、五谷丰登。至今这一路连山还流传着"老爷山上干鼓子响,永泰城内廊檐水淌"的民谚……总而言之,年年如是,周而复始,

同乐社清代戏衣

永泰同乐社的秦腔表演一年四季从不间断。同乐社的艺人们白天下地干活,晚上在社里练戏,只要城内有了红白喜事,社友们都要凑到一起吼上几嗓子,唱上几折子,根据事情主题而论,或喜或欢,或悲或哀。永泰同乐社的秦腔发展经过了漫长的岁月洗礼,从落后到进步,从保守到开放。20世纪三四十年代,农闲时节,他们曾下凉州、上天祝、到古浪……在武威白塔寺庙会、松山滩赛马会、古浪峡庙会上登台献艺,获得了汉、蒙古、藏、回、土等族群众的一致好评,使永泰同乐社声名远扬,难怪今天人们还说:永泰的娃娃都会唱戏!

这一时期,永泰秦腔的声腔体制也发生了变化,其最突出的特点是:板式兼以曲牌,曲牌杂以佛曲。此种遗风,一直延续到20世纪40年代末乃至新中国成立初期,故景泰人称永泰秦腔为"老秦腔"。就目前所能搜集到的"老秦腔"中可供入词演唱的曲牌和佛曲就不下百首,而且皆系"甘所有陕所无"的孤品。这正好印证了《辞海》关于秦腔由"明中叶以前在陕西、甘肃一带的民歌基础上形成"一说。

(二)辉煌历程

新中国成立后,永泰同乐社自行解散。1951年,在原社基础上成立了永泰村业余秦剧团,永泰的秦腔艺术进入了全新的发展阶段。剧团始终坚持"百花齐放、百家争鸣"的群艺路线,吸收大量的青年文艺爱好者来剧团学唱秦腔。同时,剧团破除封建思想,吸收女演员。提出了"要想唱好戏,文化加苦学"的发展思路。1954年,剧团派青年演员马延林、李长征到兰州观看学习西安秦剧团演出;1962年,派李友梅、高攀月到兰州秦剧团学习半个月;1978年,党的十一届三中全会胜利召开,年过六旬的剧团老团长安维刚带领青年演员闫穆智、安永贵、张理仁等人到兰州看戏学艺……"不经一番寒彻骨,怎得梅花扑鼻香。"永泰秦腔从声乐、动作、唱腔等诸多方面取得了显著的进步,步入了群众文艺的正规化、标准化发展阶段,培养出了张礼仁、安永贵、闫穆智、马生才等一大批文武场面的梨园新秀,永泰秦腔成为景泰群众文艺的一朵奇葩。永泰秦腔的唱腔音乐旋律,也极富明代魏良辅所言"错用乡语"的特点,本地方言四声音韵给其旋律走向以及词曲结合的影响是显而易见的。早期永泰戏班的演出方式也很有意思,演出大都先以唱"曲子"为开场,再转唱秦腔,城内观众把这种曲子、秦腔混杂演出的场面,形象地戏称为"风雪搅"。

1962年,寺滩公社在永泰城举行了为期九天的物资交流大会,永泰秦剧团演出了《赵氏孤儿》《铡美案》《三滴血》《二进宫》等三十多部戏剧,把交流会的气氛推向高潮。这既是一次物资交流大会,又是一次古城空前的文艺交流盛会,艺术成果之高,轰动了四面八方。直到今天,古城人民还在回忆赞叹。1966年,"文化大革命"开始,秦腔等传统历史剧被禁唱。

(三)群艺春天

1978年,党的十一届三中全会胜利召开。秦腔等传统戏曲解禁了!戏城永泰沸腾了!人们忙着搬戏箱、晒戏服、配乐器、抄剧本……男女老少奔走相告"又让唱老戏(秦腔)了!"一时间,永泰、永川两村的老中青秦腔爱好者组成了六十多人的业余秦腔剧团,由同乐社第三代艺人安维刚老先生任团长。在永泰城内集中学习排练,村上无条件地支持,演员们全身心地投入。经过两个多月的辛勤演练,这年春节,把《大升官》《四进士》《铡美案》《赵氏孤儿》《苏武牧羊》《火焰驹》等二十多部精彩的本戏和折子戏搬上了戏台,让古城人民享受了一场文化盛宴,欢度了一个喜庆祥和的春节。

随着景电一、二期工程的建成移民,永泰城由一个古镇演变成了永泰、永川、永丰、永安四个行政村,永泰秦剧团演变成了永泰、永川、永丰三个业余剧团。三团始终秉承"同乐同娱、百花齐放、推陈出新、德艺双馨"的同乐社精神。目前,三个剧团共有业余演员160多人,能够演出各种秦腔剧目30多本。1997年、2002年、2018年春节,三村秦剧团分别在永川、永泰、永丰举行了盛大的秦腔会演,受到了广大永泰父老乡亲的热烈欢迎和一致称赞。

(四)艺术特征

永泰秦腔地域人文特色鲜明,具有以下五个方面的特征:

1. 表演特征。永泰秦腔的表演朴实、粗犷、豪放、细腻,以情动人,自成一家。它的表演技艺十分丰富,表演时演员的身段和特技应有尽有,常用的有趟马、拉架子、亮相、吐火、扑跌、扫灯花、耍花棍、顶灯、咬牙、转椅、吹须、瞪眼、甩发、耍翅等。除此之外,花脸(净)讲究架子功,以凸显威武豪迈的气概。

2. 唱腔特征。永泰秦腔唱腔分为欢音、苦音两种,欢音表现欢快、喜悦情绪,苦音抒发悲愤、凄凉情感。唱腔音乐丰富多彩、优美动人。永泰秦腔唱腔中还有一个特点就是"彩腔",假嗓唱出,音高八度,多用在人物感情激荡、剧情发展起伏跌宕之处。苦音腔最能代表秦腔表演的特色,通过苦音深沉哀婉、慷慨激昂的表演,能准确地反映戏曲所表达的悲愤、怀念、凄哀的感情和内容。另外,在秦腔表演中,通过大花脸(净)扯开嗓子的唱腔,表达粗犷、豪放的人物性格和思想感情,所以当地人把唱一曲秦腔又叫"吼上几嗓子"。

3. 伴奏特征。永泰秦腔的伴奏分文戏和武戏伴奏,所用的伴奏乐器各有不同。文戏主要有板胡、二胡、笛、三弦、唢呐等乐器;武戏有大鼓、干鼓、小锣、马锣、铙钹、梆子等乐器。永泰秦腔中最主要的乐器是板胡,板胡的发音清脆尖细,最能反映秦腔唱腔和板式的变化特征。

4. 内容特征。秦腔所演的剧目多是取材于我国古代的英雄传奇或悲剧故事,也有神话、民间故事和对各种历史现状的改编剧。由于秦腔的很多剧目都是表现我国历史上

同乐社第二代艺人联袂表演

忠奸斗争、反压迫斗争等重大的或富有生活情趣的题材,也由于秦腔音乐反映了永泰人民耿直爽朗、慷慨好义的性格和淳朴敦厚、勤劳勇敢的民风,加上历代秦腔艺人逐渐创造出一套比较完整的表演技巧,形成了别具特色的"永泰腔"。

5.角色特征。永泰秦腔的角色分为四生、六旦、二净、一丑,共计十三门,又称"十三头网子"。其中四生有老生、须生、小生、幼生,六旦有老旦、正旦、小旦、花旦、武旦、媒旦,二净有大净、毛净之分。他们在不同内容和形式的秦腔戏曲中,反映了不同的人物形象,反映不同时期的社会现象和人民的生活现状,对丰富秦腔艺术内容、提高其艺术价值有积极的作用和意义。

永泰村秦剧团表演现场

改革开放四十多年来,随着多种文化艺术和影视传媒的普及,曾经辉煌一时的传统戏曲受到了极大冲击,秦腔发展跌入低谷。但是,勤劳朴实的永泰人民依然挚爱着他们祖辈流传下来的秦腔,在物欲横流的市场经济大潮中,他们对秦腔不舍不弃,钟爱有加。

"暗淡了刀光剑影,远去了鼓角争鸣,眼前飞扬着一个个鲜活的面容……岁月啊!你带不走那一串串熟悉的姓名……"愿永泰秦腔像一朵祥云永远飞扬在古城上空,时刻启迪新时代永泰人民在幸福的小康生活中不忘初心、砥砺奋进!

第四节　古城非物质文化遗产

千古文化留遗韵,边塞文明存雄风。非物质文化遗产是指各种以非物质形态存在的与群众生活密切相关、世代相承的传统文化表现形式。非物质文化遗产是以人为本的活态文化遗产,它强调的是以人为核心的技艺、经验、精神,其特点是活态流变。非物质文化遗产是中华民族智慧与文明的结晶,是联结民族情感的纽带和维系国家统一的基础。"非遗",具有礼乐作用,其实用性,是以人为本为基础的。保护和利用好非物质文化遗产,对全面贯彻落实习近平文化思想,实现中华民族伟大复兴的中国梦具有重要的现实意义。永泰古城非物质文化遗产包括打铁花、小曲子、打鞭子、拉场(长)子、地方小戏等。

(一)打铁花

永泰城打铁花历史久远,相传是明末中原地区移民带来的。凡是在永泰城观看过这项古老"烟火"表演的,都会被其恢宏缤纷的场面所震撼,且终生难忘。

每逢正月十五元宵节、二月二龙(农)抬头……夜幕降临,城内的老艺人、打铁花师傅李友兰(地方俗称李五爷)等前辈,就会把打铁花用的各种器具搬运到南城门旁的关帝庙门口。打花炉是一个圆柱形的自铸小铁炉,炉子

打铁花

全身包有一层厚厚的铁皮,炉顶两端安有两把大铁环(用来手提移动),炉身高约120厘米,炉径宽约40厘米,炉膛较大,膛形似坛,炉口较小,直径约12厘米,炉身正侧中心处留有一孔直径约12厘米的进炭口,安有生铁封门,进炭口下方约30厘米处,有一直径约15厘米的鼓风口,安接风匣,熔销铁渣时,只要炉中炭火一点燃,马上关闭进炭口,风匣立马启动吹风,中途不能间断,炉火燃旺时,将一个高约10厘米的耐火土铸成的陶土罐正立放入炭火中心,20分钟左右,陶罐被烧得通红,这时,将几块生铁渣和一两枚古铜钱放入陶罐内,不断地加大火候,提升温度,大约1小时后,陶罐内的温度达到1200多摄氏度,这时罐内的生铁渣和古铜钱都已熔化成了红绿色的铁水,李五爷拿起一根细铁棍,在陶罐内一探,确定铁水已经销好,于是大声吆喝一声:"打花了!"火炉旁蹲着的几个年轻后生立刻拿起手中的木板来到火炉前。小伙子们头戴草帽,眼罩墨镜,反穿皮袄。打花板是柳木或榆木做成的,长约1.2米,厚约3厘米,宽约10厘米。打花前将木板在冷水桶中浸泡半小时,木板一端中间凿有一个乒乓球大小的窝窝,木板的另一端是刻有花纹的手把。李五爷用一个长把小陶勺将铁水舀到木板上的小窝内,打花手们双手端着木板猛跑到南城门前,这时,木板小窝内的铁水已凝固成了一个核桃大的小火球,轻轻地将木板向上一扬,小火球飞到了离木板60至70厘米的空中,打花手迅速用木板奋力把小火球向上一击,霎时间,火星四溅,铁渣飞撞在城墙上,火光冲天、铁流横飞、火树银花,红红的铁花映红了天空、照亮了古城,像九天星雨,似银河流星,像朝霞映空,似天降金豆……令人眼花缭乱、目不暇接。"乡亲们快看哪!这铁花多像麦穗、荞麦、黄米、豌豆呀……今年又是一个五谷丰登的好年成啊!"人们的喝彩声、欢呼声、鼓掌声像春潮一样响起来了,让人眼花缭乱,目不暇接。

沧海月明珠有泪,蓝田日暖玉生烟。永泰城打铁花蕴含着城内居民百姓祛灾祈福、保佑平安、渴望丰收的美好愿望。

(二)小曲子

永泰小曲子,历史悠久,文化内涵丰富。相传,汉唐时期,老虎城一带就有先民传唱小曲子。明末清初,小曲子已在永泰城内外广为流传。广大永泰人民是小曲子的创作者。小曲子以宣传忠孝礼义、歌颂民间英雄、传承民俗风情、弘扬家风美德等为主要内容,并随着社会发展进步而日臻完善。

永泰小曲子表演

永泰小曲子声调和谐优美,歌词通俗易懂,是地地道道的原生态草根文化。每逢节日喜庆、婚丧嫁娶或茶余饭后、繁忙劳作之余,人们即情而聚、即景而唱,并伴之以秧歌舞蹈,曲调时而激扬高昂、时而欢快悦耳、时而缠绵沧桑……令人回味无穷。永泰小曲的传统代表作有《十劝人心》《十二古人》《十大将》《平贵征西》《珍珠倒卷帘》《杨满堂征西》《李汶战松山》《达云扫边》《熊娘娘别故里》《岳公归里》《逃难曲》等五十多首。

(三)打鞭子

打鞭子又叫鞭子舞,是古城一种独特的民俗文化表演,是由明清时城内驻军早晚出操训练的军体操演变而来的。经民间艺人改编套路,配以地方小曲子,形成了手法灵活、变化多样的鞭子舞蹈。"鞭子"是由长80至90厘米,直径5至6厘米的木棒做成的,鞭身上依次均衡地凿有8个方孔,每个孔内的铁杆上安有4枚铜钱,鞭子两端缀有1尺长红绿绸带。每年,打鞭子是永泰社火表演的一个特色节目,表演时一般8人或12人为一组,有"二龙戏珠""四龙兜底""一字长蛇""八卦攒顶""五虎群羊"等表演方法。打鞭子既便于大众健身,又传承了古城兵户遗风。

(四)拉场(长)子

闹社火时,"社头"手持龙凤旗、面戴黑白长须、身着红色袍服,各自引领一支社火队伍踩着鼓点连跳带扭地"拉场子"。表演时两队时分时合,或短或长,走跑相加,前呼后应,拉出的花样主要有"五角星""梅花盘肠""四门兜底""蛇抢九蛋""八门套九星""鸳鸯戏水""二龙出水""十面埋伏""一字长蛇阵"等套路。每年正月里,待到社火表演达到高潮即阴阳两军对垒"十面埋伏"时,社火表演者们手舞足蹈、边跳边唱,颇有古代排兵布阵的声势,全场表演自始至终鼓点紧密、节奏明快、先缓后急、高昂激情,充满"战斗"气息,整场表演引人入胜。

(五)地方小戏

永泰城的地方小戏声调接近眉户剧,但乡音较浓,又与眉户剧有本质区分。地方小戏故事情节健康幽默、欢快活泼,深受群众喜欢。小戏一般不单独表演,而是掺和在正月里的社火队中演出。当社火表演高潮过后,表演者需要休息时,地方小戏登台亮相,这样既缓和了气氛,又陶冶了观众的情操,给人以轻松快乐之感。经常演出的小戏剧目有《张连卖布》《沙哥先生》《彦贵卖水》《小放牛》《张货郎卖银活》《十里亭》等。

小戏有地道的永泰风味,词曲优美、通俗易懂,旋律高亢婉转、抑扬顿挫、韵味悠长,深受城内群众青睐。

第六章　永泰城庙宇建筑艺术

据《皋兰县红水分县采访事略》所载和实地考察，永泰城有庙宇建筑三十座，其中城外有七座，其余皆在城内。其建筑规模及宗教艺术，当以龙王庙、老君阁（亦称犹龙阁）、城隍庙为首。

龙王庙：清初，由三边总督李汶公馆改建。三间大堂改为正殿，供奉五尊坐轿神像，四顶花轿内依次端坐清水龙王，玉面清秀，身着红袍；黑池龙王，黑面，眼睛通明透亮，身着黑袍，相传为姬发（周武王）；二郎神杨戬，雄姿英发，三只眼，身着红色连环铠甲，手握三尖两刃枪；九天玄女，面容端庄清秀，衣着雍容华贵。另一顶轿内端坐一位清秀恬静的女神，姓名失考。大殿左右壁上整墙彩绘众神鼓风、打雷、闪电、下雨和雨后天晴，众神起驾回宫、万民叩首谢恩的图像。大殿西侧角房改为大圣殿，塑有齐天大圣孙悟空腾云俯瞰形象，显得活灵活现。东书房改为厢房，西书房改为灶房。其他建筑如常。大殿门口对联：

龙王庙

殿宇辉煌雨顺风调四境乐

神功浩荡民安物阜八方宁

娘娘庙(九天圣母庙)：建于明末，与龙王庙毗邻，在泉眼西侧，坐南向北，一间两檐流水大门楼，正殿是两檐流水板装修的三间前后拔檐。据说原有四尊神像，为九天圣母与琼霄、云霄、碧霄三位娘娘，至清初又加塑熊娘娘，共计五尊神像。熊娘娘手捧笏板端坐其上，神态肃穆，仪容端庄。净台前立有1.2米高的石碑，上书"明肃王封土金城，王选土著熊氏女为妃"，是专为肃王妃永泰熊氏女而立。

风神庙：建于明末，在龙王庙和娘娘庙前水渠西侧，系一间土木结构独庙。净台上供木制牌位，上书"风伯方天君之神位"，民众供奉此神的目的，是祈求风神狂飙止而清风来，暴雨息而甘霖降。每年五月端午节，村民请法师打醮专祭风神。

风神庙遗址

二郎庙：明万历三十六年(1608年)建，在永宁门外东侧13米处，一间土木结构房屋，坐北朝南，背对城门，面对水磨沟口。二郎神杨戬身着盔甲，手拿三尖两刃枪，威风凛凛。门口对联：

担山赶日月亘古英风明正

奋身逐鬼怪自今雄威昭影

老君阁(原名犹龙阁亦称大清宫)：明万历三十六年(1608年)建于二郎庙西53米处，纯木结构，上下两层。下层为通道，供车马、人畜进出，是进入永宁门的唯一通道；上层外观玲珑玄妙，四坡流水，四角高翘，并挂有风铃，遇风叮咚作响，悦耳中听，有雄鹰展翅凌空腾飞之势。内有八卦攒

老君阁遗址

顶,四面拔檐,阁门前明柱上书"三十三天天外天,八十一化化中化"对联,边设木雕栏杆,四面走廊相通,中间木板装修,阁门向南,面对老虎山层峦叠嶂。里面木制净台上圆雕太上老君道德天尊结跏趺坐于莲台之上,童颜鹤发,发收头顶,束太清冠,身着淡黄补服道装,手握芭蕉扇,上绘太极八卦图,慈眉善目,笑容可掬。无论你身处阁内任何角度,老君都在看你。两位侍童分立左右,头扎双髻,分别抱经书、仙丹葫芦,站立两旁,憨态毕露。老君背后悬雕彩绘三十三天,诸般神佛,纶带飘逸,日月星辰,彤云紫气,一派天宫胜景。每逢农闲暇日,登临此阁,凭栏眺望,远观寿鹿,近览南园,说古论今,乐丰忧歉,是永泰人游览聚会的一大景观。门口对联:

蒇教垂经金木水火土之主

开天立极道德仁义师之宗

行宫殿:清乾隆时建,在西城外130米处,占地近280平方米,坐北向南,土坯院墙,正北三间前后拔檐正殿,其前敞开无装修,后设净台。平时该殿关闭,不侍香火,比较冷落。每年清明,"隍爷出府",至此,供奉于净台之上,受万民香火叩拜,诵经安座。四方民众人山人海,汇聚于此。届时由城隍监督各族后裔在此院内固定地点为其先祖邮寄焚

行宫殿遗址

烧包裹（纸钱），当地俗称"烧包"。一般包内装有衣物、冥票、旺生、金钱等物。为了邮寄及时保险，准确无误，必须写清地址名讳并付一定邮资。"烧包"后，城隍则打道回府，至城隍庙内，诵经朝贺，再受万民叩拜谢恩，然后开演大戏（一般为秦腔全本戏），众人看戏、购物，进行物资交流。至午夜，戏毕交愿才算功德圆满。

水龙王庙：明万历三十六年（1608年），建于南城外约2公里处的水磨沟口、大沙河东侧怪石嶙峋的石崖上，是一座砖木结构、坐南向北的三间拔檐大殿，净台上只有龙王画像和木制牌位，上书"供奉九江

水龙王庙遗址

八河五湖四海行雨龙君之神位"。东西两侧内山墙上彩绘山明水秀、云雾缭绕的风调雨顺图以及吹拉弹唱的庆丰图，气势恢宏，技艺精湛。此殿虽处水磨沟口大沙河东侧河谷底端，当洪水奔腾至庙后突又转头向西流去，将其浪中所带来的巨石搁至庙后，形成了巨大的石棱屏障。四百年来，数次的山洪暴发，但始终未能造成"大水冲掉龙王庙"的结局。门口镌刻着怀素体狂草对联：

雷鸣电闪惠泽滂沱增百福
雨细风清恩膏广慰被三农

城内主街建筑：建于明万历三十六年（1608年）。永泰城"向本坎离，体兼四维"，四瓮城为城之肩足，四城门开于瓮城之内，每座城门之顶有砖木结构、重檐起脊翘角、板装修神阁高耸（南城楼为三层，其余皆为二层），加上雄踞城中央四层高的玉皇阁（钟鼓楼），形成东西南北中五阁高耸布局，字占五行，景配五魁，意取五典，蔚为壮观。若登临南城之巅向北望去，

从南门到北城,是一条宽11.88米、长500米的青石正街,药祖楼、武庙牌坊(楼)、灯山阁、玉皇阁(钟鼓楼)、新戏楼、菩萨阁、真武楼七座楼阁牌坊一线贯通,矗立于大街之上,次第排列,井然有序。

永泰城主街

武庙牌坊(楼):建于明万历三十六年(1608年)。属四柱三门三层牌楼,精巧玲珑。三开间宽的牌楼只用四根柱子支撑,其上用木笺檩条拉住,横担梁栋雕花,斗拱从小到大,层层叠起越上越宽,顶宽丈余,下面只有四根明柱支撑,凌空玄妙;从正面看,中间高,两边低,主次分明,错落有致。上扣棱瓦,阴阳相间,下有四柱,每柱前后,各有斜柱相撑,简单巧妙,美观大方,有极高的工艺美术价值。此牌楼是为颂扬汉寿亭侯关云长的忠义弘德而建,"丹心贯日"匾额悬挂其上。每年春节、元宵节,其下横竖有序地悬挂花灯,夜间花灯初放,与满街灯火交相辉映,璀璨夺目,引人入胜。

灯山阁:建于明万历三十六年(1608年),距武庙牌楼北33米处,

灯山阁遗址

上下两层。下层为过道，上层无神像，前后各有一扇5.28米宽的大窗户，里面只摆放灯架。每年正月十四、十五、十六三日花灯依次摆出"上元一品""天下太平""下元一品"字样，别具一格。下层吊着两盏冰灯（永泰城兵户周天禧家族特有的民间工艺品），晶莹透亮。城内主街建有灯山阁，这种建筑风格在西北明清古城中罕见，但在河北有之，可能与当时"松山会剿"的主帅李汶、永泰城的设计督监者邢云路有关，因为他们都是河北人。

玉皇阁（钟鼓楼）：建于明万历三十六年（1608年）。过灯山阁北130米处，即为十字街（东面不通），矗立着一座四层高阁即为玉皇阁。阁上有联曰：

位尊玄穹步清虚而登九五

圣称无极居太上以便大千

对联笔力遒劲，是典型的柳体字迹。此阁初为钟鼓楼，后失火被焚，于清顺治九年（1652年），捐资重修，为全木结构，高13.3米，八卦攒顶，飞檐斗拱，层层楼角高挑，风铃叮咚，雕梁画栋，十分壮观。有诗颂云："玉宇琼楼拔地起，香烟缭绕接云宽。清风一阵催铃响，疑是灵霄降城池。"下层为丁字街过道，四角由四根直径为2.1米的巨型木柱直通阁顶。第二层四面为卷棚，走廊环绕，中间为板装修二丈见方、一隔为四的小神殿，卷棚明柱间设木栏雕花，形成走廊，四面相通。从西边楼梯登上第二层，从南面进门为雷祖殿，木制净台上供雷祖坐像，三只眼，长发束于脑后，三绺胡须，左腿曲，右腿伸，左手掐雷诀，右手高举金光如意（俗称金鞭），身

玉皇阁遗址

着铠甲,披红色战袍,形象英俊潇洒,动作敏捷干练。地下圆雕身着铠甲、手握不同法器的四员雷部天将,相貌奇特,形象威猛。其中一员鹰嘴、长翅膀、手拿长枪令旗的天将,长相奇特,据说为雷震子(周文王义子)。在正像旁还塑有一尊身跨墨色麒麟(身上有青鳞甲)的小雷祖像,甚是威风。东面悬挂一口直径为1.2米、高1.6米的铸铁大钟,声音洪亮,其上铸有铭文。北面与雷祖殿背对的是救苦殿,供奉太乙救苦天尊(即佛教地藏王菩萨)和十殿阎君。塑像较小,约1.2米高(详情见长乐宫简介)。西面是财神阁,因西城头原财神阁楼毁坏,重塑神像移于此。圆雕赵公明坐像,黑面长须,环眼圆睁,身着金甲,披黑色战袍,左手拿元宝捧于胸前,右手放在右大腿上,面带微笑,威风凛凛。左首招财童子,右首利市仙官,怀抱聚宝盆,站立两旁。沿木梯登上第三层乃是玉皇大帝坐像:玉面龙颜,三绺短须,头戴十二行珠帘冕旒,身着黄色蟒袍,威严肃穆。其后左右两侧侍立着手执日月双扇面的圆雕金童玉女。其下左首圆雕三头六臂的火祖和马祖;右首圆雕无量佛和雷祖,其衣着、顶戴、兵刃、法器各具特色。第四层只是外观形象,实属第三层玉皇殿重檐。其上为八卦攒顶,最上为圆形宝顶,金光闪闪,十分壮观。整个阁势"矗可梯云,横绝旷朗。行日月于眉宇,银云栭栭起踵下。东眺日观,西招昆仑,群山千里,如食菊豆矣!"(清顺治九年李郁芬《永泰重建诸神阁记》)玉皇阁雄伟高耸,玲珑剔透,为诸阁之冠,城之中心,被称为永泰城之心脏,象皮鼓、渗金锣、夜明珠三件镇城之宝原藏于阁内,后被飞贼盗失。阁之西北顺街连接二层四间木楼,作为厢房与灶房,规模宏大,是道家和游客食宿之所。

新戏楼:玉皇阁往北60余米,是一座两层戏楼,建于清末。下层为过道,上层为戏台,其后墙正中设佛龛,供奉清顺治时邑人王一遴于金城铸造的渗金佛像一尊。光绪年间被人盗去,后追回,转供于大佛寺。

菩萨阁:新戏楼往北100多米处,一座两层木阁。下层为过街通道,上层起脊翘角,风铃叮咚,建于清光绪初年。据《皋兰县红水分县采访事略》记载,此阁原名倒座观音阁,旧址在长乐宫对面,后移建当街。重塑的文殊菩萨,端坐于青毛狮子之上,其左右塑有两位侍女,憨态毕露。

药祖楼:明万历三十六年(1608年)建于南城门之顶,坐北向南,共三层。

菩萨阁遗址

下层为土墙,内有四柱,木板铺顶;上两层为木楼,系重檐歇山顶,四周围廊。下层土墙砌至上层,围绕于明柱外,设垛口。下层驻军,上层供神及守兵瞭望放哨。楼门口对联云:

功参造化施泽普

药代阳春沐恩长

药祖楼遗址

对联字体俊美灵秀、遒劲挺拔,是典型的赵孟頫体。净台上有三尊塑像:中间为黄帝,着帝装,头戴九行珠帘冕旒;左边为邳彤,一身戎装;右边为孙思邈,着道装,束发纶巾。黄帝乃三皇五帝之首,姓公孙,生于轩辕之丘故曰轩辕氏。国中有熊,故亦曰有熊氏。因有土德之瑞,故号黄帝。在位一百〇八年而崩。著有《黄帝内经》流传于世,与岐伯称岐黄,被后世尊为药祖。邳彤:河北安国人,东汉开国功臣,文武兼备,精通医理,他积极倡导扶持民间医药行业,被后世奉为药王。孙思邈(581—682),据传寿102岁。唐代道士、医药学家,擅长阴阳术数,兼通佛理。长期隐居终南山,修炼行医。他广搜民间验方,总结唐以前医药理论与实践,分类记载,在医学和药物学方面作出了很大贡献,被后世尊为"药王"。著有《千金方》《保生铭》等流传于世。孙思邈的塑像是一位童颜鹤发、眉清目秀,白发绾于头顶,身着黑色长领镶边青灰色道装的老人,手拿《海上方》一书,端坐净台之上。

真武楼遗址

真武楼:明万历三十六年(1608年),建于北瓮城之顶,与药祖楼遥遥相望,供奉真武大帝,俗称无量祖师。是道教尊奉的执掌北方天界的重要天神,在民间有很大影响。楼为三间,圆雕两米高的真武大帝坐像,披发、金甲、玉带、披皂袍,左手掐剪诀,右手执七星宝剑,高举过头,目光炯炯四射,左足踏龟(背有九宫八卦)、右足踩蛇(独角金鳞铁骨),有所向披靡之势。左为周公,手捧大印;右为桃花,发盘脑后,双手捧经。台下左首圆雕马(天君)、赵(公明)、温(琼)、岳(飞);右首圆雕庞(乔)、刘(俊)、苟(龙兴)、毕(王田黄)八大灵官,身着不同盔甲软铠,各自手持法器,形态各异,给人以畏惧之感。门口对联:

玄武位中终辅玉皇而断恶

北方境内始从金阙以化身

文魁阁:亦称文昌阁,明万历三十六年(1608年),建于东瓮城之顶,上下两层。东为震位,实属巽宫,巽为天下之文风,上层圆雕魁星,赤发蓝面,日月悬角,上身裸露,下身以树叶遮护,右脚立于鳌头之上,左脚向后跷起为大弯钩,左手拿方斗,右手拿一支巨型红笔,笔尖指向前方,表示用笔点中试者的名字,这就是"魁星点斗,独占鳌头"的典故。魁星历来被读书人视为神明,并作为高中科举的保护神。门口王(羲之)体行书对联:

桂殿飞鸾衔来蝌蚪三千字

蕉窗炼笔挥就烟霞五色书

下层圆雕文昌帝君。文昌帝君是道教神名,是民俗中的吉祥神。相传为中国古代学问、文章、科举士子的庇护神,在道教神系中地位甚高。文昌君塑像供于阁堂正中,温文儒雅,和颜悦色。三绺长髯略呈黄色垂于胸前,头戴道冠,着蓝袍,外套红色黄花道装,镶白色带花领边,蹬船形朝鞋;座下白骡子,长鹿蹄子,屁股左右长眼睛,老百姓称为"特"。左首童子叫"天聋",着淡色蓝袍,腰系黄绦,蓝色方巾束发于当顶,双手持一如意;右首童子名"地哑",着淡色蓝袍,系淡红绦亦是淡蓝色方巾束发,双手捧黄巾裹大印。

财神阁(镇番阁):明万历三十六年(1608年),建于西瓮城头,上下两层。上层阁正中供奉头戴铁冠、面黑多须,左手执索拴黑虎,右手执鞭高举的武财神赵公明。净台下左右各塑二位神像,据说左为招财进宝童子,右为纳珍利市仙官,长相着装各具特色。人们建庙供奉,顶礼膜拜,祈求财神爷保佑城中居民万事亨通，财源滚滚。门口隶书对联：

宝马驮来千倍利

钱龙引进四方财

四圣宫（文庙）：位于南城门内右侧，明万历时原建于协署东旁小教场北墙根，至清嘉庆年间移至此处即协署西门楼之上。阁内圆雕孔子、孟子、颜回、曾参四圣坐像。孔子黑面长须，头戴纶巾、身着鹤氅。每年九月二十八日孔子诞辰举行大型祭祀活动，为古城一件文化盛事。阁门对联：

气充两间与天地日月鬼神而合其德

道贯千古继尧舜禹汤文武乃作之师

关帝庙（武庙）：位于街西与四圣宫相对，创建于明万历三十六年（1608年）。清顺治时重修，康熙四十八年（1709年）震废重修，光绪十四年（1888年）震废又重修。山门为五间，中三间为二层楼结构，上层为戏楼背面，下层为拔檐门面装饰，中间为正门。其上（戏楼背面）正中悬挂"大义千古"巨型匾额，白底黑字，字迹古朴遒劲。左右边间依明柱设木栏杆，里面圆雕高3.3米、长6.6米的赤兔马，昂首挺胸。马旁各有两个彪形大汉，一手抓马嚼子，一手握拳高举，作吆马喝势状。其余两间均为齐眉平房，南边为马厩，北边为守庙人寝室。中间进门约14米被四扇屏风门挡住去路，只能从屏风门两侧进入院中（此屏风门平时关闭，每年农历五月十三日关帝诞辰日才开启），再回首东望，才知从戏台下进入，戏楼台口正对大殿。大殿坐西向东与戏楼相对，是一座砖木结构、前后拔檐、重檐翘角、脊高2.8丈的三间大殿，十六根房柱固定在地梁上。地梁上面铺二寸厚的木地板。正殿前设三间拔檐进深二丈卷棚，从正殿拔檐明柱上安装十八扇门（每间六扇）与卷棚相隔。三间卷棚以雕花窗为前墙，四扇门，堂内宽敞明亮，能容纳三百人

四圣宫遗址

聚会。进入正殿，正位圆雕3米多高的汉寿亭侯关羽坐像。赤面黑发，凤眼略垂，三绺长髯飘洒胸前，头戴风帽，身着盔甲，上披绿色描凤绣龙战袍，双手捧一象牙笏板，神态凝重端庄，令人肃然起敬。地下左面圆雕黑面周仓，满面胡须倒竖，环眼圆睁，目光四射，身着黑色软铠，左手叉腰，右手扶青龙偃月宝刀，威风凛凛；右面圆雕关平，英武年少，头戴束发紫金冠，身着白色盔甲，腰悬龙泉宝剑，左手握其剑柄，右手托黄巾裹的大印，气宇轩昂。庙墙上悬挂数十块颂额，其中"浩气弥天"写得最好。正殿明柱上对联：

义胆忠肝焕若经天日月

英风浩气沛然行地江河

关帝庙遗址

正殿前左右各为九间两层齐眉板装修木楼。下层中为三通间，左右又各为两通间。清时办义学，师生在此住宿读书。上层靠戏台为四通间，从东楼梯上，前设木栏杆，是昔日有钱人家的小姐丫鬟看戏的场所。后五间为单间，前设窗子，屋内置桌、椅、茶几等，为地方绅士及家属看戏专用房。两座木楼左右屹立对称。

大殿内侧摆放一刀架,其上竖立一口重168斤的青龙偃月刀。每年农历五月十三关帝爷诞辰,举行庙会。把大刀抬至院中央,由城内及周边十里八乡的武举、武秀才及青年后生试举大刀竞比臂力高下。相传,光绪年间双墩村武举耿允武、民国时邑人王秉谋能够举刀舞招,被世人称颂一时,其他人则望而却步。民众中体力强壮者,若能平举大刀绕院一周,则被众人称为"神力",喝彩不止。

院中正位并排摆放两座铸铁玲珑宝塔,俗称"窨楼"。每座五层,总高三米有余。下层为一口"万年宝鼎",高约1.2米。第二层起,每层是高约0.5米的六角形,周围拔檐,六坡流水,每角下有一根明柱撑起一条翘起的龙头,其上挂一个风铃。每层的六个平面中间各设一圆形楼门,门楣上悬挂一块小匾,上书"忠义千秋""义炳乾坤""万世人极"等。从第二层起,由大到小,逐级而上,最上层无拔檐,系如意攒顶,上置一个宝葫芦。两座窨楼制作精良,小巧玲珑,合缝精密,俨然一体,特别引人注目。一座烧香,一座烧纸,通风透气,燃烧旺盛,又避风雨,祀天敬神,方便之至。

关云长至明万历时被加封为"三界伏魔大帝神威远震天尊关圣帝君",其封号超过人间帝王。民国三年(1914年)与岳飞合祀于武庙,故关帝庙又称武庙。永泰城在明万历时作为边陲军事重地,要达到"保境安民"的目的,祈求"武圣人"庇护保佑,在城内要位修建"武庙",其规模为诸庙之冠,符合当时社会现实。

三官庙:明万历三十六年(1608年),建于武庙后,坐西望东。一间普通大门,正对三间前后拔檐大殿。大殿正位圆雕天官,面白透红,小山羊胡须修长清秀,身着土黄色长领宽袖大袍。其左侧圆雕地官,面黄透红,三绺长髯垂于胸前,身着长领蓝袍;右侧为水官,面黑透红,全脸胡须,身着黑袍。三人手捧笏板(亦称玉笏),正襟危坐。净台前的明柱上各缠一条金龙,张牙舞爪,金光灿灿;中间吊一颗大珠,寓意二龙戏珠,立体感特别强。正殿前左右各为三间前拔檐厢房,清时曾设义学于此,永泰小学建成后停用。三官信仰源于原始宗教中对天、地、水的自然崇拜,在早期道教中,三

三官庙遗址

官是十分显要的神明。因天官赐福、地官赦罪、水官解厄,均与人之祸福荣辱密切相关,故受到百姓广泛崇拜。门口对联:

宝号三官唤雨呼风通至圣
正符万载福民庇国赖玄功

城隍庙:明万历三十六年(1608年),建于北瓮城内,系三间大殿。至清乾隆年间移塑像于城内东北——明按察使行辕(俗称察院)。在中国道教文化领域,城隍神是民间信仰的地方守护神。明万历时,永泰因三边总都李汶及兰州参将移驻,军事战略地位的凸显,对城隍的规格要求较高,故敦请汉忠烈侯纪信为城隍。其塑像为头戴九项珠帘冕旒(皇帝为十二项),着帝王装(黄袍),手捧玉笏,端庄威严。城隍坐像前地下一侧圆雕两尊长舌垂于胸前的"黑白无常";另一侧雕一尊身着蓝袍、首为牛头的判官,手捧生死簿,一尊身着蓝袍、形似马面的判官,手捧功过簿。边间有一顶黄色、设黄缎帘的轿子,内供一尊城隍塑像,着装与坐隍不同,俗称"走隍"。每年清明节"隍爷出府"时,由八人抬送(俗称八抬大轿)出城,到城外行宫殿上座,道士诵"安座经"后,由城隍监督各族后裔为其先祖在固定地点"烧包",即焚化纸钱、旺生、衣物等祭品,然后回府。在隍庙大殿上还悬挂"保我黎民"(两块)、"赏罚无私""果报不爽""保我民命"等多块匾额。其中正中的黑底金字"保我黎民"遒劲刚健,是书法佳作。"保我民命"匾额较小,绿底金字,不知出自何人之手,有很高的艺术价值。可惜此小匾于1963年被生产队做成了风匣。现庙内仅存"保我黎民"匾额一块,完好无损地悬挂在庙堂之上。

大殿东西的两小院卧室系子孙宫:东院塑三霄娘娘,为云霄、碧霄、琼霄,雍容华贵,端庄娴静,手捧玉笏,端坐于净台之上。西院内塑送生、催生、偷生娘娘,民间俗称子孙娘娘。两宫内山墙上悬塑山崖沟壑、亭台楼阁、小桥通幽、溪水潺潺、花草树木。其间点缀三寸大小孩童一百五六十个,有的点炮,有的屙屎,有的撅屁股,有的做鬼脸,有的读书写字……还有司马光破缸、曹冲称象、孔融让梨等历代名人少年历史故事和二十四孝图。每年三月二十日,或有不育者,或有求生男者,到此二殿献盘供点心、焚香烧纸,诚心祷告,乞求娘娘保佑多生麟童,并将自己头发拔下数根,拴在自己心爱的悬塑娃娃身上,名曰"拴娃娃",以求来年生贵子,求得心理上的安慰。

城隍庙遗址

中院东西各三间是生死殿,东厢房中间塑阎罗天子,端坐净台之上。头戴冕旒,身着龙袍,俨然一副帝王形象。地下圆雕判官,左手拿生死簿,右手执笔,似在公布罪状;右面圆雕黑白无常,手拿勾魂牌、铁链,相貌狰狞可怕。左右间及侧壁为壁画,内容为十八层地狱中惩办恶人的各种酷刑惨景,对在阳世间为非作歹、恶贯满盈之徒,死后把亡魂押入阴曹地府,根据罪恶轻重,交由阴司各狱严加审讯,施以种种酷刑,惨不忍睹,让人心惊肉颤,以此警戒世人诸恶莫作,若是作恶必得恶报。门口对联云:

城隍庙匾额

为人果有良心初一十五何用你烧香点烛

做事若昧天理半夜三更须防我铁链钢叉

西边生死殿中间圆雕转轮大王坐像,亦是头戴冕旒、身着龙袍的帝王形象。地下圆雕判官鬼吏,手拿登记簿。两边间及山墙为壁画,有王祥卧冰、丁兰刻母、闵子骞留后母等二十四孝图及阳世间积德行善之人,死后金童接引于前,玉女相随于后,幢幡罩顶,笙歌盈耳,身跨鹤鸾之背,步登云霄之上,城隍大开中门迎接,投胎积善人家,长大前程似锦,享不尽荣华富贵。作恶之人,死后有的转入湿生道,变为鱼虾龟鳖、蝼蚁蛇虫,被人踩畜踏,或被打捞煎炸爆炒而食;有的转入畜生道,变为猪狗牛羊、骡马驴驼、狼虫虎豹,被人宰杀蒸煮而食,或每日耕田犁地,拉车驮运,每天被皮鞭抽打、吆喝不停,或被人箭射枪杀、剥皮制衣、穿戴御寒;有的变为飞禽,被弹弓惊吓,枪杀取羽,制作拂尘。种种恶果,告诫世人善有善报,恶者恶报,天律昭彰,果报不爽,诸恶莫作,众善奉行等轮回报应之说。西殿门口对联云:

善报恶报迟报速报终须有报

天知地知尔知我知何谓不知

城隍庙中院还摆放两座约3.3米高的生铁薰香炉,圆体三足,上有六角护顶,旁设出烟孔,护顶与炉身间用六根铁柱连接,柱上盘龙绕柱,炉顶炉身均镂有花纹点缀,雅观别致。

后寝宫:绕过东子孙宫转入大殿后,便是后寝宫。清初拆北瓮城内城隍殿而建,也是前后拔檐,砖木结构三间大殿。中间奉城隍坐像与大殿同。东间陈设案几,上面摆放城隍官印(有架子),文房四宝;西间靠后拔檐处为暖阁,内设床铺——毡条被褥枕头以及脸盆衣架洗漱用具等物,暖阁前挂有几层幛幔。殿内两边山墙挂有墨宝字画,书画考究,不知出自何人之手。桌上还供一尊二尺多高铜人,不知寓意何在,无人知晓。该宫专为城隍饮食起居而建,并有专人侍奉。清时穆姑就是专门侍奉人之一,至今永泰城内还流传穆姑犯戒的神话传说。

城隍庙规模宏伟,布局严谨。南起十字街,双龙大照壁、牌楼、铁桅杆、山门、前院、中院(正殿、戏楼、正殿左右子孙宫、中院东西生死殿)后寝宫,依次排列,一线对称,南北长198米,为古城诸庙之最。每年清明节隍爷出府,三月二十娘娘庙会,门庭若市,热闹非凡。大照墙高4米、宽8米,纯砖砌成,正堂两面浮雕二龙戏珠图样,做工精细,雕刻玲珑,为城中标志性建筑之一;牌楼系纯木制四柱三门五阶牌楼,宽与街齐,中门为通道,左右为小门,其上为九踩斗拱两坡流水,巍峨玄妙;铁桅杆在山门前,底座由块石砌成须眉座,其上石雕卧鹿,背插桅杆高约7米,设双斗,其上挂黄底黑边花牙子平绒旗,上书"忠烈公"三字,随风飘荡;山门为三间,民国三十三年(1944年)重修,正路文士徐品珊为之序文。中间为正门,左边间前设木栏,内塑南宋大奸臣秦桧夫妇等奸臣,面朝外跪在地下,两人互望,形似吵架。两人脖子上掉挂对联,秦桧"唉,仆本丧心,有贤妻何止若是",王氏"呸,妇虽长舌,非老贼不到今朝"。互相埋怨、责骂。右边木栏内雕塑佞臣张俊与万俟卨两人面朝外跪在地下,脖子上也各挂一联,张俊"青山有幸埋忠骨",万俟卨"白铁无辜铸佞臣"。此四大奸贼每逢庙会,人们向其焚烧小鞋(妇女破鞋)、啐唾沫,真可谓遗臭万年。

土地庙:在东瓮城门前40余米处,有一四柱三门五阶牌楼(文昌阁牌楼)高耸,过牌楼左手有三间前后拔檐、土木结构的庙宇,即土地庙。据城内老者相传,此庙属明万历早期建筑,在永泰城建成前已存在。传言当年拆庙时,有识字者曾看到庙内墙壁上写有"天运二年曾立会"等字迹。天运是明思宗崇祯朱由检之年号(1628—1644年)。庙内主奉土地。净台上土地须发皆白,身着土黄色鹤氅,手持龙头拐杖,和善慈祥,笑容满面。其上悬"果报不爽"额,字体遒劲而有力。另有一白底黑字匾额,详细记载了万历年间修筑永泰城的基本情况,如军民在筑城时吃了多少盐,用了多少个工,耗费了多少方木材,最初定居永泰城的土著居民都是哪几家姓氏等,可惜这些珍贵史料当年拆庙时全部被毁。地下左右圆雕人形狼面和人形穿山甲为土地帅神,像相狰狞凶煞,使人望而生畏。门上对联:

德配乾元赐福禄

恩昭坤厚降祯祥

马祖庙:位于土地庙对面,清初由游击衙署改建。正殿主供马祖坐像,红发、红须、红面、三头六臂,手拿刀枪剑戟,身着红盔甲,像相狰狞,有叱咤风云之势。地下左右圆雕六尊帅神,其中有二人身着便服,手捧茶盘,内盛一头(匹)牛马卧于盘中,相对站立,其他四人身着戎装,手拿兵器立于两旁。后因正殿破败损坏,将马祖神像移至山门内供奉。

马祖庙遗址

火神庙:与马祖庙相背,清初由参将府改建,主奉火神(亦称南丹纪寿天尊)坐像。火神亦是三头六臂,浑身上下炭火色,手拿六种法器,着红盔甲,相貌雄健威猛,其旁左右圆雕两位帅神,全部着戎装,一位手拿铜铃,一位手拿圆形火轮。净台前两根明柱上雕缠两条赤龙,中梁上悬挂一大火珠,二龙张牙舞爪地向珠子抓去,造型玄妙逼真,给人以身临其境之感。殿前左右各一小殿,各圆雕一尊三头六臂浑身赤色、身着戎装的小灵官,手执

不同法器,足踏蛤蟆,造型威武。据说此二神乃商朝殷洪、殷郊兄弟。门口对联曰:

三昧灿琼花永护南天法界
五通照火德长扶中土生灵

白衣菩萨殿:明万历三十六年(1608年),建于十王殿东,是一间砖木结构的小殿,主奉观世音菩萨。观世音菩萨演化为白衣大士普救众生的形象,并非民间传说的白蛇仙子。白衣大士手领一身着红肚兜的男孩,乃善财童子红孩儿,他眼望大士,胳膊大腿白胖红润,活灵活现,形似水萝卜,呼之欲动,憨态可掬;旁立一侍女,身着青衣,此乃龙女,手拿观音菩萨羊脂白玉净水瓶,内插绿柳枝。身后墙上悬塑白鹦鹉。门口木雕对联:

绿柳枝点点洒风调雨顺
白鹦哥声声唱国泰民安

观音菩萨为佛教众菩萨之首,在世俗中的知名度和影响力极高。观音菩萨是妙庄王的三女妙善公主,到出嫁年龄时,庄王为其择婿,然妙善公主至死不从,执意出家修行,庄王大怒,将她赶出王宫。妙善得道苦修,修成正果,即观世音菩萨。后庄王病危,妙善化作香山老僧点化,并"割手目以救其父",使庄王感化,皈依佛门。这就是民间"香山还愿"故事之缘由。每年农历二月十九日为观音诞辰日,六月十九日为观音成道日,九月十九日为观音出家日,都举办"观音香会"。每逢会事,信士弟子摩肩接踵,纷至沓来,形成规模宏大的盛会,永泰亦然。门口对联曰:

西方贝叶演真经总不出戒定慧三条法律
南海莲花生妙相也只消闻思修一味圆通

大佛寺:建于明万历三十六年(1608年),与十王殿隔街相对。五间正

火神庙遗址

殿前有卷棚,后有拔檐,卷棚翘角,青砖青瓦,木板装修。门口悬"大雄宝殿"匾额,其殿高大宏伟,其势巍然!中间三间大殿依次圆雕东方、华严、西方三圣,配塑十八罗汉,规模宏伟壮观。具体塑像是:东边第三间为东方琉璃世界的药师佛,配塑左胁师日光菩萨、右胁师月光菩萨;中间主雕华严三圣的释迦牟尼佛,配塑左胁师文殊菩萨、右胁师普贤菩萨;西边第四间圆雕西方三圣的阿弥陀佛,配塑左胁师观世音菩萨、右胁师大势至菩萨。三位佛像均结跏趺坐于莲台之上,目视近前方,面带微笑。六位菩萨站立佛两旁,身高略低于佛像。诸佛菩萨各举手印,持不同法器,体态丰腴、肃穆自然。两边间及山墙根净台上配塑十八罗汉,或站或卧,形态各异,相貌逼真,气势恢宏。释迦牟尼佛额间镶嵌一颗夜明宝珠,昼则转色,夜则放光,院内亮如白昼。清时曾在此办义学,夜间学生可借珠光读书。可惜此宝物于清光绪二十五年(1899年)被土司飞贼盗去。大像前供奉本邑居士王一遴于清顺治时从兰州敦请来的渗金佛像,高近1米,金光灿灿。20世纪60年代初,此佛像以"四旧"废品被永泰商店收购。有好事的大力青年在商店门前用重五磅(约4.5斤)的大铁锤,甩开膀子猛砸其腹部,一锤下去只砸出一豌豆大小的坑,其余丝毫未动。后观《永泰重修诸神阁记》一文所述,方

大佛寺遗址

知其为渗金佛像,可见其铸造技术之精湛!

相传释迦牟尼是古印度北部迦毗罗卫国(在今尼泊尔南部提罗拉科特附近)净饭王的太子,属刹帝利种姓。母亲摩耶夫人是邻国拘利族天臂国王之女。摩耶夫人在回父国途中,于蓝毗尼分娩生下太子7天后去世,太子因此由姨母摩诃波阇波提抚养成人。关于释迦牟尼生卒年代,南传和北传的佛教有不同说法。据汉译《善见律毗婆沙》"出律记",推断为公元前565年至公元前485年。南传佛教或认为是公元前623年至公元前544年,一说是公元前622年至公元前543年。释迦牟尼幼时受传统的婆罗门教育,29岁(一说是19岁)时有感于人世生、老、病、死各种苦恼,加上释迦族姓面临灭族的战争威胁,对当时的婆罗门教不满,于是舍弃王族生活,出家修道。开始在摩揭陀国王舍城附近跟随"数论"先驱阿罗逻迦罗摩和乌陀迦罗摩子学习禅定。后到尼连禅河附近树木中单独修苦行6年。认为苦行不是达到解脱的道路,转而到伽耶(菩提伽耶)毕波罗树下静坐思维四谛、十二因缘之理,最后达到觉悟。时年35(一说30)岁。先在波罗奈城鹿野苑向其侍从阿若憍陈如等5人说法,此后一直在印度北部、中部恒河流域进行传教,并组成传教的僧团,奠定原始佛教的基本教义。在王舍城先后受到摩揭陀国频婆娑罗王及其子阿阇世王的皈依,在舍卫城受到拘萨罗国波斯匿王的皈依。其弟子很多,传有500人,其中著名者有10人,被称为十大弟子。80岁时于拘尸那迦城逝世。佛教典籍浩如烟海,普通人终其一生,难以遍览。然经书虽多,其所宣扬的教理教义主要有四圣谛、八正道、十二因缘、色空、轮回、因果报应。这些教义体现了对人生的探讨和对理想境界的追求。佛教在东汉明帝永平十年(67年)传入中国,对中国社会的影响是极其深远的。影响了中国传统的伦理道德、哲学、文学、艺术、民俗,特别是对社会生活的影响尤为明显。"善有善报,恶有恶报,不是不报,时候未到",这些因果报应思想至今是佛教信徒的坚定信念。2500多年来,佛教在许多国家形成各具特色的教派,成为世界三大教派之一。门口对联曰：

　　　　神力永扶千载盛

　　　　佛光普照四境安

十八罗汉是释迦牟尼佛的弟子，佛经上讲，他们受佛嘱咐，"不入涅槃，常住世间，同常凡众，护持正法，饶益有情"，故很受僧俗信众的欢迎和尊崇。历代著名画家如王经、贯休、赵孟頫、仇英等都有关于他们的画作，传世佳作不少。原为十六罗汉依次为：宾头卢尊者（白头长眉）、迦诺迦伐蹉尊者、迦诺迦跋厘惰阁尊者、苏频陀尊者、诺距罗尊者、跋陀罗尊者、迦理迦尊者、代阁罗弗多尊者、戌博迦尊者、半托迦尊者、罗怙罗（罗喉罗）尊者（是佛祖的亲生儿子，后随父出家，证阿罗汉果，为十大弟子之一，称"密行第一"）、那迦犀那尊者、因揭陀尊者、伐那婆斯尊者、阿氏多尊者、注茶半托迦尊者。五代时一些画家又增添两位成十八位，因诸说不一，清乾隆钦定第一位为降龙罗汉（迦叶尊者），第十八为伏虎罗汉（弥勒尊者）。自此十八罗汉取代了原来的十六罗汉，产生了广泛的影响。永泰大佛寺这十八位尊者，或笑、或嗔、或立、或卧、或胖、或瘦，体态各异，形象逼真。门口对联曰：

　　　　慈悲登座八大金刚听佛训

　　　　救苦参禅五百罗汉宣圣言

小寺儿（永福寺）：明万历三十六年（1608年）建，与大佛寺正殿相对。西面三间，土木结构，四周围廊，是如意攒顶的建筑。前后为雕花木窗，左右为山墙。结构特殊，内供三大士。其中观世音菩萨结跏趺坐于莲台之上，面容和善慈祥。左首站立善财童子合掌作揖；右立龙女，手捧玉盘，内盛净瓶，瓶内插绿柳枝，形态如生。观音左侧圆雕文殊菩萨坐于青毛狮子之上，手持宝剑，两耳垂腮双目平视，神情安详庄重。右侧圆雕普贤菩萨坐于六牙白象之上。整个雕塑布局合理，气势恢宏，闻名陇右。佛教传入中国，逐渐被汉化，信徒把观音、文殊、普贤亦称"三大菩萨"或"三大士"。后把地藏王菩萨加在一起，成为著名的"四大菩萨"。佛教盛赞文殊的"大智"、普贤的"大行"、观音的"大悲"、地藏的"大愿"。将供养他们的五台、

峨眉、九华、普陀四山称为四大道场,亦称佛教四大名山。门口对联曰:

于世界常洒甘露

到人间广驾慈航

十王殿:原名长乐宫,建于明万历三十六年(1608年),设于北城根东靠马道,即今之十王殿。大门朝西,与大佛寺院门相对。主殿坐东望西,系前后拔檐、砖木结构三间殿。殿内两面山墙绘壁画:左首画四生(胎、卵、湿、化)六道(天、神、人、畜生、地狱、饿鬼)轮回图;右首画刘全进瓜图,刘全双手托盘跪在地上,盘内盛一个白色瓜。今天阳世间,只有东(冬)瓜、西瓜和南瓜,而无北瓜,传说是被刘全进贡给地府阎罗了。殿内主奉太乙救苦天尊(地藏王菩萨),头戴五老冠身着法衣,手拿锡杖,端坐莲台之上。在天尊旁边靠前,左首站立一位手拿禅杖的小和尚,据说是道明;右边为穿蓝袍老人,据说是闵公。天尊正位东侧为东岳大帝圆常龙,服青袍戴苍碧冠;西侧为西岳大帝诰郁狩,服白袍、戴太初冠。两边又分坐十殿阎君,其中一殿为秦广王,泰素妙广真君;二殿楚江王,阴德定体真君;三殿宋帝王,洞明善静真君;四殿五官王,玄德灵真真君;五殿阎罗王,最胜耀灵真君;六殿卞成王,宝肃昭成真君;七殿秦山王,神变万灵真君;八殿平等王,无上证度真君;九殿都市王,飞魔演庆真君;十殿转轮大王,武化威灵真君。均着帝王服饰,头戴冕旒,足穿云头朝靴。中国道教称太乙救苦天尊,就是佛教地藏王菩萨,他托生为新罗国(朝鲜半岛)王子,生于唐武则天时,姓金名乔觉,自幼出家,于唐玄宗时来中国,入九华山苦行修炼。他募化建寺,广收信徒,使九华山成了盛极一时的佛教圣地,九华山也成

十王殿遗址

为中国佛教四大名山之一。门口对联曰：

五岳十宫同赞乾坤之化育
九幽六洞总持祸福之权衡

崔氏家庙：清嘉庆时由永泰人武信骑尉崔斌建。位于城北小教场北侧，坐西向东，为土木结构。正殿为四大间：主奉武圣帝君——关云长，站帅有周仓、关平、先天斗姥元君、山神、土主及崔氏先祖画像(俗称帧子)。南北各三间厢房，土木结构大门，两坡流水。门前竖有两根高杆，其顶端各悬一铁制"寿"字，是永泰城内私人家庙之典型。

第七章　永泰城居民姓氏渊源考略

人事有代谢，往事成古今。永泰城历史上地处边陲要地，战乱频仍，人口迁徙复杂多变，居民姓氏无专门史料记载。探其渊源，疑难重重。通过查阅相关史志、谱牒、碑文……最早可以追溯到两千多年前的西汉时期。

汉武帝元狩二年（前121年），西汉王朝大胜匈奴于河西之役，先后设置武威、张掖、酒泉、敦煌四郡，全面推行郡县制，将河西地区纳入汉王朝的统治范畴。元鼎六年（前111年），在景泰境内置媪围县（今芦阳镇吊沟村），隶属武威郡，为景泰置县之始。西汉王朝以实施屯田之政，开发河西，大规模的移民和屯田，使河西地区的农业和畜牧业迅速发展起来。公元前61年，西汉名将赵充国平定羌乱后，向汉宣帝三次上书直指屯田之利，宣帝采纳了他的军屯计划。赵充国以令居（今永登县）为中心，通过修缮乡亭、架桥梁、凿井浚渠，大兴水利，使得屯田工程进展迅速、收效显著。与此同时，赵充国将军在丝路要道——老虎山前筑建老虎城（距永泰城南约0.5公里处），移民屯田。这些戍守边陲的军民，依山傍水，耕田放牧，逐步定居下来，成为老虎城最早的居民。松山会战后，永泰城建起，老虎城内的居民迁移入驻永泰城，成了永泰城最早的土著居民。赵充国戎马一生，历经汉武帝、汉昭帝、汉宣帝三朝，官至后将军，爵封营平侯，对汉室内建筹措、外定疆夷立下汗马功劳。他一生最大的功绩就是在历史上首创军屯，用非战的方式解决了民族矛盾，使汉王朝"自元帝以后数十年四夷宾服"、边塞无事。赵充国提出"以兵屯田"的策略，光耀后世，为曹操、姜维等历代政治家、军事家们仿效采纳。史学家范晔誉其"以屯田、遂通西域",明代思想家李贽认为"屯田乃千古之策"。

明洪武二十八年(1395年),朱元璋封诸子为藩王,其第十四子朱楧被封为肃王,就藩府于甘州(今张掖)。惠帝建文元年(1399年)肃王府迁至金城(今兰州)。同一时期,还有封于岷州的岷王,封于平凉的安王等。这些藩王来到甘肃,带来了大批的护卫、仆役、属官、甲士、巫医、乐师……这些人也成为甘肃的另一种移民。明初以来,明政府还在甘肃进行大规模的移民屯田,明代屯田分为军屯、民屯、商屯三种形式,其中以军屯规模最大。明万历二十六年(1598年),随着松山会战的胜利,永泰城及周边逐步发展成为兰州以北明王朝军屯聚集区。据《甘肃通志》载:当时,守卫洮岷地区的官兵仅作为充军的就有三万人以上,如果加上他们的家属至少有十万之众。这些人多是明初将领徐达、常遇春、沐英、李文忠、胡大海、金朝兴等人的子弟或部下,大部分原籍为应天府、凤阳府。这些人从江南迁移来后,以洮州卫城为中心,分散后居住在周边各个战略要地,起到了戍边卫城、抵御少数民族进犯的作用。

总之,自明万历二十六年(1598年)以来,明王朝通过调军屯戍这一独特形式向永泰城及周边迁移了大量人口。后来,不仅普通士兵在卫所定居下来,不少卫所官员也定居于戍地。如《景泰县志》所载:"达云,字腾霄,号东楼。生年无考。始祖恪纳牙,哈密畏兀城人。明洪武初年,进贡赴京,授百户职,驻凉州(今武威),生一子,名达里木答思,遂以达为姓。六世至云,籍今景泰县永泰堡。云,勇而有谋。嘉靖四十五年(1566年)袭百户职,开疆扩土,屡建功绩。"《创修红水县志》所载:"苟时进,原籍秦长安人。明嘉靖末,投笔从戎,来甘守洮阳,御寇捍患,所向克捷。至万历三十年(1602年),偕方岳、荆州俊、元戎、孙仁等征剿西徼松疆,勋劳卓著,累官至指挥之职。驻守永泰,遂入籍,为苟氏始祖焉。""李万疆,字大宙,号松岩。原籍临洮,投军籍永泰,立有战功,累官守备。""崔斌,原系甘州府张掖县人。由行伍于清乾隆三十六年(1771年)充食甘标后营马战兵。及小金川乱起,随进征剿,共打仗二十一次,得头等功。五十九年(1794年),蒙凉州镇巴考验加批语与佛同调补永泰营专汛把总缺,六十年(1795年)正月接篆任事,入永泰籍焉。"又如《皋兰县旧志》所载:"一世宋高宗时,精忠武昌公岳武穆,十七代之孙岳镇邦至明万历二十年(1592年)间由临洮投军,籍永而家焉。"大批移民定居永泰城后,不仅将原居住地的饮食、服饰、语言、生产方式、风俗习惯以及方言词汇带入新的环境,并在永泰城及周边融合形成了一种比较独特的移民习俗,烙上了鲜明的时代特征。明清时期迁入永泰的外来移民大多属于农民、手工业者、商人,他们带来了中原内地先进的生产工具和文化,如铁铧、铁锄、最新式的播种工具——耧车及秦腔、眉胡、小曲、打铁花、滚灯等。

  为使军士安心服役,明廷逐渐调整对军属政策,允许军属随军同住,从而使永泰城逐渐出现了军户家族,并成为永泰城汉族先民的重要组成部分。明中后期随着营兵制的兴起,卫所的战斗职能逐渐削弱,营兵成了地方兵力的主体。卫所军户中除了袭替军役者,大量普通军人与一般百姓并无大的差别,他们虽然仍为军籍,但已摆脱了军事备御等军事性角色。同时,随着社会经济的发展,国家与百姓的人身依附关系进一步减轻,军户子弟得以广泛地参与到各项社会事务中,除了从军、务农外,还出现了在儒学、科举上积极进取的士子和投身贸易的商人。从明万历三十六年(1608年)至今,永泰人口姓氏不断发展变化,先后有108个姓氏在此繁衍生活。截至1949年,生活在永泰城的居民基本上定型为山西大槐树(今洪洞县境内))和陕西大柳树(今韩城县境内)移民的后裔。《皋兰县红水分县采访事略》载:清光绪十一年(1885年)红水分县册报户1743,男大小丁5326,女大小口4963,共计10289人;民国十八年(1929年),红水县册报户2628,男大小丁7965,女大小口6884,共计14849人。永泰堡是当时红水县境内人口最多的居民村落之一,堡内居民从明末清初至民国,均在千人以上。永泰村人口报表显示:1975—1982年,永泰村人口达1600多人,加上迁移到景电一期永川村的800多人,两村人口达到2400多人。为此,通过查阅对照

城内部分家族谱牒及《永泰重建诸神阁记》碑文,历史上城内姓氏具体如下:

张、王、李、赵、熊、常、达、艾、许、岳、苟、崔、闫、萧、石、尉、安、刘、马、高、白、曹、辛、万、陈、孟、卢、范、祁、丁、徐、化、杨、郝、柴、房、杜、叶、荆、汪、郑、魏、樊、余、尚、沈、焦、彭、宋、孙、鲁、胡、侯、朱、曾、姚、唐、郭、豆、罗、田、管、黄、尤、禹、浪、古、平、土、车、麻、党、米、吉、蒲、金、丘、贾、温、潘、夏、袁、史、周、林、吕、荘、蔡、段、乔、任、何、居、邰、符、钱、武、戴、聂、程、陆、薛、谢、包、傅、柒、董。根据这些户族姓氏落户永泰的历史渊源,基本上可归纳为十种类型。书中对目前迁移出永泰、永川、永丰、永安四村户籍的原籍永泰人后裔,未作统计说明。

第一节　土著居民

辛希仁、丘宗祐、潘世祐、蒲令九、亢金顺等人所在家族在永泰城未建之前就居住在老虎城,以耕牧为业,永泰城建成后,陆续迁进了新城,是永泰城的本地居民。目前,这些家族后裔已全部迁徙到外村、外地或已断代。

第二节　戍边兵户

永泰城内兵户大致由四类群体构成:本地之归附者、有罪谪戍者、从征官兵之留戍者、调拨来边者。有岳仲武、周天禧、苟时进、李万疆、居尚宝、高福、王登川、余邦德、赵崇璞、艾禄、李国珠、李国玉、白应珍、乔应迁、郝进忠、闫邦奇、李元、王希德、王永泰、马行健、蔡希信、余治龙、柴中喜等人的家族。这些兵户是为筑建和戍守永泰城迁徙而来的,基本上都是明万历三十五年(1607年)前后定居于此。目前,周天禧的后裔周正俊、周正严、周正奎、周正德、周正国、周正伦、周继祖、周勤祖、周泽祖、周东祖、周帅祖、周鑫祖、周贵祖、周尚祖、周承祖、周兆桐、周兆峰、周兆雄、周丰昊等;李万疆后裔李成旺、李成玉、李成州、李成得、李成年、李智仁、李崇仁、李杰仁、李重仁、李祖仁、李虎仁、李旭仁、李爱仁、李大义、李秉义、李学义、李广义、李才义、李军义等；居尚宝的后裔居有林、居有亮、居有朋、居百佳、居仲佳、居季佳等；高福的后裔高青文、高寅、高正祥、高正禧等；王登川的后裔王银才、王育才、王喜才、王贵元、王春元、王占元、王奎元、王喜元、王安仁、王安义等；余邦德的后裔余占祥、余占泰、余永成、余永忠、余永鹏、余生伟等；王希德的后裔王得中、王武中、王胜中等；王永泰的后裔王得勇、王得成、王得海、王得标、王金山、王泰山、王昆山、王秀林、王胜林、王有功、王有迪、王有龙等；乔应迁的后裔乔占武、乔占奎、乔占勇、乔重贤、乔重银等；李国珠、李国玉的后裔李恒溪、李朝瑞、李朝海、李朝龙、李朝银、李朝富、李朝章、李朝弼、李朝虎、李朝湖、李积祥、李积才、李积军、李积禄、李积山、李积海、李积荣、李积勇、李喜善、李林善、李明善、李平善等；白应珍的后裔白复文、白复金、白复荣、白复信、白复元、白敬宗、白继宗、白耀宗、白林宗等；闫邦奇的后裔闫穆伟、闫穆仪、闫穆嘉、闫穆波、闫立生、闫立勋、闫立元、闫立绥、闫立孝、闫沛红、闫沛滋、闫沛金、闫旭起等；李元的后裔李长凯、李六标、李九标、李松标、李银标、李正标等；马行健的后裔马生才、马生范、马生银、马占辉、马占武、马占明、马占伟、马积文、马积武、马积军、马积伟等；蔡希信的后裔蔡军祖、蔡玉祖等；余洽龙的后裔余志璠、余法国、余法禄、余法泰、余法民、余希俊、余希忠、余希信、余培龙等仍居住在永泰、永川、永丰、永安四村，其他家族后裔均迁徙到外村、外地或已断代。除老虎城原有的居民外，岳仲武、周天禧、苟时进、李万疆、高福、王登川、赵崇璞、艾禄、余邦德、李元这些人的家族到永泰城的时间较早。目前，从查阅这些家族的老族谱可知，周天禧于明万历三十九年（1611年）已出生在永泰城，是戍边兵户后裔出生在永泰城的第一代人。这一点可以说明，周天禧的父辈是"松山会剿"时随军到达松疆的，当时，永泰城还未建成。这些兵户不仅参加了"松山会剿"，还参与了"万历新边"暨筑建永泰城等重大历史事件，基本上都立下军功。永泰城建成后，李万疆因军功晋升为永泰营守备、加封威武将军；苟时进因军功晋升为永泰营指挥……他们都以兵户入籍永泰堡,在这里定居生活下来。

这些家族的族谱序文从另一个层面反映出,他们虽然同为戍边兵户,但有明确的职业分工。如闫邦奇的家族专门负责骟马沟永泰营军马饲养;苟时进的家族常年驻防官草沟,守护永泰城军马草料场大本营;居尚宝的家族数代负责供给永泰营火药熬制;李元的家族负责永泰营城内军马草料供给保障;周天禧家族数代专管城内庙宇楼阁灯火照明安全事宜,直至20世纪90年代,每逢元宵节,其后裔还在城内灯山阁遗址处义务悬挂冰灯,供城内居民观赏。

第三节　朝廷命官

有达云(明万历时甘肃总兵,驻守永泰)、许宗(永泰营千总)、党禄(永泰营千总)、魏明宇(永泰营千总、诰封明威将军)、岳镇敖(永泰协标准营千总)、岳镇府(永泰本标守督扎守备)、韩崇达(永泰本标提营都司)、尉之琪(永泰营把总)、荆之茂(永泰营千总兼堡长)、王清(奉兵部侯铨守备,驻永泰营)、戴清(永泰营把总)、崔斌(永泰营把总、清诰授武信骑尉)、张国玉(永泰本营都司、加封武略将军)、萧应权(永泰本营都司、清诰受昭武将军)、萧玉龙(永泰本营都司、清诰受武义将军)、萧玉凤(永泰本营都司、清诰授武略将军)等家族。这些人都是明末清初莅临永泰营任职的官吏,入籍永泰堡后,在这里定居生活下来。目前,崔斌后裔崔钟禄、崔钟俊、崔文星等;萧应权、萧玉凤、萧玉龙后裔萧忠、萧德、萧武、萧生伟、萧生平等;张国玉后裔张希财、张希禄、张理义、张理智、张理达、张世祥、张世忠、张世科等仍居住在永泰、永川、永安、永丰四村,其他家族后裔已迁徙到外村、外地或已断代。

第四节　经商谋生

有张汉立、孙文、汪腾蛟、刘勇、刘甫、安思忠、安思孝、王作栋、王华峰（原名王树堂）、曹汉华等家族。这些商人和小商贩，从明末清初到民国，络绎不绝地来永泰城经商谋生，先后定居永泰城。其中陕西商人张汉立的后裔张永青、张永杰、张永胜、张永泉、张中伟、张丁伟、张建伟、张宏伟；靖远商人刘勇、刘甫的后裔刘海岚、刘海儒、刘海波、刘海涛、刘明汉、刘勇汉、刘成汉、刘英汉、刘宗诗、刘宗强、刘振祖、刘相祖等；临洮商人安思忠、安思孝的后裔安永贵、安永忠、安永俊、安永成、安永德、安宗武、安宗贤、安宗林、安宗平、安宗宏、安昌祖、安盛祖、安玺祖、安平祖等；陕西商贩王作栋的后裔王裕林、王裕虎、王裕儒、王裕祥、王裕海、王裕科、王宏、王平、王飞等；陕西商贩王华峰的后裔王重林、王重虎、王重贤、王重良等；陕西商贩曹汉华的后裔曹永泰、曹永昌至今仍然居住在永泰、永川、永安、永丰四村，其他家族后裔均迁徙到外村、外地或已断代。

第五节　避乱落户

常守维、何运转、荘瑞、鲁守荣、房国梁、白作诗、白作麟、白作礼、白作义、石廷杰等的家族基本上都是明末清初为避内地战乱而徙居永泰城的。如白作诗、白作义、白作麟、白作礼兄弟四人祖籍南京应天府，明末为躲避李自成起义，几经迁徙，先后在金城、皋兰石川等地暂居，于顺治初年落户永泰城定居；清同治二年（1863年），石廷杰、石廷仁兄弟二人为避河东疫情、匪乱，西渡黄河，落户永泰城。目前，这些家族中，只有常守维后裔常显忠、常玉忠、常希君、常希文、常希海、常希洋等居住在永泰、永丰、永安三村，其他家族后裔已迁徙到外村、外地或已断代。

第六节　充军落户

有古梦昌、禹承舜、黎英、聂志、钱仰瑞、管自福、傅国友、爱新觉罗·毓运(满族)等家族。这些人绝大部分是明末清初因罪被朝廷流放到永泰城，充实军伍服役的。明代实行极为严格的充军制度。明代北方的充军地点多为宣大、北平、大宁、韩城(大柳树)、洪洞县(大槐树)的卫所或军事堡垒，而且犯人往往在非本地的地域充军，充军前往卫所时的衣装和路费都要自理。明代充军和流放还是有所不同的，充军因为关系到国家的安全，所以不像流放一样可以减刑，不仅如此，在期限上还有"终生"和"永远"的区别。"终生"不需要后人接替，而"永远"则要求犯人死后由其亲属接替充军，永远延续，直至国亡方可休止。清光绪二十六年(1900年)，充军落户永泰的只有爱新觉罗·毓运家族(满族，正黄旗)。这些家族后裔现已全部迁徙到外村、外地或已断代。

第七节　逃难落户

有黄得友、蒋二奇、米尚志、包国正、郭福、郭侯、马应龙、袁进库、马恒云、唐焕章、化光荣、王征远(因双目失明，地方俗称瞎老王)、董青年(俗称老董爷)等人，从明末清初背井离乡逃难来永泰堡谋生，陆续居住下来的。以后各个时期都有。清康熙年间，河州(今临夏)人郭福、郭侯兄弟背井离乡落户永泰，嘉庆年间郭侯又携带家眷返回故里——河州郭家湾；清朝同治年间逃难落户永泰城的有马恒云等；新中国成立前，逃难落户永泰城的有唐焕章(武威人，铁匠)、化广荣(永登人)、王征远(天水人)、张福德(古浪人)等家庭。新中国成立后，落户永泰城的有武威市民勤人、石匠董青年等。目前，郭福的后裔郭连礼、郭连登、郭连科、郭连旭、郭连潼、郭子学、郭子书、郭子祖、郭子华、郭庭昊、郭庭明、郭庭旭、郭庭先、郭庭楷、郭庭轩等；

马恒云的后裔马松林、马登来、马登乾、马登泰、马登新等;唐焕章的后裔唐泗生、唐泗玉、唐泗全、唐国义、唐文义、唐国义、唐军义、唐成义、唐红义等;化光荣的后裔化元春、化亨春、化利春、化永福、化永平等;张福德的后裔张银东等仍生活在永泰、永川、永丰、永安四村,其他家庭后裔均迁徙到外村、外地或已断代。

第八节 投亲靠友

有赵应禄、姚德万、周万德、田庆、田孝、李世俊、曹玉文、侯玉成、尚福强、冯国富、马登高、魏文魁、宋彦仁、宋彦荣等家庭。在永泰城四百多年的历史上,投亲靠友的各个时期都有。清朝中后期,投亲入籍永泰城的有李世俊、曹玉文等;民国时,投亲入籍永泰城的有侯玉成、尚富强、冯国富、马登高等;新中国成立后,投亲落户永泰城的有魏文魁等;20世纪80年代初,投亲落户永泰村的有榆中人宋彦仁、宋彦荣兄弟等。目前,只有李世俊的后裔李玉文、李玉财、李玉华、李玉荣、李玉元、李全国、李保国、李宏国、李正国等;曹玉文的后裔曹增禄、曹增寿、曹增喜、曹增才、曹继祖、曹继源、曹继成、曹继德、曹万成、曹万祥等;侯玉成的后裔侯登杰、侯甲元;尚福强的后裔尚子芳;冯国富的后裔冯宜武、冯尔云等;马登高的后裔马勇、马宝钰;魏文魁的后裔魏怀东、魏怀峰、魏怀平等生活在永泰、永川、永安、永丰四村,其他家庭均已迁徙到外村、外地或已断代。

第九节 传教落户

有焦士刚、张汝凤、海生、释润修(城内居民俗称老和尚)等。这些传教信徒来永泰城传播道教、佛教,遂定居永泰。传教信徒最早可追溯到明万历年间永泰城建成时,城内各庙宇寺院招纳僧道和尚,各地宗教信徒陆续来到永泰传道受业。最迟到永泰传教落户的是新中国成立前从宁夏中卫县高庙云游到永泰大佛寺的释润修(武威市民勤县人)。目前,只有释润修的后裔段文军、段文臣、段文学、段文忠等生活在永泰、永川、永丰三村,其他家庭后裔已迁徙到外村、外地或已断代。

第十节　联姻落户

通婚结成姻亲关系,然后把户籍迁入永泰城。这种入籍形式古来有之,但是记载不详,基本上都凭民间口传搜集而得。新中国成立前,联姻落户永泰城的有五佛人王永胡、有山西人薛更新等;新中国成立后,联姻落户的有寺滩乡刘庄村人耿俊才,古浪人甘发强、甘文海,天祝人赵生起等。目前,王永胡的后裔王金福、王发文等;薛更新的后裔薛志东、薛志旭、薛延伦、薛延林等;甘发强、甘文海的后裔甘学平等;赵生起的儿子赵新隆等仍然生活在永泰、永丰两村,其余的都已迁移到外村或外地。

"人世几回伤往事,山形依旧枕寒流。"20世纪70年代景电工程建成移民,特别是80年代改革开放以来,因农转非、求学、工作、婚嫁、谋生等因素,永泰人口姓氏发生了重大变化。城内大部分居民迁移到景电一、二期灌区,其余已迁移到县内各乡镇、省内其他县区以及全国各地。据2023年统计,永泰城内居民只剩13家姓氏,可谓人去楼空,室迩人遐。

第八章　永泰城历史人物

　　虎山松水话古今，人杰地灵美其名。名人是永不枯竭的社会资源，名人文化在地方历史人文中占有重要的一席之地，它的特点是具有地缘性，进而很自然地产生一种亲切感和自豪感。虽然有的名人时代久远，但由于与我们同居一地，容易被人感化崇敬。近现代的名人，甚至还沾亲带故，更容易被人接受。探索和发掘名人文化的目的，就是通过对本地历史名人的大力宣传和弘扬，形成并显示出一种强大而持久的渗透、浸润、普及、教化人们热爱家乡、建设家乡的思想递进作用，有效地将传统的伦理道德精髓根植到人们日常的经济、社会生活之中，使他们自觉地接受熏陶，尤其是要教育、激励、影响一代又一代的永泰人，延续传统的社会价值体系，使古城的历史文脉传承有序、长盛不衰。明末清初，西北边陲相对安宁，农业生产得到了一定发展，人民安居乐业。特别是永泰城建成后，朝廷大规模移民戍边，永泰城出现了空前繁荣。这里诞生成长出达云、岳升龙、岳钟琪等一批优秀爱国将领和仁人志士，可谓人杰地灵。他们为建设永泰、保卫西北边陲、维护国家统一作出了杰出贡献，他们的英名与功绩永载史册。

第一节 明代人物

达 云

达云(1550—1609年),字腾霄,别号东楼,凉州卫永泰堡人。明神宗时,达云官甘肃总兵,镇守永泰,史称"西陲战功,云占第一"。

另据《凉州府志备考》《皋兰县旧志》《创修红水县志》《景泰县志》所载:达云始祖恪纳牙,"明洪武初,进贡赴京,忠义恭顺,屡建功绩,成祖文皇帝嘉之,升试百户,住凉州侍奉。生一子,达里木答思,复原姓'达'。高曾祖累世相沿承袭。"至六世达云,籍永泰堡而家。公生而颖异,"虎头燕项,忠肝义胆,素负请缨之志,恒存裹革之心。尝谓:人生大块间,当效登燕然、临瀚海,展土开疆,以尽丈夫事业,讵可俯首窃禄,而取尺素之消也。"(《凉州府志备考》711页)明万历《刘敏宽达氏家谱原序》云:于明嘉靖四十五年(1566年)四月,承袭世胄百户之职,当道畀。万历三年,"委以西州防守,小试甘肃。抚台候知其才,檄调综理互市。达云即宣布恩威,虏首慑服。事竣,叙劳绩,钦赐金缪,餂斯而贤声渐懋,荐奖甚伙,诸台以颇牧视之"。万历十四年正月升嘉峪关守备,修边筑堞,开荒引水灌田。"筑关隘以作保障,严烽堠以明耳目,黠虏遂绝鸱张之萌。"并根据边远地区山多地少,民戍远涉酒泉运粮,往返维艰之弊,于边外石关儿地方开荒三十余顷,引本硖之水灌溉,粮食年年稳产,使兵民居者有积仓,行者有裹粮,政绩卓著。十六年升肃州镇夷游击,乃西北极衡之区,套虏必经之路,出没无常,乘隙为患。达云改筑长边五里,可遏制突犯,间或有之,则受首者多，致使鞑靼不敢妄动。声闻朝野，擢永昌参将。二十四年提升为都督同知，荫本卫世袭指挥使。也先永邵卜部，岁掠藏民，民不敌则顺之。至此，永等远徙，达云招抚藏民复业者达七百余户。后永邵卜部又犯鸣沙（今景泰县红水镇大嘴子村附近）、上谷，达云击败之，奉旨挂平羌将军印，镇守甘肃。万历二十五年（1597年）永邵卜犯西宁，参将赵希云阵殁，云坐停俸。达云镇甘肃即虏松山宾兔、阿赤兔、著力兔等万余众，屡肆猖獗，攫掠无忌，为两镇患。云既上计于抚臣田乐："必先用间谍部落，示以利害，收其众党，剪其羽翼，嗣尔扫穴犁庭，则沙漠尽归中国，筑边直接贺兰，设将增兵，积粮建堡，如斯则无虏患矣。"万历二十六年（1598年），巡抚田乐决议收复。达云借副将甘州马应龙、凉州姜河、永昌王铁块等分道击之，尽拔其寨，拓地五百里，以功进右都督荫世指挥佥事。同时，哨报青海永邵卜等又集众分犯河西，五道俱有备而分头击之，大奏六捷。收复松山、黄金榜什等五千有余。又蹑虏往之踪，又多斩首，并檄行各路将领招收投降，前后收获万计，已剪松都之羽翼矣。达云不顾艰辛，统领将士直捣松巢扒沙（古浪大靖一带），搜剿殆尽。阿西带领余部，不过数十骑投奔东套。松山既复，又筑边垣，分屯置戍。云躬事版筑，夏不张盛，沐雨餐风，披星戴月，创长边二百二十余里，圆庄墩台三十余座，大小城堡七座，屹然金汤之固；并开荒地、劝耕种、通商贾、建公馆、立仓廒、修庐舍，原计划一年完工，不匝三月告竣。不仅工程速完，且省一载之钱粮，三军之劳苦，大有裨益于君国矣。

云自为将，按坚执锐，东征西讨，日无暇晷，先登陷阵，所至未尚挫败，名震西陲，为"一时边将之冠"。上嘉其伟绩，特进光禄大夫、上柱国、太子少保、左都督，镠币叠赐，蟒玉辉煌、诰封四代先人，世袭指挥使之职。万历三十七年卒于军，享年五十九岁，谥号"英烈"，御赐祭葬。长子奇策，大靖参将，升袭指挥使；次子奇勋，挂征虏将军印，镇守昌平总兵官；孙元贞，凉州守备。

苟时进

苟时进,原籍陕西长安人。明嘉靖末,投笔从戎,来甘守洮阳,御寇捍患,所向克捷。至万历三十年(1602年),偕方岳、荆州俊、元戎、孙仁等剿西徼松疆,勋劳卓著,累官至指挥之职。驻守永泰,遂入籍,为景泰苟氏始祖焉。其三子良才,骁勇过人,有跨灶之概。恒随征,战无不前。后贼夜来袭永泰城,良才单骑争先,追至永泰城北缸子墩附近,贼见其一人,合围擒之,百折不屈,遂骂贼而死。

李万疆

李万疆,字大宙,号松岩。原籍临洮,投军籍永泰,立有战功,累官守备。万历时,套番犯松山,万疆随总兵达云击破之。松疆既复,寇复聚贺兰山,结青海诸部,侵略不已,达云与万疆等又大败之。云遂保公为本营都司,旋迁为参将,留守松山。后伊勒敦达春连犯凉州,公与达、柴诸将逆战,骑至隘处,突惊落马阵亡。事闻,加封公为威武将军。

第二节　清代人物

崔　斌

崔斌,原系甘州府张掖县人。由行伍于清乾隆三十六年(1771年)充食甘标后营马战兵。及小金川乱起,随进征剿,共打仗二十一次,得头等功。旋进攻大金川,打仗十四次,头戴枪伤一处,领赏银二十五两。嗣后攻西路,攻逊格尔宗及木斯工官寨等处,所向皆克。蒙延绥镇宪保荐,以劳绩拔补甘标前营经制缺,俄卜凉标中营把总。五十九年(1794年),蒙凉州镇巴考验加批语与佛同调补永泰营专汛把总缺。六十年(1795年)正月接篆任事,入永泰籍焉。嘉庆纪元,得恩赐,诰封三州。此后又调征泰徽一带,并蓝、白两号等匪,战无不胜。六年(1801年)六月蒙凉州镇宪齐委署宁夏玉泉营守备。统计自公于乾隆中叶入伍至嘉庆初,共打仗一百一十次,带伤三、四,得赏银五十五两。清诰授武信骑尉,享寿八旬有一而终。

阎世润

阎世润,字雨若,生卒年月无考,永泰人,清道光监生。幼时,聪明过人,日读书会数百言,见者皆为之惊叹。但,屡应童子试,未中,遂循例入国子监。母早逝,事继母孝,得其欢心。中年,善积聚,家道殷实,田连阡陌,而生活依然俭朴,无富者气派。遇人有急难,求必立应。道光初年,地方供差无人管理,且居民田地分散,公事无人接应。差役追催之势,甚于催科办案,并乘机作奸,苦累民众。世润怜悯之情,油然而生,遂筑台命年长之人观察,无事则各自耕作,有事则一呼即至。自此,群众始得安心农事。道光六、七年(1826年、1827年)间,差徭络绎,官方以世润干练、刚直,令其管理。他分派公道,一无所私,群众免于骚扰。道光十六年(1836年),永泰城一带大饥,麦价铜钱2千文有余,世润则减价粜其所藏粮米,乡人赖以度荒。翌年春,无籽下种者甚多,世润乃量地亩之多寡,给人接济,不索利息。是年,大熟,借贷者尽数偿还,无一拖欠。世润对地方教育、水利事业亦多贡献,至于排难解纠、急公好义之事,所为甚多。

李煦春

李煦春(1861—1948年),字文卿,号国华,永泰堡人,清光绪年间秀才。一生勤奋好学,博览群书,爱好诗文,擅长诗歌、对联之作。所作诗文,今已流失无存。其所作之对联,能审时度势,联系实际巧用干支,内容贴切,为读者所喜爱。对中医造诣较深,善推脉理,长于针灸,广集众家验方,结合临床实践,自成一派,为当时永泰之名医。医德高尚,救死扶伤,深受当地群众爱戴。永泰之王世礼、寺滩之马刚朝,均为煦春之高足,在当地颇有名气。晚年,为撰写《皋兰县红水分县采访事略》《创修红水县志》出力最多。所遗两志手稿,原藏家中,20世纪60年代,因小儿媳不识字,当作废纸糊了窗户,诚为可惜!

张　忠

张忠，永泰堡人，生于清嘉庆年间，武略将军张国玉六世孙。性至孝，母患足疾，亲洗缠之。母年渐高，卧病在床多年，精准侍奉，未离左右，母全身皮肤完好，无丝毫伤损之处，皆谨慎伺候所致。母殁后，在墓地结庐居守三年，风雨无阻，寒暑未辍。其纯孝如此，为梓里人佩赞。

崔法祖

崔法祖，永泰堡人，生于清咸丰年间，系崔斌四世孙。为人公道，乐善好施，关心桑梓事宜，受人尊重。同治年间，防守永泰城立军功，受到陕甘总督嘉奖。后因年逾古稀，宣统元年授八品寿官。

第三节　永泰城内的名门贵族

常遇春后裔

据永泰常氏家谱序文所述：原籍南直隶凤阳府怀远县（今安徽省蚌埠市怀远县）人，系明太祖朱元璋开国功臣敕封开平忠武王常公讳遇春之后裔。明初其先祖随肃王官于兰州，明万历末年，其始祖常守维恭行道教，隐居龙沙（今永泰城），并在城内开办阴阳学校传授道法。今天，永泰城里还流传着常氏祖先传道做功的故事。民国十八年（1929年），因生活所迫，为兑换口粮将先祖遗物象牙笏板典当给永泰同乐社，新中国成立后，此物归属永泰村集体财产。至今，常氏在永泰已生活15世，现有人丁70多口。

清皇室后裔——毓运

毓运，即爱新觉罗·毓运。满族，字秀峰，永泰人称"罗县长"（相传其曾任宁夏平罗县县长）。毓运乃清端王爱新觉罗·载漪之长孙。载漪是光绪帝爱新觉罗·载湉的堂兄弟，嘉庆帝第三子惇恪亲王绵恺孙。载漪1860年过继给瑞亲王绵忻为孙，袭贝勒爵位，1889年加郡王衔；1893年，授御前大臣;1894年封瑞郡王,其妻为慈禧太后侄女。1900年初,慈禧太后欲废光绪帝,想立载漪长子溥儁为大阿哥。义和团运动中,载漪主持总理各国事务衙门,与庄亲王载勋等利用义和团抗洋,力主慈禧对外宣战。八国联军攻陷北京时,随慈禧太后逃往西安,被任命为军机大臣,不久罢免。1901年清政府与八国联军议和时,被洋人指为"首祸"要求严惩,后被慈禧太后发配新疆。

罗家大院遗址

1902年,载漪全家迁出京城,四处辗转,家族四分五裂。毓运一家经兰州、宁夏等地,最后流落至永泰城定居,在永泰先后购置房产、铺压砂地、修建农庄,至今永泰川一带还有罗家梁、罗家砂地、罗家庄子等地名,永泰城内有罗家大院遗址。

毓运性格豪爽开朗,遇事有主见,敢作敢为。他对家人及兄弟姐妹管教甚严,不许对外宣扬家世,不许仗势欺人。他喜结交社会贤达,善待百姓,常予接济。另外,毓运爱看秦腔,常与永泰同乐社艺人一起娱乐,在城里民众中口碑很好。

毓运一家在永泰居住了约27年(1902—1929年),民国十八年(1929年)腊

罗毓凤女士

月,毓运将永泰城内的家产一并托付给了其管家——永泰堡村民居谦管理经营,举家离开永泰古城。先后辗转兰州、天水、西安等地,后返回北京定居。民国十九年(1930年),爱新觉罗·毓运的八妹罗毓凤相中了西北军高级军官孙连仲,九妹相中了门致中,四妹看上了冯安邦。毓运又和孙连仲介绍五妹和冯治安、十妹和鲁崇义认识。同年六月,五对佳丽在金城张府"订婚"。中秋佳节,五对新人共同在金城"兰州大饭店"举行"集体婚礼",证婚人是西北军统帅、爱国将领冯玉祥将军,全体官兵庆贺三日。此时,门致中是国民党宁夏省主席,孙连仲是国民党甘肃省主席。爱国将领冯安邦时任孙连仲麾下第二十二师中将师长兼宁夏省政府副主席,后任主席。冯治安时任孙连仲麾下第十四军军长,后任国民党河北省政府主席。鲁崇义时任孙连仲军法处处长,后任第二十六路军总指挥孙连仲的少将参谋长,又任国民革命军成都防守总司令部中将总司令。

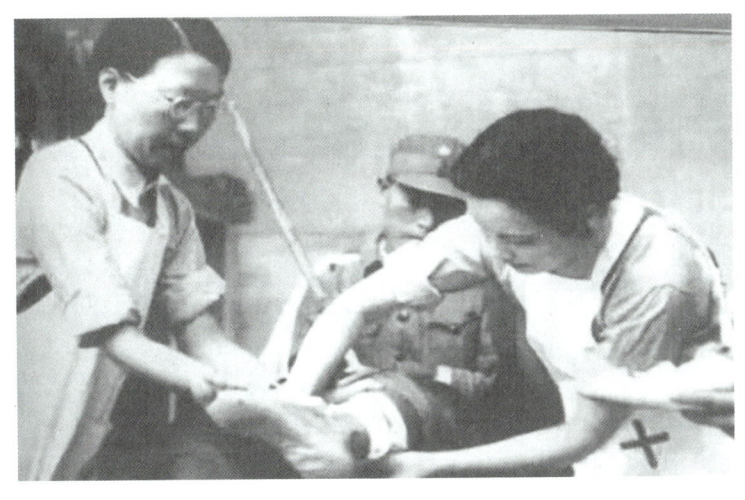

罗毓凤女士在鸡公山战地医院救护伤员

婚后,孙连仲和罗毓凤二人恩爱和谐,在孙连仲将军的戎马生涯中,妻子亦多时相随,同心救国,洵为伉俪,颇尽内助之力。罗毓凤出生在贵族家庭,贵为格格,后又经历了家庭由盛及衰的变故,造就了她坚强豪爽的侠义性格。别看她长着一副文静秀气的外表,骨子里却是一位泼辣能干的女强人。孙夫人于抗战期间,常为将军准备雪茄、人参提神,并筹办伤兵救护、难童教养、军眷生产等工作，夫妻两人对抗日战争的胜利作出了很大贡献，所以他们的结合在国民党军中一时传为佳话。罗毓凤已不是昔日的皇家格格、将军夫人，而是名副其实的抗日英雄。退居台湾后，孙连仲夫妇基本上过着隐居生活，罗毓凤女士潜心国学修养，著有自传《我与孙连仲将军》一书，在台北出版发行，其中第三章"落难西北"一文对永泰往事略有回忆。

新中国成立后，毓运定居北京。1985年，以北京市政协委员身份参加全国政协有关会议。所写的回忆录收集在由全国政协文史资料研究会编纂出版的《晚清宫廷生活见闻》一书中，对其当年在红水县担任税务局局长及永泰城生活往事略有记述。

第四节　新中国成立前永泰城军政人物

石兴岗

石兴岗（1907—1951年），字鸣凤，号凤岗，永泰堡人。民国十四年（1925年），在兰州一中读书时，参加冯玉祥国民革命军学生团。同年，考入国民党西安陆军军官学校。民国十六年（1927年）毕业，委派到国民革命军刘郁芬部任职，先后任中校参谋、上校军需部主任；民国十九年（1930年），任甘肃省政府宣抚专员，负责陇西一带地方编遣事宜；民国二十年（1931年），任永昌县县长；1933年，随国民革命军二十五师师长孙连仲南下江西庐山海会寺，参加"国民政府军事委员会陆军军官训练团"轮训。嗣后，到国民革命军陆军第一师参谋部工作。1939年，因病谢职回家休养，民国三十六年（1947年），当选为景泰县参议会议长。

石兴岗

公为政期间，秉公办事，关注民生，热心教育，重视发展地方经济。先后任永泰女子初级小学校长、永泰乡中心学校校董等职。

1947年，倡议永泰城绅士贤达捐款集资，发动本城群众修缮北城顶真武楼；1948年，通过招商引资，争取联合国亚远会援华扶贫项目，在县城芦塘创办毛纺厂即美利坚合众国援助甘肃省景泰县扶容合作社（当地人称美国毛毯厂），开启了景泰县现代工业之先河。

甘肃省政府委任状

李兆蓉

李兆蓉（1901—1976年），本名友芷，字瑞五。永泰堡人。甘肃省立第一师范学校毕业，曾在永泰高小任教。民国十七年（1928年）去青海，在省民政厅任科员、科长等职。民国二十四年（1935年）经甘肃同乡大力举荐，出任青海玉树专区称多县县长。下车伊始，即奔赴藏族聚居区，了解民众疾苦。民国二十八年（1939年），公解职率家小回归故里，曾一度生活困顿，偕妻子去中卫租地耕种，以为生计。

公性忠厚，寡言语，不趋炎附势。新中国成立后，积极拥护党和人民政府。1956年，以民主人士身份，被选为县人大代表，又被县人代会选为县人民委员会委员暨驻会委员。

第五节　新中国成立前永泰城教育界知名人士

崔守城

崔守城，永泰堡人，生于光绪年间，字至言，系崔斌五世孙，晚清秀才、国子监太学士。曾任永泰女子小学暨红水县第二区第一公立初级女子小学教师、校长。崔至言老先生知识渊博、品德高洁、教育有方。他制定校规校纪,严肃宜人,教学相长。讲课读书抑扬顿挫,学生十分爱听,教学质量很高,深得学生和乡亲们尊重。本邑人都敬称先生为"崔师傅"。

李作祯

李作祯(1876—1951年)。字善澈,号敬溪,永泰堡人。宣统元年(1909),毕业于甘肃陆军小学堂,曾任红水县劝学所所长等职。民国六年(1917年),出任红水县第二区第二公立高级小学校暨永泰小学校长,其任校长期间,尽心教育事业,为振兴家乡教育殚精竭虑,是永泰城新式教育的开拓者。民国二十二年(1933年),年老辞教从医,治病救人。行医一十八年,誉满杏林,被梓里称贤。

第六节　新中国成立前永泰城文化界知名人士

李临溪

李临溪(1881—1953年),字维周,又名成祯,永泰堡人。自幼聪颖好学,少年时代,不畏艰辛,徒步投奔到百里以外的正路石井村名儒颜学洙门下求学,深受蒙师的教诲,掌握了牢固的国文基础和易学原理知识。后拜永泰城道教前辈柴万钰为师,系统地学习和研究了道教文化,熟练地掌握了道教诵经礼乐、祭祀丧葬等知识章程。寿鹿山每年的三月三、四月八、九月九的大型庙会,均由临溪先生主持诵经法会。

公知识渊博,乐善好教。民国年间,先后在红岘、新墩湾等村设馆授学。先生是古城文化的奠基传承人,著有《海门汇集》一书,编纂搜集了永泰城与寿鹿山各庙宇、牌楼及民间婚丧嫁娶等方面2000多副楹联,是迄今发现唯一一本记录永泰古城文化的纯文学作品,其手抄原本现珍藏于景泰县档案馆。另外,其遗留下的重要的道教经典手抄藏本有:《幽醮大三元科仪一部》共八本、《清醮黄坛科仪一部》共十本、《清醮天坛科仪一部》共七本、《三官经卷全并宝忏一套》共三本。这些经典均为临溪先生亲笔抄录编著,至今保存完好,是研究寿鹿山道教文化的珍贵资料。

第七节　新中国成立前永泰城医务界知名人士

王世礼

王世礼(1896—1965年),永泰人,地方名中医。少时天资聪颖,师从古城名儒李国华学习中医。因其谦虚好学、刻苦钻研,深得国华先生赏识。在长期临床观察与治疗实践中,其在中医药治疗胃肠疾病、针灸及妇科病疑难杂症等方面积累了丰富的临床经验,深得李老先生的真传。

公从医五十多年,医德高尚、秉性开朗、公道正直、平易幽默,深得乡亲们尊重。新中国成立后,永泰村卫生所成立,先生一直是永泰村卫生所的主治医生,以人民群众的健康为己任,积极引导培养中医新人,对永泰村的卫生事业作出了一定贡献,可谓"誉满杏林"。

郭建功

郭建功(1901—1991年),永泰人,民间医生。母蔡氏,精于祖传整骨术,乡里受益不少。民国三十二年(1943年),地方父老联名赠"德被乡里"匾额,予以颂扬。建功幼承母传,后又从师苦学,医术益精,自研制作接骨药。在医治患者时,术药兼施,疗效显著,远近得其救治者颇多。八十寿辰时,梓里送木制祝寿联一副,联曰:"寿显医奇,舒筋接骨真神手;德高望重,救死扶伤有佛心。"颂其医德。

郭建功

第八节　新中国成立前永泰城商业界知名人士

安国正

安国正(1871—1940年),永泰堡人。为人诚信仗义,善于理财经商,思想进步,办事公道,为梓里所仰。民国十一年(1922年),红水县商会成立,被举荐为商会会长。民国十八年(1929年),红水县大饥馑,民不聊生,永泰城一带饥民饿死者不计其数。公慨然拿出商会及家中存粮15石(相当于今天的1500斤),炒熟后散分给灾民应饥,此乃周穷恤匮之善举。民国二十五年(1936年)十一月,红军征战河西走廊途经永泰城,公以地方贤达邀请红五军将士在其家住宿过夜,并宰羊犒劳。同时,积极发动城内百姓为红军战士缝补衣服,筹备军粮,又代表永泰元宵会向红军捐赠了16块银圆、18升炒面。

安国正

第九节　新中国成立前永泰城其他知名人士

崔国藩

崔国藩(1901—1934年),永泰堡人。系前清永泰营把总崔斌六世孙,乃晚清秀才、国子监太学士崔守城(字至言)长子。民国十九年(1930年),崔国藩以优异成绩,从兰州一中考入国立北平师范大学。在校期间,崔国藩品学兼优,思想进步。相传,其秘密加入共产党,毕业后,曾到上海、西安等地从事地下工作。1934年10月,在兰州病逝。当其灵柩被护送到永泰南城门外时,全城士民纷纷出城吊唁这位英年早逝的古城学子。今天,镶嵌在永泰小学里院内中庭院门上的"努力"二字,为崔国藩手书,笔力遒劲,风采依旧。

第九章　永泰城岳氏家族

岳氏家族自明万历年间迁居永泰堡,至清康熙五十二年(1713年)入籍四川,在此繁衍生息一百四十多年,人丁兴旺、官职显赫。特别是在清康熙、雍正、乾隆时期,岳氏一门获得了"两代父子四提督"殊荣,他们分别是岳升龙、岳钟琪父子,岳超龙、岳钟璜父子,岳升龙与岳超龙是胞兄。至今,永泰城内还流传着岳府的各种美誉传说。

第一节　岳氏家史溯源

岳钟琪高祖岳仲武,系岳飞三子岳霖之后裔。据乾隆三十九年(1774年)四月邑生林得时所写的地方史志资料遗稿所载:"一世宋高宗时精忠武昌公岳武穆十七代之孙(岳仲武),至明万历二十年间由临洮投军,籍永而家焉。"这既说明了岳钟琪祖先移居永泰的时间,又说明了入籍的地点。仲武公配本邑赵氏之女,生三子:文达、文元、文魁;文魁配杨氏生四子:镇邦、镇鳌、镇国、镇华;镇邦配张氏生三子:升龙、陛龙、超龙;升龙原配王氏生钟瑞、钟琪,继配苗氏,生钟瑶。岳钟琪家族在岳氏宗谱中被列为永泰支系,仲武公卒,厝于永泰堡西南臭泥井奎龙山之阳,即现在的岳家坟嶂。据当地人相传,远在四川的岳钟琪后裔,清咸丰初年清明前后还来永泰祀祖,随着太平天国运动爆发,特别是同治时,西北地区匪祸兵燹,治安混乱,交通阻塞,四川岳氏后裔与永泰城音讯遂断绝。

第二节 岳府人物

岳仲武

岳仲武系岳钟琪高祖。据《岳襄勤公行略》载:"十七世仲武,赠荣禄大夫,于明万历间宦游甘肃,遂家兰州。"仲武公,笃信诚实,绝志仕途,理父之业,克勤克俭,数十年家道殷富不亚陶朱,爱河西(今景泰县永泰城)之地貌环境,复迁兰州庄浪永泰城遂家,入籍永泰。殁后,葬于永泰城奎龙山麓岳家坟嶂(今永泰城西南约2.5公里处的白土梁西端),为永泰岳氏之始祖。原配夫人赵氏,生子三即文达(无嗣)、文元、文魁(岳钟琪曾祖)。

《皋兰县红水分县采访事略》载:"一世宋高宗时,精忠武昌公岳武穆十七代之孙仲武公至明万历二十年间由临洮投军,籍永而家焉。"

岳文魁

岳文魁,临洮府永泰堡(今景泰县寺滩乡永泰村)人。乃宋忠武鄂王飞十八世孙,为岳仲武之三子,岳钟琪曾祖,赠少保三等公。文魁公原配杨氏生四子即镇邦、镇鳌、镇国、镇华。《皋兰县红水分县采访事略》载:"二世,即武穆十八代之孙。诰赠荣禄大夫提督四川总兵官都督佥事加二级岳公文魁,字兆元。"

岳镇邦

岳镇邦,临洮府永泰堡(今景泰县寺滩乡永泰村)人。为宋忠武鄂王十九世孙,字定寰。镇邦公配张氏,生三子,陞龙、升龙、超龙。顺治初,左王三多尔吉部落入寇,公率五百人破之,擒其酋。当欲荐授军职,以母年老辞。康熙二年(1663年)始授西宁南川营守备,晋都司。靖逆侯张勇荐其才武,授甘肃抚标中军游击。康熙十二年(1673年),吴三桂反,吴逆盘踞汉中,平凉三边之民将就输挽,力言之抚军,罢其役。时逆党万余直犯临巩,贼将李虎牙潜登乐门山,冲突甚锐,镇邦以护粮军五百人杀败万余,军威大振,所在克捷。历官洮岷协副将,左都督浙江绍兴协副将,山西大同镇总兵官,赠少保三等公。镇邦晚年归隐故里,关心地方事宜,居乡谦让,和睦宗族,周济困穷。弟镇鳌,官游击卒,镇邦抚其遗孤如己子。

岳升龙

　　岳升龙,临洮府永泰堡(今景泰县寺滩乡永泰村)人。字见之,镇邦长子,钟琪之父。原配王氏生二子,钟瑞、钟琪;继配苗氏,生钟瑶。升龙幼颖异,好读书击剑。康熙十二年(1673年),吴三桂叛逆,投笔从戎。初入伍,授永泰营千总。永泰游击许忠臣,暗受吴三桂书信,多次以言诱公,公佯许之,于是连夜派人从城墙吊下,奔赴靖逆将军张勇告密,张密令升龙伺机擒拿,就在当夜乘其醉卧,捉之,获逆札百余张。未几,兰州兵亦踞城从逆。康熙十四年(1675年),西宁总兵王进宝征兰州叛贼,贼断黄河浮桥,官军连车辕为筏,并以革囊济渡。升龙奋勇登岸,至城下,立云梯,因先登被创,左腿受伤,不后退,兵追至城下。贼恃河阻,酣饮高歌,未作准备,遂掩破其堡,贼大败。卒复兰州,迁庄浪守备。康熙十五年(1676年),从大军克临洮,军士多掠妇女,升龙劝诸帅尽释之。平关陇,加都督佥事衔,嗣后又多次挫败贼嚣张气焰,功勋卓著,历任山东登州、直隶天津等镇总兵官。康熙三十五年(1696年),随仁皇帝亲征噶尔丹,升龙将三百骑护粮,时为议政大臣,又擢四川提督。康熙四十二年(1703年)西巡时,赐公母张太夫人"重闱锡类"匾额一;又为升龙写"仁爱士伍""威信著闻"匾额和"太平时节原无战,上将功勋在止戈"的对联及御书《白鹰赋》手卷各一。康熙四十九年(1710年),奉旨征讨建昌、瓦都、瓦尾、摩些生猓跳梁,剿抚兼施,不到三月而讨平之。大小凉山等处,入版图者十万余户。康熙五十二年(1713年),以母年逾九十,乞入籍四川,上许之。第二年卒

岳升龙

于私第,谕祭葬。雍正四年,追谥敏肃。

清初,永泰城苦乏水,升龙维修加固了永泰堡南城门口的"用汲海"(即今大涝坝)等水利设施,蓄水灌田,解决了城内人畜用水困难,为桑梓永利。

岳超龙

岳超龙,临洮府永泰堡(今景泰县寺滩乡永泰村)人。升龙弟,初冒刘姓,名曰杰。入伍,屡立战功,迁建昌左营守备。引见,圣祖垂询,乃复本姓名,超擢东川营游击。以避钟琪,改西宁左营。雍正二年(1724年),授河州协副将,剿定铁布等寨乱番,又以避钟琪改张家口协。六年(1728年),迁天津总兵。八年(1730年)擢湖广提督。乌蒙乱,超龙令总兵苏大有率副将何勉、参将毋椿龄讨平之。寻遣兵分防贵州界,上以深合机宜嘉之。雍正十年(1732年),卒。

岳钟琪

岳钟琪(1686—1754年),临洮府永泰堡(今景泰县寺滩乡永泰村)人。字东美,号容斋,清朝前期著名的军事将领。当代清史专家周远廉所著《宁远大将军岳钟琪》一书中,岳钟琪生平年表明确记载"岳钟琪,康熙二十五年(1686年)九月二十三日,生于甘肃省景泰县永泰堡。岳升龙次子,岳飞二十一世孙,是岳飞三子岳霖长子岳琮世系后裔。"康熙四十二年(1703年),岳钟琪17岁,因父岳升龙官职调遣,举家迁往庄浪(今甘肃省永登县);康熙五十二年(1713年)四月,其父岳升龙(时为康熙议政大臣、四川提督)因老母年逾九旬,为便于侍奉,遗疏将其家口改入四川民籍,康熙准其奏,随全家入籍四川,是年,岳钟琪27岁。《皋兰县红水分县采访事略》所载:"兹幸清初定鼎时,得岳钟琪一人,足与之颉颃。虽其父升龙入籍四川,然丕懋膺公爵[雍正元年(1723年)],距入籍时,首尾仅十四年。则生长固在斯,确凿无疑。"

岳钟琪出生于永泰堡武将世家,在这里度过了童年和青少年时代。岳钟琪从小天资聪颖,熟读兵书,闻鸡起舞,才兼文武。康熙五十年(1711

岳钟琪

年),岳钟琪由捐纳同知改任武职,任四川松潘镇中军游击。五十七年(1718年),任四川永宁协副将。五十八年(1719年),准噶尔扰西藏,次年(1720年),岳钟琪奉命率军随定西将军噶尔弼入藏,直抵拉萨,击败准噶尔部。六十年(1721年)升四川提督。雍正二年(1724年),率军随川陕总督、抚远大将军年羹尧平定罗卜藏丹津叛乱,授三等公爵,赐黄带。三年(1725年),兼甘肃巡抚、署川陕总督,奏请于河州、松潘及丹噶尔寺为互市所,以便各族人民进行商贸活动。五年(1727年),在陕甘两省推行摊丁入亩,又对四川乌蒙等地土司实行改土归流,有效促进了边疆少数民族经济发展和社会稳定。六年(1728年),湖南靖州生员曾静派使学生张熙投书岳钟琪,劝其起兵反清。岳钟琪向朝廷告发,炮制了雍正朝最惨烈的文字狱"曾静案",致其毁誉参半。雍正年间,岳钟琪屡征准噶尔,官拜宁远大将军。后因征讨准噶尔兵败哈密,被大学士鄂尔泰、副将军张广泗弹劾,削爵夺职,拘兵部,判"斩监候",后获赦,家居成都百花潭。乾隆十一年(1746年),乾隆帝以总兵衔重新起用岳钟琪,钟琪随经略大学士傅恒参与大金川之战,并轻骑入勒乌围,说降大金川土司沙罗奔,金川平定,加太子少保,授兵部尚书衔,还四川提督任,赐号威信。乾隆十九年(1754年),岳钟琪抱重病出征镇压重庆陈琨起义,班师途中病逝于四川资州(今四川资中),谥襄勤,著有《姜园集》《蛩吟集》等。

岳钟琪一生戎马倥偬,战功显赫。从奇兵入藏、拉萨平叛、万里西征、抚定青海、改土归流、招忌被贬……到应诏复出、猝逝军中,可谓功勋卓著、政绩卓绝。岳钟琪一生沉毅多谋,与士卒同甘共苦,颇有鞠躬尽瘁、死而后已之风范。《清史稿》对其一生给予了充分肯定:"终清之世,汉族大臣拜大将军,满洲士卒隶麾下受节制,唯钟琪一人而已。"雍正赞其"真正名将,国之祥瑞,不世出之人也!"乾隆称其为"三朝武臣巨擘"。

岳钟璜

岳钟璜,临洮府永泰堡(今景泰县寺滩乡永泰村)人,超龙子。雍正七年(1729年),以钟琪奏赴西路军效力,授蓝翎侍卫,除銮仪卫治仪正。乾隆初,擢四川威茂营参将,再迁总兵,历建宁、南赣、开化、昭通诸镇,擢广西提督。钟琪卒,代为四川提督。疏言:"松潘总兵例出塞化番,三年一度。番性多猜,调集守候,彼此互防,甚非所愿。又见小道远费巨,托病不至,唯附近土司领赏,有名无实。请停止,以节劳费。"上从之。金川土舍郎卡侵革布什咱土司、革布什咱合九土司,兵攻金川,相持数年未决,郎卡乞命罢兵。钟璜率兵出塞,至拉必斯满安营,召郎卡出,令还所侵地及所掠穆尔津冈诸土司番民,九土司之兵悉罢。旋卒,赐祭葬,谥庄恪。

第三节　少年岳钟琪与永泰城

明时,永泰城地处西北边陲要地,位于大小松山之间,是大明王朝战胜蒙古宾兔部的主战场,是万历年间"甘肃新边"打造的一座军事要塞,由兰州参将驻扎防守,是明王朝兰州以北最高军事指挥机构和最重要的军事防御屏障。

永泰城北是一望无垠的沙碛平川,阡陌纵横、砂田连片,盛产禾尚头小麦、黄米、小米……城南是原始森林覆盖着的巍巍老虎山、莽莽大墩滩和五谷飘香的南园,这里邓林蔽日、沟壑纵横、溪水潺潺、鸟语花香。每逢夏秋时节,成群的黄羊、石羊、香獐、狐狸、豺狼……出没觅食、繁衍生息,一派"天苍苍,野茫茫,风吹草低见牛羊"的边陲草原风光。岳钟琪自幼勤学尚武、骈胁善射,这里便成了岳钟琪和兄弟伙伴们纵横驰骋、飞骑习射的乐园。兴致浓烈时,他们这些"初生牛犊不怕虎"的少年,在野草丛生的草地沟壑里,追逐野狼、格斗猛兽……锲而不舍、久久为功。少年岳钟琪不仅练就了强健的体魄,也养成了勇于担当、不畏艰险的刚毅性格。自古英雄出少年,是家乡——永泰城的山山水水、一草一木养育了英雄。多年后,身为宁远大将军、兵部尚书、川陕总督的朝廷大员岳钟琪赋诗抒情,对故乡永泰和美好少年时代进行了追思回忆,游子的恋乡之情拳拳可见。其《述怀》诗如下:

忆昔少年时,所食尽膏粱。
肉必啖大胾,酒必饮巨觞。
手能格猛兽,足可逐奔狼。
无志事毛锥,请缨誓戎行。
喜驰花叱拔,爱射野黄羊。

诗中所说的膏粱,就是永泰城一带至今家家户户一日三餐不可缺少的黄米糁饭;大胾是指寿鹿山区逢年过节人们喜食的红烧肉。清朝诗人袁枚、张维屏的《岳威信公本传》《国朝诗人征略初编》都特别强调岳公"膳饮兼人",饭量奇大。毛锥,据《清史稿》记载:"钟琪长身赪面,隆准而骈胁。临阵挟二铜锤,重百余斤,指麾严肃不可犯。"说明岳钟琪使用的兵器是百余斤重的铜锤。今天,永泰人茶余饭后还在谈论少年岳钟琪闻鸡起舞苦练武功的故事。至于猛兽、奔狼、野黄羊……据永泰城的设计督建者明兵备副使邢云路《永泰城铭》所述:"林麓之饶,何物不有。夷言米哈,田猎飞走。千军肉食,武夫赳赳。"足见当年永泰城、老虎山一带林茂物丰、猎源丰腴,城内驻军丰衣足食、兵强马壮的盛况。

第四节　岳氏情系桑梓

岳氏子孙不论是在故乡永泰为民,还是在异地从军为官,都热爱家乡、情系桑梓,并以实际行动践行着对故乡的关爱之情。

1. 捐资修缮。现立于永泰城内新戏台前,镌刻于清康熙六年(1667年)

的《重建永泰城诸神阁记》碑文所载：当年，为此善事捐款者有岳岱、岳镇邦、岳镇国、岳镇华、岳升龙、岳见龙、岳自强等十四户岳氏人物，共捐银数二十多两。其中碑上详刻有"陕西西宁镇南川都司管守备事岳镇邦""庠生，岳升龙"；《重修皋兰县志·选举》所载：康熙时红水境内（今景泰县）文生有岳升龙、田庆、高玉成等五人。《皋兰县红水分县采访事略》记载："永泰三官庙大明万历时建于武庙后，至本朝康熙三十六年（1697年）补修，董事人岳钟瑛、岳钟荣、岳钟瑾。"这些文字史料是考证岳钟琪籍贯的重要佐证。

2.保卫桑梓。《重修皋兰县志》记载：岳镇邦因桑梓之地永泰"其地逼近番夷，且流寇充斥，乃谋卫桑梓，散财募士，大破逆回米剌印，擒左王。三多尔吉部入寇复击破之，擒其酋。"足见当年镇邦公为保卫家乡奋不顾身、殚精竭虑。

3.关注民生。清康熙年间，岳升龙因"永泰堡苦乏水，尝疏泉入堡，为桑梓永利"。维修了从老虎山麓水磨沟口至永泰堡南城门"用汲海"等水利设施，蓄水灌田，解决了城内人畜用水困难。据成书于清初的《永泰城记》所载：至本朝，邑忠信公岳钟琪，于雍正二年（1724年）归里祭祖，出巨金对城外用汲海、城内五眼串井、甘露池进行了疏浚维修。同时，把水磨沟至永泰城2.2公里的饮水暗渠统一更新为标准化的地下石槽渠。今天，用汲海、五眼井、甘露池完好无损地保存着，清泉流淌，城内群众依然受益享用。

第五节　岳府遗址

属岳升龙家族私人府宅，建于明末清初。位于城内东北角，今永泰小学北侧，占地约2000平方米。整个府邸砖木结构，分前后两院，属坐南向北的四合院式建筑。前院为正宅，是主人会客和处理日常事务的场所，高大宏伟，内外明柱、起脊翘角、两坡流水、板装修府门。中间为正门通道，左右边间为门房，是家丁和仆人的住所；后院是家眷生活住所。岳镇邦、岳升龙、岳超龙等久居于此。康熙二十五年（1686年）九月二十三日，一代名将岳钟琪出生在这里。

岳府遗址

今天，城内居民仍把此处叫岳家巷子。20世纪七八十年代，人们在此平整地基盖房时，在地下一米多深处挖出部分烧焦的木椽、柱顶石、大方砖、琉璃瓦等清代早期建筑物，有人还捡到了清康熙、乾隆通宝、银圆、铜钱……清康熙五十二年（1713年），岳钟琪家族入籍四川后，岳府留有看守人员。雍正时，岳钟琪被消官夺爵、贬为庶人，永泰城内岳府很可能遭到了抄封。当时城内的百姓都害怕清政府残酷的株连罪，不敢到岳府进出串门，从此，门庭冷落。随着时间的流逝，岳府逐渐变成了一座无人问津的荒宅，最后很可能因一场火灾而变成了废墟……

第六节　岳家坟嶂

岳家坟嶂（掌）是清宁远大将军岳钟琪的祖冢。地处寺滩乡永泰村西南奎龙山臭泥沟冲积坡塬地带，距永泰古城约2.5公里，东临官草沟门户摇鼓台，西接寿鹿山屏障令箭山，南依奎龙山，北连永泰川。这里地势高阔，空气清新，土壤肥沃，植被茂密。由于这里土壤表层质地发白，远远望去，

岳家坟嶂

奎龙山脚下东西山丘一片白色，邑人唤此处为白土梁。此坟地酷似从奎龙山脚下伸出的一只手掌，故当地人又称之为"岳家坟掌"。据《重修皋兰县志》载："宁远大将军川陕总督岳钟琪祖墓在寿鹿山。"清光绪年间本邑文生李国华、武绳祖等编著的《皋兰县红水分县采访事略》所载"岳襄勤公祖冢地在白土梁岳家坟嶂，距永城五里之遥"。据景泰县芦阳、正路等地现遗存的《岳氏宗谱世系图考》所载：岳钟琪高祖岳仲武"公卒，厝于永泰堡臭泥井奎龙山之阳"，正是此地。《皋兰县红水分县采访事略》所载：此坟嶂葬有一世仲武公夫妇，二世文奎公夫妇，三世岳镇邦，四世岳钟琪生母王氏太君。但从坟地现状察看，此处实葬岳氏先祖六代（六排），共十七座墓冢。历经了三百多年的沧桑岁月，由于风雨侵蚀和人为破坏，墓地已土圮坑塌，碑石无存，然遗风犹存。特别是一世仲武公之墓高大圆隆，突出地面一米以上……秋风瑟瑟，野草萋萋，昔日墓地的石人、石马、牌坊、碑壁……恍若眼前，"鄂王坟上草离离，秋日荒凉石兽威"的伤感之情油然而生。

据乾隆年间本邑文生林得时在《皋兰县旧志》中所载：雍正二年（1724年），宁远大将军岳钟琪归里祀祖，在岳家坟嶂为其高、曾、祖及生母王氏太君四代先祖勒石立碑，其碑石如下：

第九章 永泰城岳氏家族

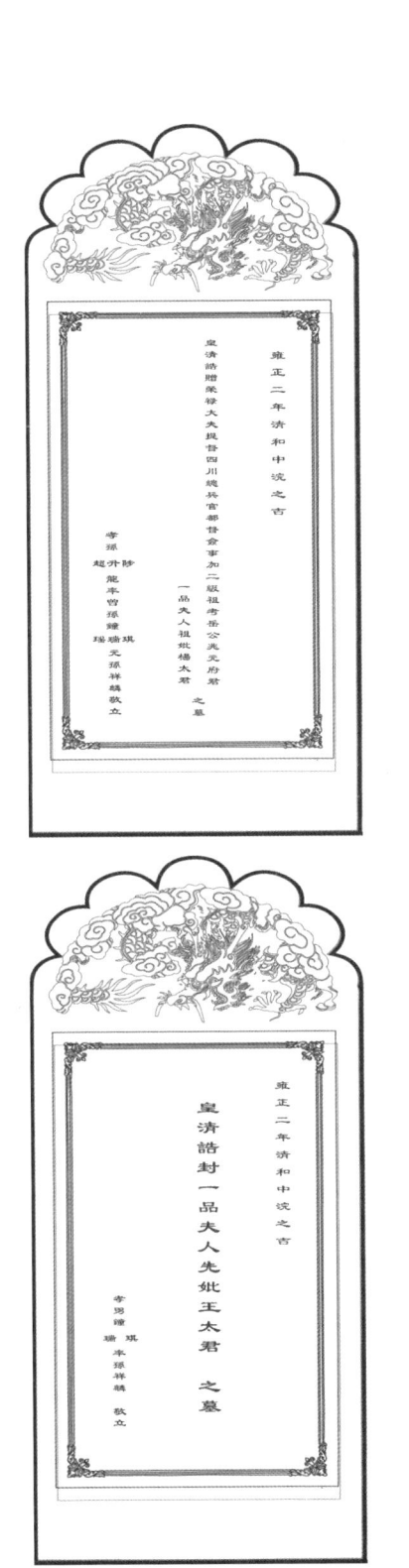

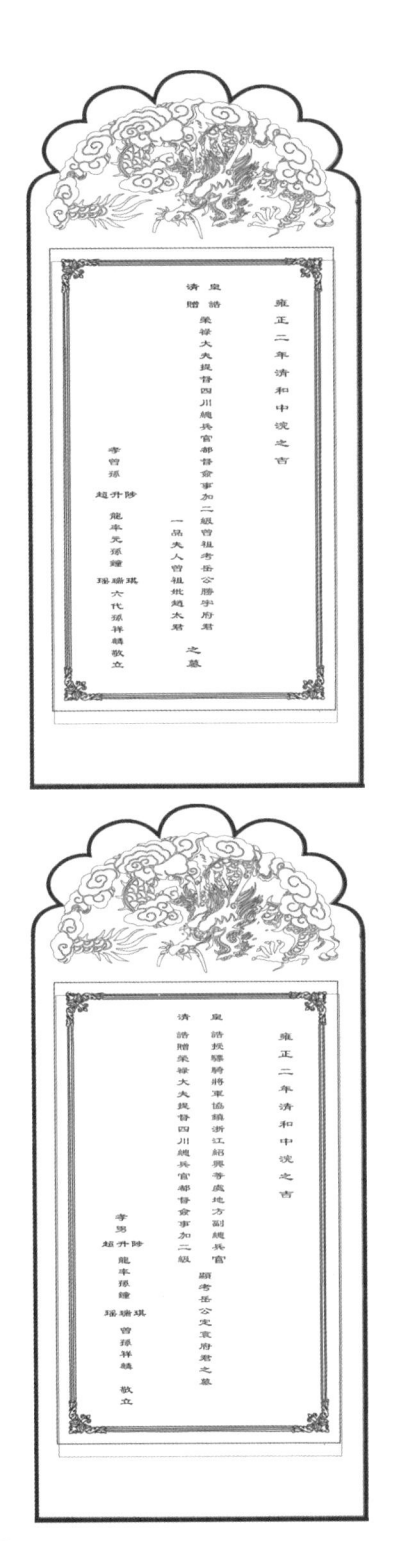

雍正二年清和中浣之吉

皇清誥贈榮禄大夫提督四川總兵官都督僉事加二級曾祖考岳公勝字府君
一品夫人曾祖妣趙太君 之墓

孝曾孫 超
升 陞
龍 年 孫 瑞
芝孫 瑞 珙
璃 六代孫 祥 瑞 敬立

雍正二年清和中浣之吉

皇清誥贈榮禄大夫提督四川總兵官都督僉事加二級祖考岳公夫先府君
一品夫人祖妣楊太君 之墓

孝孫 升 陞
龍 年 曾孫 瑞
瑞 无孫 祥 瑞 敬立

雍正二年清和中浣之吉

皇清誥授驃騎將軍協鎮浙江紹興等處地方副總兵官 顯考岳公文友翕府君之墓
清誥贈榮禄大夫提督四川總兵官都督僉事加二級

孝男 升 陞
超 龍 年 孫 瑞
瑤 珙 曾孫 祥 瑞 敬立

雍正二年清和中浣之吉

皇清誥封一品夫人先妣王太君 之墓

孝男 陞 珙
超 龍 年 孫 祥
瑤 瑞 瑞 敬立

岳家先祖碑石

另外,《皋兰县旧志》《皋兰县红水分县采访事略》所载:"原任四川总兵官岳公镇国墓冢在永泰城南一里旧城(老虎城)东。"生时举官他乡,殁后归葬桑梓,乡愁浓浓,故土情深。

奎龙山

云横寿鹿八景奇,山川瑞气曾钟斯。三百多年来,各种扑朔迷离的传奇传说一直笼罩着岳家坟嶂,什么老道赶龙、白虎显灵、鸦蛇嬉舞、海市蜃楼……闻所未闻,听所未听,耐人追寻。永泰城里的老人们说:每年农历二月二的清晨,这里能听到龙吟声;清明时节,夜深人静,奎龙山麓有战马嘶鸣声;中秋前后,天朗气清,躺在坟嶂上能看到滔滔黄河……还传闻墓地埋有金银珍宝、奇书宝剑等。

吴宫花草埋幽径,晋代衣冠成古丘。昔日气吞万里的英雄豪杰连同他们的丰功伟绩,已被淹埋在岁月的尘埃中……满地的山花野草,散发出淡淡的馨香,"吱——吱——"的鸣蝉似乎在呼唤消失的边陲风云。

第十章　永泰城周边概况

第一节　山岳林地

1.山岳：永泰城南曰寿鹿山，距城4公里；北曰北礤山，距城13公里；东曰龙头岘，距城30公里；西曰双东墩山，距城7.5公里；东南龙沙岘，距城1.5公里；西南煤沟山，距城2.5公里；东北独善山，距城10公里；西北陈家疃庄梁，距城4公里。

2.沙河：永泰城东南教场（大石头）沙河，常有细流；西南老虎沟沙河（大沙河），掘出泉水；西官草沟沙河（小沙河）、双墩沙河，俱有小水，北大沙河、东北横沙河，俱无水。

3.林木：永泰城南自东向西一带山脉分别是老爷山、老虎山、黑水山、寿鹿山、双墩山、单墩山、宽沟山等，有大片原始森林，自落自生，不用人力培植，森林茂密，难计其数，其他民间栽种护养，不过榆、杨、柳、杏而已。

第二节　所属村里

1.上半堡村里：井子川距永泰城7.5公里；喜（西）芨水距永泰城15公里；东南牙石头距永泰城3公里；骟马沟距永泰城7.5公里；红沟距永泰城15公里；小马莲水距永泰城25公里；大马莲水距永泰城28公里。

正南大庄、西沟、崔家墩、任家塌,各距永泰城4公里;柱子拉牌距永泰城25公里;西南老虎沟、曾家庄距永泰城4公里;李家庄、炭窑沟、马圈沟各距永泰城5公里;朱家庄、陈家庄各距永泰城10公里;余家台子距永泰城12.5公里。

西南煤沟子距永泰城3公里;官草满沟上下庄距永泰城3.5至4公里;正西陈家疃庄距永泰城6公里;耿家墩距永泰城7公里;双墩子距永泰城7.5公里;正北二墩子、刘家川、周家庄,各距永泰城7.5公里;沙河墩距永泰城12.5公里;寺儿滩距永城15公里。以上各村共男女6721口人。

2.下半堡村里:东赵家井(今赵家水)距永泰城30公里;野狐水距永泰城25公里;中头泉(今中泉中庄村)距永泰城45公里;东南福禄水距永泰城35公里;大拉牌(今大安村)距永泰城35公里;阴窊山、灰圈(今喜泉镇中心村)各距永泰城42.5公里;白坡子(今属皋兰县)、三台井各距永泰城60公里。以上各村共男女1928口人。

以上数据录自《皋兰县红水分县采访事略》,均为清光绪三十二年(1906年)红水分县官方统计数据。

第三节　坟地墓冢

坟墓是中国传统殡葬礼仪中墓葬形式的重要组成部分,坟墓被看作是人生的最后归宿。所以中国人"入土为安"的理念根深蒂固,而汉字中"墓""坟""茔"三个字真切地反映了这一习俗。《说文》:"墓,墓丘也。从土莫声。""坟,墓也。从土贲声。""茔,墓地。从土,营省,亦声。"从字形分析,三字都与土葬有关。《礼记·檀弓》记载:"孔子曰:'古者墓而不坟。'"由此可见,虽然都指墓穴,"墓""坟"是有所区别的。"土之高者曰坟,葬而无坟谓之墓。"据《史记》《汉书》等文献记载,东周以前的墓葬是"墓而不坟"的,墓而坟是由春秋时期的孔子开始的。

在封建社会的礼教中丧葬实际是被分为三六九等的,其身后各自之坟墓自然也被划分为不同的等级。大体等级的划分为：圣人坟墓称"林"；帝王坟墓称"陵"；贵族坟墓称"冢"；一般官员或富人称"墓"；平民百姓称"坟"。在同一系列之内，亦有严格的等级区分，主要是体现在坟墓的方位方向、顺序排列、形制大小、规格高低及装饰等方面。一般情况下后代不能超越先祖、职级低的官员不能超越比自己职级高的官员。

永泰城是明末清初兰州以北较为集中的移民屯田聚集区之一。四百多年来，大部分永泰人都离开了古城。但是，他们的祖坟都留在了永泰。今天的永泰城周边，坟冢连片，古墓成群。新中国成立前，永泰城居民的坟墓基本上都埋葬在自家的田间川滩内，城西南的白土梁东端一带是公共墓地，无地的贫困人家在此埋葬。如：李万疆家族的坟墓大部分埋葬在永泰川沙河墩李家庄子一带；闫邦奇家族的坟墓大部分埋葬在永泰川闫家大庄子一带；余麟家族的坟墓大部分埋葬在骟马沟和永泰川余家庄子一带；张国玉家族的坟墓大部分埋葬在城南大墩滩一带；李国珠、李国玉家族的坟墓大部分埋葬在城南黄焦泥沟口一带；马行健家族的坟墓大部分埋葬在城南老虎城一带；白应珍家族的坟墓大部分埋葬在永泰川白家庄子、寺滩村北磜山附近……除此之外，据《皋兰县旧志》《皋兰县红水分县采访事略》所载：岳襄勤公（清宁远大将军岳钟琪）祖冢地在白土梁岳家坟嶂（掌）（距永泰城七里之遥），地处永泰城西南奎龙山臭泥沟冲积坡塬地带，东临老虎山主峰马茨疝，西接寿鹿山屏障令箭山，南依奎龙山，北连永泰川。这里地势高阔，空气清新，土壤肥沃，植被茂密。由于此处土壤表层质地发白，远远望去，奎龙山脚下东西山丘一片白色，所以当地人又称此处为白土梁。据《重修皋兰县志》和景泰县现遗存的《岳氏宗谱世系图考》所载，岳钟琪高祖岳仲武"公卒，厝于永泰堡臭泥井奎龙山之阳"，正是此地。《皋兰县红水分县采访事略》所载：此坟嶂葬有一世仲武公夫妇，二世文奎公夫妇，三世岳镇邦，四世岳钟琪生母王氏太君。

明威将军魏明宇墓地在城南大墩滩（距永泰城二里许）。

总兵官岳镇国墓地在永泰城南一里老虎城东。

张武略将军墓地在永泰城南郭外用汲海(大涝坝)东。

魏明宇将军墓地(明代)

第十一章　永泰城旅游文化资源

文化旅游是指以文化为核心吸引力和内在价值依托,在食、住、行、游、购、娱等旅游要素中贯穿文化内在价值体验的旅游活动。从旅游开发的角度出发,凡是依托文化作为核心资源进行打造的旅游项目都属于文化旅游项目;从旅游者的角度出发,文化旅游是给游客带来特定文化和文化环境氛围的观赏、感受及生活方式体验的旅游经历。近年来,随着我国旅游产业的升级和国家关于旅游和文化产业发展系列政策的相继出台,文化旅游迅速成为文化圈和旅游圈最火热的词,各地文化旅游项目方兴未艾。随着国民素质的全面提升,人们对旅游产品的文化需求也在不断升级。因此,文化旅游作为一种具有深度体验性的旅游方式,必将成为未来旅游的主角。

永泰城地处丝绸之路交通要道重点地段,旅游资源丰富,文化底蕴厚重。永泰城一线的旅游文化资源可以简要地概括为"一山两城,一路一川一名将"。一山即寿鹿山,两城为永泰城、宽沟城;一路系丝绸北路,一川是永泰川,一名将乃清宁远大将军岳钟琪。闲暇之日,你可以信步来到永泰城下,静静地体味这里的丝路文化、寿鹿文化、边塞文化、红色文化交响乐的趣味与真谛。

第一节 寿鹿山

寿鹿山史称松山(大松山),又名老爷山、太平山、柳树岘等,平均海拔2833米,其主峰即最高峰——马茨岘(海拔3321米),距永泰城约6.5公里。老爷山位于永泰城南约8公里处。山中曾建有寺庙群,宏大雄伟,是景泰县规模最大最有名的古寺庙建筑群。据《创修红水县志》所载:寿鹿山"崇岗隐天,邓林蔽日,故老相传,本人迹不到之地,樵人以斧斤入,始见庙宇,不知何代所建,有僧偕白鹿在庙中,岁一出游。清康熙三十年(1691年)后,踪迹绝矣。土人画僧鹿于壁,因以名山。"

寿鹿山

寿鹿山秉乾坤之元气,含五行之灵光,巍峨耸峙,群峦耸秀。西连祁连余脉毛毛山,东兆黄河天险阳屲圈,北览绿洲景泰川,南依天祝松山滩,钟灵毓秀,碧波荡漾。山上殿寺掩映于苍松翠柏之中,鸟兽鸣啼于沟壑幽林之内,井子川大小凤凰山蜿蜒西去,南仰寿鹿,形成"二凤朝真"之势,历来被佛道教信徒视为修行圣地。

1954年，据县林业部门调查记录："在永泰城南涝池旁生长青海云杉5株，瞳庄村内路旁生长青海云杉7株，全部在1968年被砍伐。"这些原始森林最后的遗株是此地曾经林海沧桑的历史见证。1954年省林业调查队测算出全山乔木约3.1万亩，林木总蓄积41.44万立方米，覆盖率达50%左右。这里林木茂密、水草丰美、宜农宜牧。目前，山中有青海云杉、祁连圆柏、油松（均属珍贵树种）、侧柏、落叶松、山柳、山白杨、野榆等十多种；灌木有金蜡梅、银蜡梅、蔷薇、杜鹃、皂角等数十种；有蓁芁、血竭、赤芍、天麻、当归、玉竹、百合、甘草等数十种中药材。据永泰城生员、名中医李国华在《皋兰县红水分县采访事略》中所述，山中还有人参等名贵中药。相传山中曾有老虎，早已绝迹；金钱豹、麋鹿、豺、狼等动物在20世纪50年代逐步消失。现林中还生活着大量的香獐、猞猁、狸（野猫）等珍稀动物，栖息着苍鹰、野鸡（鹌鹑）等多种飞禽。山下贮藏着金、铜、大理石，稀有的墨玉、红宝石、钻石等矿藏。寿鹿山有广阔的草甸草场和丰沛肥沃的湿地，集乔、灌、草、药、蘑菇、山珍、飞禽、矿藏于一山，是景泰县天然的温度调节器。

寿鹿山寺庙建筑群，创建年代不详，民间相传始建于大唐贞观年间。清康熙四十八年（1709年）地震，夷为平地，至乾隆年间基本恢复。建有三皇宫、真武殿、玉皇殿、斗姥殿、三清殿、雷祖殿、十王殿、文昌宫、圣帝观音楼、灵官殿、三霄殿、大佛寺等寺庙20座及香房、廊房（做生意用房）60余间，总建筑面积4000多平方米。诸寺庙依山而筑，有八卦如意攒顶式、起脊翘角式、前后拔檐两坡出水式等，有八仙瑰宝、苍龙水兽等吉祥图案精雕细刻于门、窗、柱、脊之上……"廊腰缦回，檐牙高啄，各抱地势，钩心斗角"，结构严谨，做工精巧，蔚为壮观。

寺庙中仙佛塑像430多尊，其人物造型或瞋目，或嬉笑，或端庄，或慈祥，形态各异。比例适度，造型得体，潇洒自如，落落大方，无矫揉造作之态，有栩栩如生之感。其悬塑以山水花木见长，活灵活现，惟妙惟肖，堪称艺术之精品。

山不在高，有仙则名。寿鹿山以其古老的神话传说、悠久的文物古迹闻名遐迩。如敬德被困、祖师显灵、白鹿引路、鹿女踏雪、余道羽化、禅师圆寂等，为佛道界所推崇。寿鹿山是龙门全真教的洞天福地，佛门净土宗弘法道场，故释道为世代所传承。一代名君李世民赐匾、无敌将军敬德监修、盛唐画圣吴道子遗画……清光绪宁夏知府谢威凤手书"泽润生民"，民国书法家、甘肃省府要员裴建中亲笔"振古如兹""天日人心"等额，为灵山注入了文脉。至于一般缙绅庶民百姓祈求福祉、保佑顺昌而悬匾者更是不胜枚举。清邱兆麟、田毓彩、孙兆甲、谢威凤等文人墨客，咏"寿鹿八景"，叙怀抒情，赋诗三十余首。历代文士撰联千余副，破红尘，表虔诚。特别在每年四月初八斋醮科仪（庙会）期间，商贾云集，邻近府县的达官显贵、香客信士，游览寿鹿八景、朝拜佛真神灵、登"天梯云路"、上"崖畔虹桥"、观"风幡兆瑞"、赏"炎天飞雪"、觅"古洞仙踪"、听"夜半涛声"……香烟袅袅、梵音阵阵，信士弟子，五步一叩、十步一拜，物资交易、山货土特，琳琅满目、热闹非凡，此乃寿鹿山之胜景也！

相传，大唐贞观年间，吴国公尉迟敬德率兵西征，受阻龙沙（今永泰城一带），狩猎于柳树岇（今老爷山），见一白鹿，欲射之。鹿奔逃引尉迟恭至柳树岇山顶。鹿影恍然，见一巨石之上，端坐一须眉银发、身着白袍的老翁，鹿卧其旁。敬德知此乃世外高人，遂躬身施礼，求战胜之策。老翁默然。敬德遂许愿曰：若能指破迷津，西征得胜，当奏明圣上，在此修盖庙宇，塑造金身。老人伸出左手，露出一"火"字。敬德按其法用火攻，果然取胜。回朝后，奏明圣上，修建了老爷山庙宇群。相传，老虎沟至新墩湾的大片森林，就在当时遭此一炬，荡然无存。

1988年8月，县人大、政协组织有关文史专家和关心寿鹿山恢复建设的有志之士对寿鹿山遗址进行了考古调查，据大庄村一些知情的老者回忆说：该山原有唐代颂额两块，一块天蓝色匾为唐王所赐，因其十分珍贵，平时存放在山下崔家墩崔老爷家中。每逢四月初八庙会，由附近西沟、大庄、骗马沟诸村村民轮流往山顶寺院里护送。但因年代久远，知情者均已谢世，其内容无从考证。至于尉迟敬德监修匾，此匾无大字，全为修庙时出资助修(功德主)人员名单,最后书"尉迟恭敬德监修"七个大字(比功德主姓名稍大),匾为红底黑字,老爷山附近村庄凡七十岁以上识字者均见过。这里的匾拆庙时被骟马沟下队共抬去30多块。1986年,均被本队木匠彭某盖黑池龙王庙时做了门扇。民间还传闻,当时崔家墩崔老爷家中还藏有寿鹿山寺院镇山之宝——盛唐画圣吴道子所绘《墨龙三显图》《祖师图》两帧,今皆遗失,无从考证。

老爷山原始森林

在当地民间收集到的千余副寿鹿山寺庙的对联中,有一副以伏羲怀揣八卦、神农手拿谷穗为题,讴歌大唐江山的"太极聚中八卦现贞观盛世,谷穗点头三秋旺大唐农田"。谈及此联,老爷山庙会会长祁虎元说:据老人们相传,该联原先是木制的,挂在三皇殿门上。还有相当可惜的一件文物,当年,拆祖师殿时,红梁(中梁)和随梁中间夹的一块木板上,朱书"唐贞观X十二X三月十二日",被物探队一位工人拿去,下落不明。

(一)寺庙建筑与雕塑艺术

实地考察,寿鹿山庙宇建筑群从老爷山麓一直蜿蜒盘桓到山巅,总占地面积4000多平方米。有庙宇、道观、戏楼、厢房23座,雕塑430多尊,具体如下:

寿鹿山(老爷山)庙宇建筑群

真武殿(祖师殿):南向(丁山癸兼未丑),占地面积225平方米,整个大殿半面着地半面悬空。悬空处,上铺木板,距离地面约10米,此乃寿鹿八景之一的"崖畔虹桥",有山西大同悬空寺之风韵。前部为卷棚顶,后部为八卦攒顶式(歇山顶)建筑。双重四扇门,第一道门内,左首为壁画,右首扎梁上悬挂一口高2米、直径1米多的九耳大钟(相传为唐代所铸),声音洪亮,钟声可传至正路的峡儿水、大安的石羊沟以及25公里以外的寺滩村等地。进入第二道门为正殿,净台上主雕真武大帝坐像,身高2米左右,披头束发,左手掐诀,右手执剑,剑指乾天,目光炯炯,足踏龟蛇。其上有二龙戏珠、丹凤朝阳等悬雕。两旁有配塑:左为周公,双手捧经;右为桃花娘娘,双手捧印。其后暖阁上浮雕360位正神,混元祖师(老子)结跏趺坐于青牛之上。净台前地下圆雕2米多高的八大灵官,左为马、赵、温、岳;右为庞、刘、苟、毕(一说邓、辛、张、陶),其形态、服饰、顶戴、法器(武器)等,形神兼备、浩气凛然。其前的两根柱子上缠绕两条金龙,张牙舞爪,栩栩如生。此殿规模宏大,做工精巧,为老爷山寺庙建筑之冠。门口对联:

金阙化身佐天罡而治世

　　混元启教传万法以度人

观音楼：系背靠背悬空楼，起脊翘角式建筑，占地面积170平方米。观音殿面北（丁山癸），净台上主雕一尊笑容满面、和善慈祥，左手拿净瓶，内插绿柳枝，右手掐诀的观世音菩萨，结跏趺坐于莲台之上。其前左塑善财童子，手捧茶盘；右塑着古装武士服的护法神将韦驮，手拿金刚杵。门口对联：

　　紫竹清风生万户

　　玉瓶法水润三春

圣帝殿：面南，遗址不存，建筑面积无考。主塑赤面长须，身着绿袍，左手拂须、右手拿《春秋》的关公坐像。其前陪塑：左为关平，怀抱大印；右为周仓，双手扶青龙偃月刀，威风凛凛。门口对联：

　　万古丹心贯日月

　　千载义气表春秋

舍身崖祖师殿：建于20多米高的悬崖巨石之上。西向（酉山卯兼庚甲），占地面积17.5平方米。

舍身崖祖师殿

只有从观音楼通过"崖畔虹桥"可达祖师殿。内塑：一座巨大山崖上，结跏趺坐着身着白袍、仪容端庄的武当圣母，旁卧一只梅花鹿。崖前平台上主塑金面金身,左手正在梳头的无量祖师,满面怒气,右手指向一位穿红着绿的女郎,似在责骂;腿面放一口七星宝剑。崖下塑有不同肤色的五条龙,注目祖师。整个雕塑浑然一体,灵气十足。门口对联:

仙剑神幡长为丰年兆瑞

天梯云路愿与善士同登

斗姥殿:西北向(乾山巽兼亥巳),前后拔檐,占地面积72平方米。净台主雕在一座巨大山崖前圆盘上,跏趺坐一尊四首(正前为慈母像,三只眼睛;左首形似猪头,两牙露在外面;右首是一须发倒竖的老头像;后首看不清)八臂(两手合掌胸前,六手各拿不同法器)的先天斗姥元君像。圆盘下,把四位体格健壮的小伙子(俗称夯神)压得突眼、咧嘴、龇牙,一副无奈挣扎的模样。两边配塑:左首一尊青面獠牙,着黑绿色战袍,手拿大铃的战将;右首一尊墨面獠牙,着黑色战袍,环眼圆睁,手拿降魔杵的战将。进入此殿,给人以阴森恐怖之感。门口对联:

调元德普神恩远

保赤功深圣泽长

磨针殿:西向(酉山卯兼庚甲)。前后拔檐,板装修,占地面积63平方米。主塑:在一片山清水秀的溪山河畔,坐着一位身着蓝袍,上套花背心,白发苍苍的慈祥老太太,双手拿一根铁棒在石上磨。身旁站立一位头扎双髻、身着黄袍、背插宝剑、赤脚、躬身施礼的童子,似在询问什么。山崖上映出"铁梁磨绣针,功到自然成"字样。这是观音菩萨正在点化祖师。门口对联:

磨尽铁梁不负功夫二字

访明丹诀全凭指点一铖

文昌殿:南向(午山子兼丙壬),前后拔檐,占地面积77平方米。内塑一尊和颜悦色,身着蓝袍端坐的金面老人,俗称文昌帝君。旁塑一匹形似白骡子,但长鹿蹄子,且屁股上长眼睛,鞍鞯被包齐全的坐骑,据说此畜称"特"。门口对联:

权衡世间斯文主

执掌天下福禄神

雷祖塔：正东向，高7米，占地面积45平方米。内塑一尊三只眼、穿盔甲、右腿曲、左腿伸、右手高举金光如意的坐像，有叱咤风云之势，此乃雷祖神。旁边配塑一匹鞍鞯被包齐全的墨麒麟（据说地下原有圆雕的四位天将）。门口对联：

  总司五雷庇神州风调雨顺

  运心三界佑华夏国泰民安

灵官殿：南向（午山子兼丁癸），门上砖雕"灵官殿"三字，两檐流水。占地面积56平方米。在真武殿前坡崖下，只有通过"天梯云路"才能到达右侧砖门。殿内主塑一尊金睛朱发、赤须、凤嘴、银牙，头戴平顶盔，身穿锁子连环甲，左腿伸，右腿曲，右手高举金鞭的灵官王，有呼风唤雨之势，令人望而生畏。门口对联：

  杀气腾腾三尺金鞭诛不正

  神威赫赫一腔赤胆贯忠心

玉皇殿：南向（巳山亥兼丙壬），占地面积100平方米，正统的八卦攒顶式建筑。第一道山门为双扇门，其上砖刻"玉皇殿"三字。第二道山门为正殿四扇门，净台上主塑金面黄袍的玉皇大帝，后配塑左金童，右玉女，手执"日""月"交叉扇；地下全塑左无量、火祖，右雷祖、马祖等四大祖师；左右粉壁墙上工笔彩绘《众神扈跸图》，阵容庞大、气势威严。门口对联：

玉皇殿

道统万年功启三皇五帝

法周三界心存九谷群黎

神仙洞：大佛寺左侧下方3米多处，依山崖有砖砌圆洞门，其上砖刻"古洞胜迹"四字，另一洞口在观音楼下。

据传原洞内冷风习习、寒气逼人。民国九年（1920年）地震，洞口坍塌堵塞，人莫能进。门口对联：

神仙洞遗址

古洞千年深藏不老春色

香烟半壁酿作及时甘霖

大佛寺：西南向（丁山癸正向），占地面积140平方米。系一进两院三殿建筑。第一道为双扇山门，门内两侧各设砖房座，座内塑哼、哈两位金刚力士，一位张嘴，一位闭口而鼻孔张大。两位均环眼圆睁，上身裸露，上衣缠在腰部，手拿金刚杵，形象威猛。进入第二道四扇门，地下圆雕接引佛。从两面走廊转入后殿，主雕普贤菩萨坐像。出四扇门过第二院进入主殿，为如意攒顶式建筑。主塑释迦牟尼佛结跏趺坐于莲台之上，身披红色袈裟，笑容可掬。其左圆雕一身穿蓝袍老人；右圆雕孙大圣，跃跃欲试，形象逼真。门口对联：

虔念三南无永保一邑常清泰

诚诵万菩萨普佑四季永平安

三清殿：西南向（坤山艮兼未丑），起脊翘角式建筑，占地面积64平方米。每角挂有风铃，遇风叮当作响，悦耳中听。主雕元始天尊、灵宝天尊、道德天尊趺坐像，各自手拿不同法器，形态威严。左右墙上均为彩绘壁画。门口对联：

三清三景放三洞之祥光三阳开泰

五灵五老降五方之真炁五谷丰登

三皇宫：正北向（子山午正向），占地面积49平方米，八卦攒顶式建筑。主雕伏羲、神农、轩辕黄帝坐像。伏羲、神农头上有小角，称日月悬角，腰部至大腿裹树叶。伏羲怀抱八卦，神农手拿谷穗，轩辕身着衣冠，手拿开山斧。门口对联：

经纬旋度三皇治世江山秀

乾坤开泰百姓安居农田旺

三霄殿：西南向（申山寅兼庚甲），前后拔檐，板装修，占地面积63平方米。殿内主雕琼霄、云霄、碧霄三位娘娘，手拿笏板，端坐其上，神态肃穆，仪容端庄。门口对联：

人不论贤愚务要佳儿莫若于此后多行善事

神非无感应凡生贵子必然是累年广积阴功

十王殿：正西向（申山寅兼庚甲），前后拔檐，板装修，占地面积42平方米。殿内主雕秦广王、楚江王、五官王、阎罗王、卞城王、泰山王、都市王、平等王、转轮王、宋帝王等十殿阎君，手捧笏板，端坐其上，墙上有十殿酷刑壁画。门口对联：

作孽任世人逆理违天奸盗邪淫谁则禁

最公惟冥法褒善贬恶分厘毫忽何曾差

凌峰塔：正南向（午山子正向），六角形，高15米，建筑面积约45平方米，塔内塑像无记载。

土主庙：西南向（坤山艮兼未丑），两檐流水，占地35平方米，位于山下戏楼前南约100米处。主塑笑容满面，身着黄袍，须眉皆白，和蔼可亲，手持龙头拐杖的土主爷。两旁各配塑一位头扎双髻的侍奉童子。门口对联：

神以土名镇居中央恩广大

灵因地著普佑四季德惠宏

另外，前山东部还有三处庙宇遗址，因无记载，不知何殿。山下有两座行宫殿（俗称献殿），前后拔檐，占地约192平方米。与戏楼相对的为正殿，净台上供木制牌位，上书"鹿山有位高真之神位"，偏殿上书"本地十方诸神之位"。意为山顶诸神及各地方神看戏行宫,供年老体弱不能上山者在此朝山拜佛。

子孙宫:东向(卯山酉兼甲庚),占地面积105平方米。圆雕子孙娘娘(即送子娘娘),怀抱婴儿;痘疹娘娘,手拿净瓶;催生娘娘,右手掐卦,专心施法。墙上悬塑司马光破缸、曹冲称象等名人少年历史故事。门口对联:

稀痘疹保护赤子

充浆汁普济群生

厢房:是僧道寄居食宿之所,或香客居士临时投宿之地。山顶有厢房两处,占地面积170余平方米。其中后山僧人厢房77平方米,前山为道家厢房,今群众已集资修复。

山下行宫殿:原有四排,前两排廊房(庙会做生意用),全部为两檐流水前拔檐板装修土木结构房屋,共计459平方米。后两排厢房,占地192平方米。

戏楼:位于山脚下100米处,总面积约1200平方米,专为庙会活动而建。整体建筑为砖木结构,起脊翘角,每角挂有风铃,前设八字墙。民国时甘肃省政府要员裴建中亲书"忠孝仁爱""信义和平"八字于左右墙上,并书赠"振古如兹"匾额悬于戏楼正中。台后有化妆室,面积196平方米;戏楼院内东、南、西三面,均系板装修拔檐厢房及伙房,面积732平方米。

山门:第一道为"寿鹿山门",位置在廊房街口;第二道在土主庙东50米处,为"凌霄门";第三道"南天门"在盘山道东拐弯上侧山梁上,均为砖木结构,雕梁绣柱、气宇轩昂。

匾额:1967年,拆毁寿鹿山寺庙时,尚保留一百多块匾额。有清光绪二十二年(1896年),宁夏知府谢威凤亲书"泽润生民"匾额,保存完整;乾隆二十二年(1757年)"威灵保佑"、乾隆二十四年(1759年)"慈云普济"、咸丰二年(1852年)"文光射斗""一气成化"等九块匾额。其余"金阙化身""威灵感应""重光西教""忠义千秋""丹心贯日"等均散落民间。省府要员裴建中所书的孩童体"振古如兹""天日人心"等匾额,遗失民间,下落不明。

就其现存九块残匾看,其字迹有的圆润,有的雄浑,字体多样,古朴遒劲,均出自名家手笔,无不被视为书法之精品,文苑之瑰宝,确实值得保存研究。

为什么省府要员裴建中先生能在寿鹿山寺庙中留下如此多的墨宝呢?据考证,裴老先生与时任景泰县国民政府参议长的石凤岗先生(永泰人,前文有传)曾在省府共事,志同道合。1947年秋,应石凤岗议长邀请,裴老先生游览寿鹿山,为寿鹿山秀丽风光所陶醉,即兴挥毫,留下了墨宝。

壁画:寿鹿山寺庙壁画较多,其中以墨画山水人物为主,彩绘较少。主要有:(一)祖师殿第一道门左首壁上墨画《兴云布雨图》。画中雷公电母、风伯雨师,正在兴云布雨,雷鸣电闪。整个画面乌云密布,气势磅礴。其人物相貌奇特,半隐半现于云中,擂鼓、洒水、布云各司其职。(二)玉皇殿左右壁上彩绘《众神扈跸图》。画中文武众仙分层排列,文仙羽扇纶巾,身着宽袍大袖,双手捧笏板,相貌和善;天将有的头戴束发冠盔,有的披发,有的身着紧身短衣,有的着盔甲,穿戴各异,手中执斧、钺、剑、戟等各式武器,有的头上长角,有的长鹰嘴鹰爪且长有翅膀,有的蓝脸红发等,形象古怪。整幅画面气势威严,阵容宏大。(三)三清殿左首壁上彩画《老子西出函谷关图》。画面中隐约有一座砖砌古城。门楼高大重檐,古松奇石静立,祥云袅袅缭绕。楼前平地上,一位须发皆白,身着宽大蓝袍,手藏袖内抱于胸前,手中一白色长毛拂尘搭于右肩,结跏趺坐青牛背上的老人(此乃道教始祖老子);一位头扎双髻,身着深灰色长袍,上套蓝色无袖长背心,肩扛拐棍,上挑葫芦、背包袱的童子,跟随青牛左侧,与青牛共踏祥云向关前走来。而关前一位身着盔甲、上套战袍的武将,后面跟随两位古装女性,躬身施礼,似在迎接;在武将右侧靠后面还有一对古装男女,也在躬身抱拳施礼。此乃函谷关令尹喜在迎接老子。(四)三清殿右壁上彩绘《老子讲道德经图》。画中祥云缭绕、湖光山色。亭台楼阁前,古松、奇石、祥云、紫色栏杆围绕着的一块平地上,上铺两块方形土黄色镶蓝、绿、紫色花边的坐毯,后一毯上跏趺坐着一位须发皆白,身着土黄色蓝领道袍,双手藏于袖中抱于胸前的老人(道教始祖老子);前一块坐毯中间是太极八卦图,图正中端放一座香烟氤氲的大铜香炉,两条坐毯的左右两旁整齐地跪着身着不同颜色道袍,手藏袖内,抱于胸前,头发收于脑后,扎巾束纶的老、中、青男性道徒。此两幅壁画,人物形象逼真,艺术性很高,乃寿鹿山壁画之冠。(五)原祖师殿墙上,还画有一幅须眉皆白,身着白袍,手持龙头拐杖的老人,其身旁站立一只白色梅花鹿的壁画,据说此乃寿鹿仙翁图,是寿鹿山名的来源图,系寿鹿本土文化的首创之作。另外两侧走廊壁上还画有祖师修行等多幅典故壁画,因走廊壁上光线较暗且潮湿,到民国时,已模糊不清。

此外,在各庙门窗、梁框、檩条等处画有彩色和墨色的梅、兰、菊、竹,渔、樵、耕、读及八仙、二十四孝等典故画。总之,寿鹿山壁画集中体现了佛、道两教绘画艺术的综合特点,是寿鹿山宗教文化的一大特色。

(二)诗词序文集锦

"自然生我,我自然生。故自然者,即我之自然,岂远之哉!"人格之美与自然之美得以统一。人格美与自然美密切相关,能否领略山水之美,乃成为衡量人格境界的重要标准。不仅如此,在道学看来,自然山水又成为人借以达道的媒介。庄子认为道生万物,而万物之中,唯有未受人世污染的自然,最能体现道的本质与真美。魏晋以来,这种观念备受推崇。阮籍说:"夫山静而谷深者,自然之道也。"(《达庄论》)宗炳云:"夫圣人以神法道而贤者通,山水以形媚道而仁者乐。"(《画山水序》)山水既已成为道的一种感性形式,人只有以我之自然,面对山水之自然,才能进入物道合一、物我合一的境界。可见在人与自然审美关系建立的过程中,道学的兴盛,释道的合流,对历代文人墨客在名胜古迹即兴而作起了催化剂的作用。寿鹿山虽景泰一隅,但历来朝山云游者每每为寿鹿秀色、古刹雄姿、美丽传说所陶醉,故而倾情吟咏对唱,抒发了对寿鹿山的赞美热爱之情,凝聚形成了原生态的寿鹿文化。

(三)松山矿徒解散诗

明·郜光先

中原有芳树,日暮夜疏稀。

风雨又飘落,根株苦无依。

　　可怜茕茕鸟,忍与旧枝违。

　　栖迟偃双羽,哪知身是非。

　　日久思故林,哀哀鸣且飞。

　　沙场栖靡定,摇摇将欲归。

　　鸿雁旋中泽,安得稻粱肥。

　　暖汀育鸥鸟,饮啄自忘机。

郜光先(1533—1586),明山西长治人,字子孝,号文川,从小就十分聪明好学,为人豪爽,23岁时中举,27岁时中进士,之后从上海县知县到福建监察御史、从大理寺丞晋少卿、巡抚延绥、改左副都御史、巡抚州、辽州、保定、兼理边务。晋兵部右侍郎、总督三边军务,升尚书兼太子少保。他为政期间,威严有加、秉公办事、民无冤情。对外虏则以大义折服,不得已才出其不意制止。万历年间,郜光先来到甘肃松山矿区(今寿鹿山区)。他看到关闭不久的矿洞人走草长,一片荒凉,心中有说不尽的愁情和苦闷,挥笔写就了这首《松山矿徙解散》五言排律。

(四)寿鹿山八景诗并序

清·邱兆麟

　　寿鹿山载在邑志(《皋兰县旧志》),距省城二百余里,为皋兰县西北之一镇(时为皋兰县红水分县所辖)。相传老僧挂锡①山中,偕一白鹿,时出入茂林丰草间。久不知其所往,山因以名焉。余思奇人逸士,隐见不常。即一托迹之所,往往令人不忘。村居之暇,分为八咏,以见境之幽深应有高人特出其间。惟僧之游,失其年代,而寿鹿之名,至今传为美谈。余之此咏,亦知为吾邑傅粉,山灵必不我许。第陈、蔡②有津,或因季路③之问而显焉。后有作者,其以余咏为郭隗④可也。时道光二年⑤岁次壬午四月上浣⑥金城邱兆麟⑦兰坡氏系庚辰科贡生⑧出游寿鹿山题。

鹿山社首闫大官　陈建孝　刊

邱兆麟,字兰坡,清嘉庆年间贡生,曾任职甘州训导。晚年览游寿鹿山,兴致颇浓,遂写下讴歌此山八处奇特景观的山水诗,并为其命名。邱诗构思严谨,随类赋彩,景情理结合巧妙。八首诗所描写的均是寿鹿山的山光水色,创造出一种清新自然的意境,使人读后悠然神往,仿佛也亲自领略了其间的山水之美;同时也表现出作者沉湎于山水的生活情趣,含蓄地传达出作者爱慕美好自然、避世退隐的高洁情趣。加上邱公娴熟的艺术表现手法,绘写了一幅幅空灵疏宕、活脱逼真的画卷,让人们品尝到美与和谐、自然与情致共融的艺术韵味。

注释:

①挂锡:锡是锡杖,佛教的杖形法器,头部装有锡环。行脚僧云游各地,将杖挂于牙壁。

②陈、蔡俱为春秋时国名。

③季路:春秋下人,孔子弟子,姓仲,名由,字子路。事亲孝,性好勇,闻过则喜。

④郭隗,战国燕人。燕昭王欲得贤士,以报齐仇,隗曰:"欲得贤士,请自隗始。"昭王筑台师事之。乐毅、邹衍、剧辛等,果闻风而至。

⑤道光二年,即公元1822年(壬午)。

⑥浣,洗衣。唐代定制,官吏十天一次休息沐浴,每月分为上浣、中浣、下浣。后来借作上旬、中旬、下旬。

⑦邱兆麟,字兰坡,皋兰县人,清庚辰[嘉庆二十五年(1820年)]科贡生,曾任甘州府训导。

⑧贡生,清科举考试,低于举人、高于庠生的为贡生。

(五)邱兆麟寿鹿山八景诗

群峦耸秀

题解: 众山幽雅,而此峰特秀。

数朵祥云①天外横,溪声鸟语弄阴晴②。
闲来顿忘人间世③,别有清凉④一段情。

注释：①祥云：祥瑞之云。杜牧《长安杂题》有"祥云辉映汉宫紫，春光绣画秦川明"句。②弄阴晴：弄，戏弄。阴晴，忽阴忽晴，比喻变幻无常。③世：同"事"。④清凉：这里指心情舒畅爽快。

诗意解析：寿鹿众峰林立，景观幽雅，当时，作者登上峰巅，极目远眺，首先看见的是横亘在天际的数朵祥瑞的浮云。这句不仅从正面烘托出山之高耸，只有在高处才会收览被群嶂阻隔的天外之云，还为诗末抒发情感埋下伏笔。远眺云空，虽给人以豁达神怡的感觉，但毕竟缥缈虚幻。作者回首环顾身边，溪水潺潺、花香鸟语、阴晴变化无常，心情尤为激动。这里句中一个"弄"字极工，将"溪声""鸟语"双重人格化，给寂静的山野注入了活力。这种虚实、静动结合写景的手法，具有柔刚相间的审美情趣。后两句集中抒情，作者品味美好的胜景，自然进入"无我之境"。人世间的那些荣辱、恩怨，立刻化为乌有，忘得一干二净，随之生出的是一段清爽安谧、悠然自得的情愫。诗歌是形象思维，但不排除某些抽象思维。作者由直觉进入幻觉境界，往往会流露出些理性意念。这些理性意念，恰恰是实写的补充，从而使诗歌的意境更深厚，艺术感染力更强。

崖畔虹桥

题解：山有巨石，高数十丈，上建真武殿，边设木桥，迂回而上，才能达顶，在其下举目仰视，如虹桥在空中。

忽见云外落长虹，半压苍苔①半接空。

雨后雌雄②谁辨得，蝇蜷③碧彩挂青枫④。

注释：①苍苔：生长在阴湿岩石上的青绿色藻类植物。②雌雄：这里意指力争高低。③蜷：通"连蜷"，弯曲状。④青枫：指生长有青绿色草木的山崖。由于崖顶松木常有露水，阳光照射其上呈紫红色，因谓之"青枫"。

诗意解析：本首诗用浓墨淡彩绘写出悬挂于寿鹿山真武殿崖畔的登山木桥的壮丽景观。诗人攀越千重峰峦，忽然看见山崖上有一座木桥迂回而上，直达崖顶，犹如天际云外降落下的长长的彩虹，雄伟异常。虹桥一端低压在长满青绿色苔藓的岩石上,另一端跟无垠的高空续接。诗歌写登山木桥,而用"长虹"起兴,比喻其凌空之势。用夸张手法,"云外落",极言虹桥险拔的气势。它和唐诗中的"遥空秋雁灭,半岭暮云长"可谓异曲同工。这里一个"落"字,透露了诗人对意外之景所产生的惊叹之情。下句中的"压"字,又将这一情感推向高潮。"雨后雌雄谁辨得",紧承上句。虹桥上接苍宇,下压苍苔,是与天公争高低,有谁能对它们作出评判呢!"雨后"并非实写。诗中由"桥"引出"虹",再由"虹"的出现,题写"雨后",是一种审美移情法,由一物联想起另一物,达到缘情于景的目的。诗歌末了用碧色彩练悬挂于长满青绿色草木的高崖上,回应开首,比喻贴切生动。不仅使诗歌首尾圆合,且设色重绘,使虹桥的形象更为壮丽迷人。这首诗值得注意的一点是:诗人旨在写崖之悬桥,但全诗并未提及一个"桥"字,却用"长虹""碧彩"作比,并采用"回荡"表情,像春蚕抽丝,丝丝缕缕地表情达意,值得借鉴。

天梯云路

题解: 欲上山顶真武殿,必须乘石级数百蹬,高似天梯,如登云路。

崎岖嵼嵲①水云深,会有钟声度远岑②。

为觅鲸音③凌绝顶,回看百折已千寻。

注释: ①嵼嵲:山势高峻。②远岑:远方小而高的山峰。③鲸音:钟声。元诗有"鲸音历历似秋清"句。④百折已千寻:意为经历重重险阻挫折后,到达千丈山崖。千寻,古代八尺为一"寻"。千寻,言山极高。

诗意解析: 这首诗写作者登上真武殿的观感。作者未直写攀登之艰,而采用含蓄蕴藉之手法,婉转加以表现。首句写在山路陡峭、群峰高耸的山崖中,水雾重重,深不可测。至此,产生遐思,殿在哪里?是否埋藏在深深的水云中,这同宋画里"深山藏古寺"一样,加深了作品的意境。唐诗有"云千重水千重,身在千重云水中"句,同属一种写法。接着用通感将视觉和听觉结合起来,未睹其物,先闻其声。诗人正在迷惑不定中,忽然,远处山中传来阵阵悦耳的钟声,谜底似解,有钟声就有古寺。因此,诗人信心倍增,遂循越来越响亮的钟声攀缘而上,终凌绝顶,殿堂找到了,至此境界全出。然而,回过头来,可看初登时,援崖越壑战胜重重险阻,最后到达千丈绝顶,似乎产生了一点后怕心理。诗的结尾处,虽在抒情,但包容了理趣:要达到预定目标,实现一定理想,并非一帆风顺的事情,必须经历千辛万苦,付出许多代价才行。因此,这首绝句,状景时,将情与理结合起来,给人以启迪。与王安石《游褒禅山记》所追寻的哲理有相似之处。

风幡兆瑞

题解:庙旁竖立一木杆,高百尺,每年阴历三月三日、四月八日系长幡于其上,任风卷舒,如绾结则是丰年,否则歉岁。

长幡①缥缈②石坛风,习习③泠泠④左右冲。

舒卷凭谁开与结,村农曾此庆年丰。

注释:①幡:窄长的旗子。②缥缈:隐隐约约,忽隐忽现。③习习:形容微风轻吹。④泠泠:清凉状。

诗意解析:这是一首写农情民俗的诗。先前每逢四月八寿鹿山庙会,周围村民纷纷上山观赏风幡。由于场面热闹,被视为寿鹿八景之一。庙旁巨大的石坛上竖立数丈高杆,长幡升至杆端迎风舒卷,以卜瑞年。诗人未写升幡仪式,只写幡随风卷舒的情况,先明写风,用"习习"言风速之慢,说明为微风,又用"泠泠"形容风之清凉。微风怎么有清凉之感?由于人在高巅,"高处不胜寒",足见作者用词之精当。"左右"是两个方位名词的使动用法,清风不停吹来,使高杆上的长幡,一会儿冲向左,一会儿冲向右。按民俗,长幡飘动如绾结者为丰年,否则歉收。然如是,诗人心中顿生疑团,旗子的绾结与否,只可凭借风力,村民们何以用这种自然现象去占卜年景的否泰呢?这首诗,文笔恬淡自然,但却有情致。恬淡并非淡而无味,只是将深厚的感情和丰富的思想用朴素的语言说出来。晋代陶潜和唐代的白居易等,写诗都自然朴实且有思致,他们的作品语言,不做作,不雕饰,不尚辞藻,力求练达,如王安石所说,"看似寻常最奇崛,成如容易却艰辛"。这首诗没有华丽的词语,特别是结尾两句,用了类似议论中的反诘语气,后又自解,明白而又深刻地道出,为何以风幡兆瑞,人应该自己把握自己的命运,这就是诗作的理趣所在。

古洞仙踪

题解: 崖有古洞,相传仙人曾居于此。

窈窕①山阿②若有人,云消雨霁③认前因。

为看鹿女④踏花迹,想见当年不染尘。

注释: ①窈窕:形容山峰深邃幽远。②山阿:山中弯曲处。③云消雨霁:云散雨停,天放晴。④鹿女:佛经传说,南窟仙人见一鹿产下女子,便收养起来,至成人,鹿女唯脚似鹿。一日鹿女去北窟取火,只见行踪皆为莲花。王维《游感化寺》有"雁王衔果献,鹿女踏花行"句。

诗意解析: 历代文人墨客,有不少借写仙人以抒怀的诗作。如唐代李商隐借写嫦娥悔偷灵药抒发胸中郁结已久的愁绪和孤寂感。本诗从寿鹿山古洞传说写起,通过对仙人鹿女足踏莲花而不染俗尘的追忆,抒发了作者不愿与世俗同流合污的志向。

刘禹锡在《陋室铭》中写道"山不在高,有仙则名",寿鹿古洞仙踪处于崇山峻岭、崎岖嶙峋之间,诗人对此有一种异乎寻常之感,感觉像有仙人居住此洞,于是产生了寻觅仙踪的意念。寿鹿山阴凉潮湿,常有雨露烟岚弥漫。欲见鹿女踏花的行迹,须到云散雨停天放晴时。"认前因",即认辨从前关于鹿女行踪的事因。"鹿女踏花"为神话传说,是虚幻的东西,但由此留给后人的不是那段佳话,而在"不染尘",鹿女为不染尘而踏花,正是作者追求的最高思想境界。作者生前曾任甘州训导要职,在贿赂公行、世态炎凉的当时,能有"出污泥而不染"的超脱世俗之感,具有积极的思想意义。

石泉泻玉

题解: 泉自石中出,湍急下流,潆洄清澈。

嵯峨①石隙泻珑玲②，戛③玉敲金响未停。

瞥见青光④才过眼，一行界断⑤碧螺青⑥。

注释：①嵯峨：山势高峻。②珑玲：岩石撞击发出的声音。这里比喻石隙泻流的清脆的响声。③戛：轻击。④青光：耀眼的光彩。⑤界断：分割绝断。⑥螺青：指颜色，青褐色。陆游《快晴》中有"瓦屋螺青披屋出，锦江鸭绿抱山来"句。

诗意释析：这是一首优美的写景诗。"石泉泻玉"为寿鹿山最引人注目的景观之一。山涧溪流从高峻的岩隙里喷涌而出，流泻峰下，拍击着岩壁和碎石，发出击玉撞金般的声响，清脆悦耳，扣人心弦。泉流溅起的水花，放射出清亮耀眼的光彩。亮光很快从眼边闪过，像利剑将巨大的青褐色岩石劈断分开，怎能不叫人惊心动魄呢？唐代徐凝咏《庐山瀑布》中的"万古常疑白练飞，一条界破青山色"之所以成为佳句，就是根据物象特征，运用了鲜明生动的比喻而不落俗套。诗人写山涧流水的情状时抓住水声和水光的特点，运用夸张比喻的手法，"状难写之景如在眼前"，给人以身临其境的感觉。末了一句，气势宏大，寓不尽之意于言外。

诗人写真景，伴之以真情，所以意境就深厚。王国维说，"能写真景物、真情感者，谓之有境界"。艺术的境界是情与景的融合。本诗情语与景语结合得淋漓尽致，因此，读来具有强烈的感染力。

夜半涛声

题解：每当夜静风来，松声如涛，扣人心弦，令人神往。

一到招提①俗虑②删，尤宜夜半听潺湲③。

忽然四面涛声起，尽在千岩万壑间。

注释：①招提：梵语。原意为四方，这里指寺院。杜甫《游龙门奉先寺》有"已从招提游，更宿招提境"句。②俗虑：尘俗平庸之想法。③潺湲：水缓缓流动状。

诗意解析：寿鹿诸峰草木岑蔚,景色宜人。作者一登上山顶古寺,人世间一切尘俗杂念似乎全都除去了,进入"无我"的宁静世界。在这个境界里,最适宜半夜聆听洞水缓缓流动所产生的似散玉弄琴的悦耳声响,美不胜收。诗人在这里使用照应手法,以静衬动。古刹的静谧使诗人内心世界变得安宁,水流的声响,这种柔美又给诗人以快慰,"山木静,水流则动"。水流的照应,使寂静的山也活起来,具有了和人一样的生命力。接着用层递手法,从潺潺的流水声,进而写四面乍起的松涛声。无风则水声泠泠,来风则涛声四起,这时千岩万壑响声连成一片,震耳欲聋。

诗歌由初至寺中的神定,写到柔和悦耳的水声;再由水声写到突然来临的巨大松涛声,层层递进,深沉而不刻露。须注意的是,作者写古刹也好,写夜闻水声也好,都是为了衬托这里此起彼伏的涛声,从而表现出对大自然那种阳刚之美的赞叹之情。

炎天飞雪

题解：山幽僻高寒,虽当盛暑,雨天犹即飞雪。

纷纷六出①降琼瑶②,不必互寒始见飘。

正值炎蒸③三伏热,一声雷雨遍山椒④。

注释：①六出:指雪花,因雪花结晶为六角形。《韩诗外传》云:"凡草木花多五出,雪花独六出。"②琼瑶:美玉;这里比喻白玉般的雪花。③炎蒸:"蒸"又作"丞",酷暑,炎热。白居易《寄微之》有"莫嫌冷落抛闲地,犹胜炎蒸卧瘴乡"句。④山椒:山顶,山腰。

诗意解析：飞雪与严寒结伴而现,"天涯霜雪霁寒宵"。但寿鹿山炎蒸飞雪,实属罕见。正当三伏酷暑天气,一阵雷雨从山陵掠过,这时奇异的景观出现了。山上像白玉般的雪花纷纷飘落而下,可谁也不觉得寒冷。雪花飘飘不觉寒,是这里特殊地势的产物。

作者写炎天飞雪,用词十分考究,一般写雪花用"鹅毛""席片""花絮"等类比,这里却用"六出"起兴,用"琼瑶"摹状。"琼瑶"是晶体状,并非松软之物,用此比喻雪花虽色泽吻合而质地不同。作者为何如是写雪花,后句就有交代。"三伏热"天,一阵雷雨洒向山顶,细小的雨丝受高山风寒的侵袭,形成碎小的晶体状雪花,自然不会有寒冬雪花的松软感,用琼瑶类比是极为恰当的。这样写不仅有真实感,也具有一定的哲理性和情趣。

(六)孙兆甲"寿鹿山八景诗"评析

孙兆甲,清道光年间学者,曾游寿鹿山,欣然咏写出"寿鹿山八景诗"。孙诗以追求恬淡旷远、自然朴实的风格见长。他的诗作多用白描手法,赋、比、兴得当,往往借景物事象典故,创造出适合主体情思的意境。结构精心,纵横得体,写事咏物,跌宕多姿,萧疏明朗。

群峦耸秀

灵岩①四面叠屏风,揖岫襟峦②景未穷。

万笏③朝天应似此,漫将胜景诩吴中④。

注释:①灵岩:超逸灵秀的山岩。②揖岫襟峦:像用双手拱起的沟壑,像衣襟般狭长的山峦。③笏:古朝会时所执手板。④诩吴中:诩,夸论。吴中,地名,今江苏吴县。春秋为吴国都,称吴中。史载,项梁杀人,曾与籍(项羽)避仇于吴中名山。

诗意解析:空荡灵秀的寿鹿群峰,像从四面折叠起来的巨大屏风。那些拱起的沟壑和扁平狭长的岩峦,景观奇异,变幻无穷。这两句白描勾勒出寿鹿山莽莽雄浑的气势。先用一个"灵"字,点出群峦的钟灵毓秀,接着以"屏风""揖岫""襟峦",一暗两明之比喻,生动形象地描摹出山势的走向和山形的变化。三句又用"万笏朝天",喻众多山峰陡峭、高插青冥的情景。如果说前两句从横向写寿鹿山的外貌,那么,此句则是从纵向上写寿鹿山的。前者在于表现群山连绵、景观奇特,后者则突出众峰林立、劲拔耸秀。末句诗人用古代项梁、项羽暂避吴中险崖的故事,加以烘托,为灵岩抹上传奇色彩,并借以抒发自己对名山景仰之情。本诗虽未随类赋色、泼墨渲染,但淡泊中能给人以奇险秀丽的感受。

崖畔虹桥

峭壁横分势极天①,晴虹斜界②断仍连。

人行弓上频挥手,直到青云稳着鞭③。

注释:①势极天:极,远。山势直达高远的天际。②斜界:横斜地搭界。③稳着鞭:着鞭,催马向前,这里意为稳步前行。

诗意解析:诗的一、二句,极写虹桥横空架起之势。陡峭的崖壁横分两段,势切云天,晴空中的虹桥从这里斜压过来,将它们连接起来。"势极天",极其夸张地写出崖畔高耸云端的气势,"断仍连"表明虹桥横空凌压的雄姿。这两句为景语,写眼前所睹实景。后两句写登临虹桥的感受,为抒情。人行走在虹桥上,犹如步履于弓背,手臂不停地摇动,以保持身体平衡,直到桥崖相切处,才放慢脚步,平稳前行。"人行弓上"为暗喻,形象地说明履行虹桥的艰难。整篇诗,从虹桥的出现,到人行桥上的感受,都围绕一个"险"字着笔,给人以惊心动魄之感。

天梯云路

远嶂高擎十二鬟①,截然一径袅云②间。

休言仙路无人到,万丈天梯尚可攀。

注释:①十二鬟:鬟,喻山形。十二鬟,即十二处山峰。古诗有"世外空青秋一色,窗中远黛晓千鬟"句:②袅云:柔弱、缭绕的白云。

诗意释析:这首诗采用即景抒情法,先状景,后缘景抒情。远处屏障般的山崖,高高擎起十二座巍峨矗立的山峰。山峰上一条界限分明的登山之路,直达那片柔弱飘浮的白云中。这两句写实景。"远嶂高擎十二鬟",是以物拟物,使静山充满活力。二句用夸张手法,表明山路之高险。这里用"袅云"衬托山路,犹如李白名句"蜀道之难,难于上青天",使人自然产生攀登极险的感觉。三、四句抒情。不要说那缥缈的仙路无人能到,即使万丈天梯,只要有勇气、有毅力,也可攀登上去。这里,诗人正视逆境,敢于藐视困难,决心战胜千难万险到达目的地的精神,正是这首诗所要表达的积极思想意义。

古洞仙踪

老衲①高风未可亲,荒山古洞自成尘。

武陵②人去桃花尽,谷口③空悬郑子真④。

注释:①老衲:老僧。②武陵:地名,汉置武陵郡。③谷口:地名。④郑子真:汉郑子真隐居于谷口,大将军王凤礼聘之不应,耕于岩崖下,后人称谷口子真不屈意志。杜甫有"自是秦楼压郑谷。时闻杂佩声珊珊"句。

诗意释析:这首诗采用化实为虚的写法,即化景物为情思、寄托作者特定思绪的写法。先写林崖古寺中的老僧,由老僧高卓风范得令人亲近,现出荒山古洞,传说中荒山古洞里的仙人,恐怕已经化为尘迹了。古仙已去,寺中老衲尚健在,又何必为那些虚幻的东西自寻烦恼。接着由此联想起两则典故,佐证深化自己的情思。晋人陶渊明虚构出令人神往的世外桃源,那境界使不少人乐道陶醉,但桃花最终随水流逝,武陵人不得不离开这里。另外传说汉武帝时,士人郑子真隐居于谷口不出,以示其桀骜不屈的风骨。随着历史的流逝,郑子真也不复存在,只留下他当年避居的幽洞空悬在那里,难道不令人深思吗?诗人从眼前老衲和古洞有关仙人的传说,联想到历史上郑子真避居谷口和武陵人隐匿桃花源的故事,都是一实一虚,对比鲜明,处理手法十分巧妙,值得学习。

风幡兆瑞

为让三空①奏梵音②,长幡一柱倚禅林③。

至今瑞应犹如昔,野老争看化后金。

注释:①三空:佛教以须弥山为中心,组成小大千世界、中大千世界和大大千世界,称之为"三千空界"。②梵音:诵经声。唐诗有"萝幌栖禅影,松门听梵音"句。③禅林:佛教寺院多建于山林,称禅林。④化后金:化,烧,即烧黄纸钱。

诗意释析:为让"三空"普降瑞气,赐福万民,僧人们发出琅琅的诵经声。崖林寺旁竖立起一根顶系风幡的长杆,以观征兆。这是寿鹿山往昔特有的祭仪。而今这里祥瑞之气如同往年,村民们争先恐后地为上苍焚香化纸。本诗采用赋陈手法,铺采摛文,体物写志。看起来如同叙事诗,作者未明显吐露自己的情感,实际上情寓于物,物以情观。作者同情野老村民的善良愿望,但对其落后的举动,字里行间似透露出一些批判迹象。铺陈虽没有多少描写、渲染之处,但须讲究文采,不能淡而无味,变成一杯白开水。

石泉漱玉

泓泉①百道势回萦②,石际遥倾漱玉③声。

但愿坚心同白水④,出山长似在小清⑤。

注释: ①泓泉:清澈的泉流。②回萦:回转环绕。③漱玉,即漱石,流水冲洗着山石。④白水:意为守心不移,志向不改变。⑤小清:即小青,古婢女多穿青色衣服,很好看。这里喻碧青色的细流。

诗意解析: 这首诗写山涧溪流倒泻的情景。开头两句为实景:一道道山涧溪流回转环绕,从高远的石隙中倾泻而下,冲洗着山石,发出动听的声响。先写山溪交错竞流的情景,"百道"言其多,说明水流"回萦"之势;后写溪流从石隙泻下的情景。"漱石"一语,既表现出下泻溪流不断冲刷山石使山石变得翠玉般晶莹,又透露出水冲山石发出的悦耳声响。这两句写得逼真形象,有画意。诗的后两句是咏物,借以言情、穷理。诗人由石泉"漱玉"产生情思:但愿人们追求理想的志向,同溪流中的山石一样,牢不可摧,品格、心理同涓涓细流一样纯洁而长青。由于诗人抓住了体物之妙,写物把自己的人格思想也融于景物之中,为诗作注入了丰富的内涵,从而增强了诗歌的感染力。

夜半涛声

忽听风涛半岭鸣,宛如河势依山倾。

松排①峭壁千重翠,却向中宵②作雨声。

注释: ①排:推移、压倒。②中宵:半夜。

诗意解析: 这首写夜半涛声的诗,文字恬淡、自然、无华,但情思变化跌宕有致,有龙卧虎跃之势。开头平中寓奇。寄宿山寺,半夜里,忽然听到山腰崖岭传来风涛的阵阵轰鸣声。二句承一句,用一比喻作势。这声响宛如滚滚河流,顺着山峦倾泻而下,气势昂扬,使人顿生激情。三句返真。松涛推移拍打着层层翠绿的崖岭,场景磅礴,由虚入实,再掀波澜。末句,又用一比喻,这情景,就像半夜里突然降临的萧萧落雨声。由陡峭变舒缓,别开一境,使人从惊险中获得醒悟。这种有起有伏、有陡有缓的承转,是诗歌结构处理的常用手法。诗歌承转,须处理好景与情的关系。情为景生,景随情移,这样,才会使诗的意境扣人心弦、引人入胜。

炎天飞雪

瞥见鹅毛岭上飘,青松簇簇欲封条。

山僧本不因人热,那管炎天雪未消。

诗意解析: 炎天飞雪是寿鹿山特有景观。诗人写这一景观,不是从感觉写起,而是从目睹实景起笔。晴天少云,转瞬间满山遍岭飘落起鹅毛般的雪花。"鹅毛"在这里喻写炎天雪花。这时候,一簇簇青松枝条被风雪封压起来,变为雾凇,十分好看。这两句实写炎天飞雪,采用点染法。一句点明岭上飘起"鹅毛",二句烘托,用雪花封压松枝加以渲染,以衬出"山僧本不因人热,那管炎天雪未消"之情。"不因人热",即"因不热于人"之倒装。山僧本来就不因为三伏天热得人难耐,怎么会理会酷炎落雪后的清凉滋味。由于山僧处于高山之境,才有不同于常人的感觉。诗人借用山僧的感受,说明这里炎天飞雪是寻常之事。先点明,后用景物渲染烘托情感,这样往往会收到情景相生的效果。

(七)寿鹿山诗序

清·田毓采

盖闻峰名九子①,记自谪仙②,药服双童,诗传魏武③。金华④则初起寻羊,术精叱石;缑岭⑤则王乔⑥驾鹤,迹幻吹笙。自昔神山,皆流传于方志;而今胜地,岂湮没于风尘。则尝说蓬壶⑦之胜事,访兰郡之奥图⑧;闻寿鹿之名山,寻盘龙⑨之异迹。有僧挂锡⑩,时挥尘以谈经;无客叩关,学骑牛⑪而访道,俄焉不见,杳矣。

　　无踪。冷落鹿门⑫,难觅浩然之迹;荒凉鹿砦⑬,谁追摩诘之尘。览胜者为主扼腕,求真者于以感怀。然而八景分标,千年如故,虽桃源⑭之寂寞,太守迷津;幸松劲之葱茏,子真⑮有谷。传诸邑志,与日观而同称;题自诗人,继天台⑯而并赋。将踏花之鹿女⑰,犹复如生;即伏草之鹿媒,皆知向善。何必山开群玉⑱,定寻姬满之遗踪;穴启崆峒,痴问广成之道术。时道光十九年吉月吉日镌。

鹿山社首闫世润、曾大法等刊

注释：田毓采,字贡五,皋兰人,清嘉庆举人。道光二十五年（1845年）主讲皋兰书院,后官永昌县教谕,卒于任。著有《家园杂吟诗草》。田诗用字绵密,遣词奇妍,风格清空疏淡。所辑"寿鹿山八景诗",组合巧妙,自成一体,切中景观特点,弥足匠心。

①九子：山名,在安徽青阳县西南,山有九峰,原名九子山。李白以九峰如莲花削成,改名九华山。②谪仙：谪居世间的仙人。古人往往称誉才行高迈的人为谪仙。③魏武：即魏武帝曹操。④金华：山名。在浙江金华市北,一名长山,也叫常山,出有龙须草。道家传为赤松子得道处。金华则初起寻羊,术精叱石：《列仙传》载：黄初平牧羊,至金华山,其兄初起寻,问羊安在？初平叱之,石皆成羊。⑤缑岭：山名,在河南偃师县。道家传说,仙人王子乔语桓良于七月七日在此山相见。⑥王乔：即仙人王子乔。有"王乔控鹤以冲天"的古诗句。⑦蓬壶：山名,即蓬莱。古代方士传说为仙人所。⑧兰郡：即指兰州、皋兰而言。舆图即地图。⑨盘龙：盘屈交结之龙,常刻绘以状器物。此处形容寿鹿山。⑩挂锡：锡是锡杖,佛教的杖形法器,头部装有锡环。行脚僧云游各地,将杖挂于牙壁。⑪骑牛：相传老子骑着青牛而过函谷关。⑫鹿门：山名。在湖北襄阳区境内。唐孟浩然曾隐居于此。⑬鹿砦：即鹿柴,唐王维（字摩诘）别墅有鹿柴,即栅栏、篱笆。友人常与游,赋鹿柴诗。⑭桃源：即桃花源。太守：地方官,指《桃花源记》中的"太守",是陶渊明笔下的虚构人物。⑮子真：即郑子真,名朴,字子真。西

汉末年左冯翊谷口(今陕西礼泉东北)人。隐逸民间,修身自保,非其所有,决不苟求。耕于岩石之下,名震京师。汉成帝时,大将军王凤以礼相聘,他则不诎而终。⑯天台:山名。在今浙江天台县北,仙霞岭山脉的东支。古神话有人天台采药遇仙人的故事。⑰鹿女:见唐王维游感化寺诗:"雁王衔果献,鹿女踏花来。"佛经故事:昔有南窟仙人,见鹿产一女,即取归抚养,长大成人,惟脚似鹿,是为鹿女,其行处,步迹皆有莲花。⑱群玉:神话传说中的仙山,即《山海经》中的玉山,西王母所居者。周昭王子姬满即位为穆王。《穆天子传》穆王驾八骏至于群玉山。⑲崆峒:山名,在甘肃平凉市西。《庄子在宥》中所谓黄帝问道于广成子之所。⑳广成:即广成子,传说黄帝时人。居崆峒山中。用夸张手法,写寿鹿名胜,视往古之仙人、道山、不能专美于前;而僧鹿挂锡踏花,也可流芳于后。

(八)田毓采"寿鹿山八景诗"评析

群峦耸秀

前峰后岭碧蒙蒙①,竹岛②萝③溪委曲③通。

飞阁卷帘图画里,巧能攒合④是天公。

注释:①朦朦:迷糊不清。②竹岛:草名,即鸭跖草,寿鹿山俗称"扁竹草"。③萝:地衣类草。④委曲:曲折辗转。⑤攒合:聚集融合。

诗意解析:这是一首充满画意的山水诗。先写远处的高山峻岭,前峰后岭一片朦胧迷茫的碧青色。后写近处,山冈石岩上附长滋生着各种翠嫩的植物,并与溪流辗转回环、相互通联。山崖上的诸多殿阁飞檐卷帘,美如画图,它和远山近景安排布置得如此得体,除了天公,人间之能工巧匠恐难做到。末句表现出诗人对大自然秀丽景色和人文景观和谐统一的赞叹之情。这首诗在结构处理上,犹如山水画的构图,以色彩比例的变化,创造出强烈的空间效果,巧妙地处理了物象间的空间层次关系。诗歌写群峰竞秀,用清冷的碧青色,构成了一尘不染的诗境和流动感。

崖畔虹桥

流水潺湲①日渐西,盘崖缘壁试攀跻②。

横桥落照③虹堪画,洞里仙云④岂得栖⑤。

注释:①潺湲:水流貌。②攀跻:即跻攀。攀登。唐诗有"跻攀分寸不可上,失势一落千丈强"句。③落照:落日之光。④仙云:云中仙子。⑤栖:停留。

诗意解析:这首诗写虹桥壮景和登攀感受。先写登桥时间,是溪水缓缓流淌,送走夕阳的"日渐西"时刻。这里用回绕着崖岩,攀缘着峭壁,状写桥之高险和攀登之艰难。后两句写诗人的感受,"横桥落照虹堪画",是借用古诗句,唐代诗人杜牧的《洛阳长句》有"横桥落照虹堪画,树锁千门鸟自还"句,杜牧诗用在这里,正好点出崖畔虹桥的特征,也同诗人当时登桥的时间"夕照"相吻合。由于人行高处,落日余晖沐浴群山,因此自然联想到飘浮在岩洞处的云霞,产生云霞飘忽不定、云中仙子怎能久长地停留在那里的质疑。写高处云的不可停留,衬过此险桥,只能前行,不可中途停留。诗作写正景时,将近景和远景巧妙地结合起来,概括形象地摊铺在读者面前,给人留下较深的印象。

天梯云路

一经松梢踏石梯,梯梯登遍与云齐。

仙山不属分符①客,下视诸司②屋舍低。

注释:①分符:即剖符。"符",古代朝廷用竹木或金玉制成,用以传达某种指令的东西,分符,即分一半给功臣为信物。杜甫有"分符先令望,同舍有辉光"句。②诸司:众村舍。

诗意解析:寿鹿山天梯,同其他名山石梯一样,沿山势盘旋而上,登临极为惊险。因此,开始写道:一旦经由松林梢顶岩冈,踏上登山石梯,就须特别小心。石梯高不可测与烟云齐驱。一句赋陈,言石梯高出林梢而上;二句递进,用长空烟云烘托石梯之高险;三句拟象比喻。越是向上登攀越困难,"仙山"是从来不会给远来游客分赐一点恩惠的。"仙山"在这里隐喻仙人。自然如此,成功须靠自己付出辛勤的汗水。此句与其说写登山,还不如说穷理析义。游词足以埋理,象喻绮文足以夺义。委婉含蓄地喻理是本诗一大特色。末句写凌顶后的心思。到了山顶,俯瞰山下诸村落房舍,皆点点斑斑,小而低矮。这和杜甫的"会当凌绝顶,一览众山小"的诗境似出一辙。

风幡兆瑞

年来日日春光好,始信东风入彩幡①。
菰黍②正肥鱼正美,却听鸡犬隔村前。

注释:①彩幡,彩色丝织物做的长旗。②:菰黍,菌类植物,如蘑菇等。这里泛指五谷。

诗意解析:这首诗以朴实而自然的笔墨,铺写出寿鹿山上山下祥和丰饶的年景。"年来"即"来年"。这里的村民百姓,都企盼来年风调雨顺、天天都有好光景。眼下各村五谷丰登,禽鱼肥美,只闻鸡鸣犬吠隔断前村,好一派兴旺景象。"菰黍正肥鱼正美"中的"肥""美"为互文。此句同"秦时明月汉时关"结构近似。为此,人们更加沉迷于风幡兆瑞。从整个诗作的结构看,诗句采用以景物烘托事物、再烘托感情的写法,思想性和艺术性高度统一。

古洞仙踪

白云飞处洞门开,松竹相亲是旧裁①。
闻道②神仙不可接,求仙别作望仙台③。

注释:①旧裁:义为古人强加之辞;②闻道:听说。③望仙台:即望仙楼。

诗意解析:这首诗用赋兴手法写景、述志、抒情。白云飞过后,就会看到传说仙人小憩过的幽洞。然后通过起兴以述志。引起主旨的话,谓之兴;直接点明主旨的话,谓之赋。所谓松竹相亲相伴,那是古人强加的,犹如仙云不可分离一样。下面两句,通过赋陈,进一步言志、析理。听说神仙是无法接近的,因此,我奉告那些痴心寻求仙人的人,不要再去构筑望仙楼了。诗作认为,所谓仙人,其实是虚无缥缈的幻影罢了,执意去寻找是徒劳的。这种无神论在当时有着积极的认识意义和教诲性。以赋写景,情感要鲜明;以赋述志,思想要正确;以物兴情,义须明雅;以情观物,词须巧丽。这样才不致使诗作干瘪无力,缺乏艺术性和感染力。

石泉泻玉

暗写①归心向石泉,琉璃②为帚扫溪烟。

请君试问东流水,缀玉联珠六十年。

注释:①暗写:暗地里转移。②琉璃:有光的宝石。这里指五光十色的漱石。

诗意解析: 古诗写作,有时采用化实为虚手法。"不以虚为虚,而以实为虚。化景物为情思,从首至尾,自然如行云流水,此其难也。"本诗即采用此种手法。暗地里将回归的心思转向石泉,以那些光亮鲜艳的漱石为帚,扫去流水溅起的烟雾,让人们尽情地观赏那激动人心的景色。这两句中的"石泉""琉璃""溪烟"为实景,诗人用"石泉"暗托归心,把"琉璃"喻为扫帚,去扫除恼人的溪烟,这就是实景虚化,将实景化为静谧的情思。最后两句,通过抒情,将这一情思转化为感叹人生短促的意念。看到汩汩东去的流水,产生出人生如梦的幻觉。"缀玉联珠",喻石泉流泻,恰似缀连起来的串串美玉和珍珠。"六十年"指作者当时年已花甲。诗人由眼前石泉汇流东去,感叹自己不知不觉度过了六十个春秋。这种写法,化实为虚,须注意抽象合理,不可牵强附会。

夜半涛声

科头①箕踞②长松下,玉女③窗虚五夜④风。

此曲只应天上有,青山明月不曾空。

注释:①科头:结髻不戴冠。②箕踞:伸开两腿而坐,若簸箕状。③玉女:神女。④五夜:五更。

诗意解析: 脱掉头上的帽子,两臂后撑伸长两腿,静坐于青松下岩石上沉思。时已五更,只听神女寝室外山丘深处,响起如磬似钟的风涛声。这种美妙的乐曲,只有天上才有。此刻,明月普照下的青山峻岭,不再感到空虚孤寂了。本诗处理手法别具匠心。写夜半涛声,未直叙涛声的起因、声势等特点,而是安排了一个宁静安详的仙境,自感同仙人一起聆听仙境中的仙曲,心绪格外清逸。"此曲"隐喻涛声;"只应天上有",赞美涛声动听无与伦比。诗作想象丰富,联想自然,配以暗喻明喻等比兴手法,创造了一个极富浪漫色彩的艺术境界,委婉曲折地表露出诗人心中的思绪,吟唱出对自然奇观的赞叹之情。

炎天飞雪

翠竹苍松夏日长,紫微①晴雪带恩光。

野人住处无名利,独自樱宁茸草房。

注释:①紫微:星座名,这里指祥瑞的云气。②恩光:恩宠的光辉。③樱宁:安静地居住。④茸草房:茅草房,这里指山村普通人家的房舍。

诗意解析:诗作先交代时间和境况:白昼正长的炎夏,满岭遍冈生长着茂密的翠柏苍松。然后绘写炎天飞雪,以示主旨:山顶祥瑞的浮云带着上苍恩赐的光辉,飘落起晶莹的雪花。"紫微""恩光",表明"晴雪"的神奇和罕见。诗歌以绚丽的辞采,点染形象的类喻,给人以真切、微妙的感受。两句共用一个动谓句,就足平中见奇,切中要害,点明寿鹿炎雪的特点。后两句,似与题旨无关:山下普通人们居住的地方,是不为世人所知晓的要塞名川,可他们却世代安宁地住在那些茅草泥土构建的房舍中,自得其乐。其实这是种反衬与烘托。那令人惊叹、沁人肺腑的炎天飞雪景观,正出在这鲜为人知的村庄、村民们赖以生存的名山上。这种烘托、反衬,是诗歌创作的重要手法之一。

(九)登寿鹿山

清·谢威凤

系马锁罕堡,来登寿鹿山。

千嶂森古柏,一线吐层峦。

佛宇僧房寂,峰梢象鼻环。

兴隆风景似，方镇所攸关。

谢威凤（1817—1899年），字葆灵，别号沩山，湖南宁乡人。早年曾为左宗棠幕宾，历任阶州（今甘肃武都）知州、肃州知州、宁夏知府等职。善书法诗文，墨迹遍陇右。尤工书法，求之者，日不暇给。其书法艺术似奇反正，取形用势，笔迹遒劲，风神俊逸，观之如行云流水。尤长于书擘窠大字。曾以沙漠中所产之芨芨草自制各种大笔，并以北山（寿鹿山）所出红土代墨。每次出游，各处访友，必带文具袋，常以临池挥毫为乐。所书笔法遒劲，气势流走，有鸿飞兽骇之状，具龙舞蛇惊之形。清光绪二十二年（1896年），谢威凤任宁夏知府。其间，曾多次游览寿鹿山，并在寿鹿禅院祖师殿墙壁上挥毫题下此诗。

（十）巡山题壁

民国·胡云梯

民国七年（1918年）中秋节，红水县知事（县长）胡云梯，沿山巡查民间盗伐寿鹿山森林事件。当天中午，巡至老爷山下曹家大庄休息，观山有感，遂题诗于曹姓家中。

寿鹿名山胜五泉，连云松柏可撑天。
谁知竟碍贪夫目，摧尽奇材只为钱。
遥知此去栋梁材，无复清阴护鹿台。
只照月明冬夜冷，误他千岁鹿归来。

这首诗不仅描述了寿鹿山茂密的原始森林和美丽的鹿女踏雪的神话传说，也表达了作者对民间滥伐森林、屡禁不止的愤慨之情。全诗旨在规劝民众热爱自然，不要为一己私利而肆意砍伐寿鹿山宝贵的原始森林，这对今天发展景泰县旅游业和保护寿鹿山原始森林资源依然有着现实意义。此诗可谓寿鹿山文化的绿色瑰宝。

（十一）寿鹿山寺庙楹联

真武殿

金阙化身佐天罡而治世

混元启教传万法以度人

神佐中华宝剑皂纛并日月
帝封北极金龟玉蛇镇乾坤

祥集瑞应诞降于三月重三
功满德成飞身在九月菊九

仙剑神幡长为丰年兆瑞
天梯云路愿与善士同登

真武殿窑楼联
有心向善何必远求佛地
虔诚焚香此处便是灵山

神仙洞
古洞千年深藏不老春色
香烟半壁酿作及时甘霖

观音楼
绿柳枝点点洒得风调雨顺
白鹦哥声声唱出国泰民安

紫竹清风生万户
玉瓶法水润三春

随地现形莲花瓣上春风暖
闻声救苦杨柳枝头甘露香

紫竹生清风吹开云雾千里晓
玉瓶注法水洒遍乾坤万户春

南海慈尊每驾祥云救八难
西方教主常施甘露济三途

三皇宫

太极聚中八卦见贞观盛世
谷穗点头三秋旺大唐农田

定寒暑启农田百谷成长
立乾坤安社稷万民乐业

经纬旋度三皇治世江山秀
乾坤开泰百姓安居农田旺

圣帝楼

万古丹心贯日月
千载义气表春秋

有三分手足之情方可升阶入朝
无半点君臣大义何必叩首焚香

存心正直见吾不拜有何妨
举念奸邪叩头作揖也枉然

匹马单刀入汉庭进则以义退则以义
封金挂印出曹府名不动心利不动心

赤面秉赤心骑赤兔追风驱驰时勿忘赤帝
青灯观青史扶青龙偃月隐微处不愧青天

大佛寺

虔念三南无永保一邑常清泰
诚诵万菩萨普佑四季永平安

八难三途现法相而欣欣作佛
四生六道蒙慧光而在在证真

慈悲登座八大金刚听佛训
救苦参禅五百罗汉宣圣言

要除烦恼须成佛
各有因缘莫羡人

紫竹林中香云五色
红莲座上贝叶千层

九品莲花狮吼象鸣登紫竹
三尊妙相龙吟虎啸出普陀

雷祖殿

总司五雷庇神州风调雨顺
运心三界佑华夏国泰民安

祝贺九天统百神而威震乾坤
庆诞六月显威灵而默佑一方

阴化为形阳化为气润风雨而鼓雷霆莫非普化
乾元资始坤元资生敛秋冬而舒春夏都是应元

恩普四海雷部班中鼓仁寿
泽遍九州墨麟足下生春风

震动乾坤生万物
滋润宇宙泽群生

文昌殿

权衡世间斯文主
执掌天下福禄神

河出图洛出书道统昭垂借此文章司命
芝有本醴有源宗支衍庆裕尔作述重光

帝号梓潼锡士子功名于阴骘
位参金篆显天人福报于文章

玉皇殿

道统万年功启三皇五帝
法周三界心存古类群黎

渺渺大罗高出玉京之上
巍巍妙相尊居金阙之中

通明高拱端居三界之上
列圣钦宗实坐万千之中

三清殿

生而白头八十年胚胎化育
永其玄教五千言咸盖释儒

阐道德之宗宣扬大化
开度世之法统理群仙

八十载老须眉历穷甲子
五千言陈道德礼极天人

经律纶三藏皆遍天遍地
儒释道一家均亘古亘今

三清三景放三洞之祥光三阳开泰
五灵五老降五方之真原五谷丰登

舍身崖

一峰当胜地
万古垂清风

寿鹿奇峰凌霄汉
景泰大地生春晖

十王殿

阳世汝太能,弄巧使奸,欺人呆,哄人痴,诓人聋,骗人哑,轻人懦,量人柔,凌人孤,侮人困,漫人穷,骂人弱,蹈人危,乘人急,乐人祸,幸人灾,忌人长,笑人短;或且离人骨肉,破人婚姻,占人闺门,霸人田产,败人节操,坏人声名。害人时,智广谋多,生前惟自知,虎背何雄,熊腰何壮!

阴司吾有法,因过定罪,追尔魂,摄尔魄,夺尔气,褫尔神,毁尔身,诛尔体,擢尔发,剥尔肤,剖尔心,划尔腹,去尔肾,抽尔筋,披尔肝,裂尔胆,劓尔耳,抉尔眸;甚至浸尔血池,烹尔油铛,掷尔剑树,抛尔刀山,卧尔钉床,抱尔铜柱。辨尔处,天昏地暗,死后且莫怪,牛头无义,马面无情。

作孽任世人逆理违天奸盗邪淫谁则禁
最公惟冥法褒善贬恶分厘毫忽何曾差

任凭你无法无天到此孽境悬时还有胆否
须知我能宽能恕且把屠刀放下回转头来

斗姥宫
乾象列三恒位奠紫微尊帝座
道源通一系精储白玉涌莲台

调元德普神恩远
保赤功深圣泽长

稀痘疹保护赤子
充浆汁普济群生

磨针殿
磨尽铁梁不负功夫二字
访明丹诀全凭指点一铖

三霄殿

尔万姓咸欲弓冶有传,但奸巧者,半属心毒貌慈,凭什么消受吾之令子

我三人同比恫瘝在念,尚善信等,果然男贞女顺,何忍不抱付汝个佳儿

进吾庙来,看尔等凄怆惨切之形,无非麟趾不呈瑞
回尔家去,改从前奸盗淫邪诸念,管保螽斯必发祥

人不论贤愚务要佳儿莫若于此后多行善事
神非无感应凡生贵子必然是累年广积阴功

灵官殿

杀气腾腾三尺金鞭诛不正
神威赫赫一腔赤胆贯忠心

声如雷目如电鉴察不爽
轮有光传有眼赏罚无私

土主山神殿

神灵哉不威自畏
公老矣有德而尊

面带笑容特喜焚香信士
手拄拐棍专敲盗木小人

神以土名镇居中央恩广大
灵因地著普佑四季德惠宏

第二节　百年县治宽沟城

宽沟城位于县城西南30公里处寿鹿山西北麓的宽沟山口,东眺永泰城,南依宽沟山,西通古(浪)凉(州)大道,北连宽沟川,丝绸北路依城而过,交通战略位置显著。历史上商旅繁荣,文化底蕴厚重。

宽沟古城

据《皋兰新志》所述:清乾隆四年(1739年),甘肃巡抚元展成于皋兰县属地宽沟堡添设县丞一员,管理红水、永泰、宽沟、征虏四堡保甲、逃人、匪窃、赌博、斗殴等地方事务;乾隆二十二年(1757年),甘肃巡抚吴达善将宽沟县丞移驻红水堡,红、永、宽、镇四堡之钱粮归县丞管理,始称皋兰县红水分县;道光二年(1822年),县城复移宽沟,仍称红水分县。

咸丰三年(1853年),红水分县县丞冒藁于宽沟口创建宽沟堡城,于"二月十七日兴工,是年十月二十四日修理完固"。堡城平面略呈长方形,周长450丈(1486米),高1.8丈(6米),城基宽1.5丈(5米),开东西两门,两门建筑式样相同,皆为城楼式建筑。下层为城门,有大门两扇;上层是三间古代城堡城楼阁式;中间起脊,砖土木结构;城门顶部为木顶。东曰固安门,西曰康阜门。四角建炮台,南边炮台上有炮楼一间,主要作用是监视和调遣巡更人员。城内共有两条街道,分别为南北、东西走向,在城内钟鼓楼处交叉成十字,由钟鼓楼下穿过。堡内的主要建筑有县衙、宽山书院、文庙、关岳庙、龙王庙、城隍庙、土地祠、戏楼等,均井然有序地排列在钟鼓楼四周。

钟鼓楼,又名财神阁、文昌阁,呈正方形,占地面积140多平方米,位于宽沟堡城正中间,是县城的轴心所在。该楼共三层,一层为砖木结构,二、三层属纯木质结构,第三层供奉着福、禄、寿三大财神。传说自此楼建成后,宽沟城人才辈出。钟鼓楼建筑隽秀挺拔,雕梁画栋,四角悬挂风铃,在阵阵轻风中叮咚作响,别具一番风情。钟鼓楼于1957年拆毁。县衙在钟鼓楼以南街西,建于乾隆四年(1739年),占地面积1700多平方米,大堂在侧门外,坐北向南。民国六年(1917年),重修改建。坐庚向甲,大堂三楹,为中山堂。侧门同为二堂,即法庭,后为三堂。有上房,前为仪门。大门中建牌坊、神祠。吏房、班房具备。大堂前南有上房五间,厨房在东北角,上房后即监狱,四周以木栅相围,非常坚固。县署大堂之北有两个小院,内院西房三间,北房三间,过庭三间;外院南房三间,伙房两间,马厩三间。

宽山书院与文庙并排位于县衙门的正南方,皆坐西向东。宽山书院,即今宽沟小学,始建于咸丰四年(1854年)。建筑面积约2000平方米,讲堂三楹。文庙又称孔庙,建筑面积约300平方米,砖木结构,新中国成立前失修倒塌。文庙有大殿三间,坐西向东,南北各有厢房三间,大殿内供奉孔子神像一尊,另外还供奉朱子、孟子、曾子等七十二贤人牌位。每年秋季祭拜,县长主祭,老师学生参与,甚为隆重。城隍庙与县衙门呈对角,坐落在钟鼓楼东北脚下,坐北朝南,占地面积约800平方米,属砖木结构。庙内有大殿三间、东西厢房数十间。大殿内净台正中供奉城隍坐像,宽沟城隍为魏陈王曹植。两侧塑有童男玉女各一尊。净台前塑有四尊神像,分别为判官、师爷、牛头、马面。大殿内东西两壁上绘有六道轮回图,以示因果轮回之理,教育后人多做善事。殿外门台上有直径一米左右的牛皮鼓一面,悬挂五百余斤的生铁大钟一口。院内有生铁铸成的楼阁式样的三层香鼎一座。大殿对面建有坐南向北的戏台三间,土木结构。大殿正东面设有一门,过门入一小院为子孙宫,有正殿三间,东侧有厢房三间。正殿坐北向南,砖木结构。殿内供奉东、正、西三宫娘娘,两侧塑偷生娘娘、送生娘娘像,东西两边塑有假山和传说中的司马光砸缸救人、孔融让梨等历史名人少年故事。每年阴历三月二十日举行盛大的庙会,四面八方赶会的游客络绎不绝,热闹空前。

宽沟城内建筑设计最为壮观的要数关岳庙。关岳庙在文庙以东,位于县城东南角,占地约1000平方米。关岳庙山门坐南向北,亭台楼阁式样,上下两层,下层三间山门,中间正门大两边侧门小。上层为正方形戏楼(戏楼坐北向南),有柱子四排,每排四根,大约十米高;四角吊有悬柱,八卦悬顶,斗拱飞檐,错落层叠,雅致壮观。戏台背面四分之一处用木板隔开,用作艺人的化妆室,两面开口搭梯为戏台入口,背面中间有一间暖阁(坐南向北),里面供奉有三尊菩萨像(观音、文殊、普贤三位菩萨)、两尊罗汉像,佛像纯木雕刻,至今保存完好。因暖阁跟戏楼背靠背,故又叫"倒坐观音"。山门前有一个做工精细的牌坊,门外两侧泥塑红白两匹大马,旁有马童牵马坠镫。进了山门,松柏参天葱郁。院中有一座生铁铸造的三层角楼。正面是关岳庙大殿三间,坐南向北,一起九架,中间起脊,前后分坡。大殿里供奉关羽、岳飞神像,两边间还塑有马王爷和关兴、周仓像,正殿刀架上奉放着重约一百二十斤的青龙偃月刀。大殿右侧建有一座卷棚,顶为波浪式,内悬"赐福无疆""圣武神佛""天地正气"等木匾。关岳大殿背面是三官殿三间,其构造和关岳庙大殿设计相同,殿内供奉着天官、地官、水官神像各一尊。关岳庙和戏楼均毁于1966年。

龙王庙位于东城门外北面近300米处的坡台上,占地约200平方米,坐北向南,有大殿三间,供奉着三尊龙王神像,分别为城池龙王、井泉龙王、河池龙王。宽沟龙王庙还有一个神奇的传说。相传,很早以前有一简姓木匠被一大户人家请去修房,建房工程宏大。有一日,简姓木匠正在干活时,隐隐听见很多人议论,说三日内必须缴纳粮草。其中有一个麻脸大汉说,宽

宽沟小学（原宽山书院）

沟一带不用缴纳粮草。简姓木匠通过打问，才知道此人正是宽沟龙王。当时，宽沟周边村庄的庄稼都遭受了冰雹灾害，只有宽沟堡未遭灾。从此，宽沟人对龙王更为信仰崇拜。后来，简姓木匠干完活后说要回家，要算工钱。当家的说，没必要算，装上两褡裢木渣即可。简姓木匠心里很不愿意，但又不敢多言，只好照办。奇怪的是，当家的差人送他回家，要求他闭上双眼，骑上黑驴。途中只听见耳边风声呼呼作响，刹那间就到了宽沟城外，天还未亮，送人者叮嘱他一人回家。话音刚落，差人和黑驴已不见踪影。简姓木匠一时生气，倒掉了褡裢里的木渣，步行回家。等天亮时一看，褡裢里剩余的木渣竟变成了金渣。此时，简姓木匠特别后悔，心想不该倒掉木渣，于是急忙跑回倒木渣处寻找，可不见木渣的半点踪迹。于是他把金渣拿到市上银铺兑换成铜钱，一算正好是自己这些天的工钱，一文不少。

民国元年（1912年），宽沟山曾发大水冲垮东城墙一角。关于这起洪灾也有民间传闻。传说当年农历八月初的一天中午突然天降暴雨，引发山洪，宽沟山山体多处滑坡，泥沙、树木堵塞了东城边的河道，洪水骤起，浊浪滔天，水位接近城头。为了保县城安全，县知事（县长）向洪水中投去自己的官衣官帽，祷告上苍降低水位，洪水才渐退，县城始得平安。

中国传统村落——宽沟村

民国二年（1913年），皋兰县红水分县改升为红水县，属兰山道，县知事仍驻宽沟。民国二十二年（1933年）一月三十一日，甘肃省政府决定：红水县和靖远县北区的大芦塘、小芦塘、五佛寺、一条山、锁罕堡（今兴泉村）、胡麻水等地合并，成立景泰县，裁撤红水县，县城移迁芦塘城。是年，中国国民党景泰县筹备委员会成立。宽沟城自乾隆初年设置为红水分县治所，直至民国年间撤迁，历经近120年风雨沧桑。纵观历史长河，在一个地方久立县治达一百年以上者，在甘肃乃至全国置县沿革历史上也是极为罕见的。所以说，宽沟堡在景泰置县历史上举足轻重，具有浓墨重彩的一笔。

伤心秦汉经行处，宫阙万间都做了土。由于历史变迁和特殊时期的人为破坏，宽沟城从清初到民国时期的各种标志性建筑已不复存在，只剩下一点残缺不全的城墙印证着昔日的辉煌。2012年，宽沟村被列入中国传统村落名录；2016年，宽沟村被甘肃省政府确定为省级文物保护单位，这也许是历史的溯源吧！

(一)创建宽沟堡义学碑记

清·史载衡

从来风俗之淳浇,由学校之兴废。古者党庠州序之设,养育人才,即以维持风化,法至善也……方今圣天子文德覃敷,东渐西被。凡属通都大邑,以及遐陬僻壤,莫不家传户诵,浸淫于诗书之泽,久已声教讫于无外矣。岂以道里辽远,风土异宜,遂囿于方隅而不克睹文明之象哉!予于乙未首夏来莅斯土,蕞尔偏隅,僻居边境。北通蒙古,西达新疆,夷汉毗邻,番回杂处,父兄之教不先,子弟之率不谨,即间有一二俊杰诞生,亦狃于见闻,难期大雅。信乎,习俗移人,贤者不免也。谁司民牧,岂得无挽回之术乎?由是慨然动念,不自揣度,计数年之俸,筑学舍宽沟衙署之南,前后共二十余间,选林生经理其事,越数月而工竣;后于养廉内每年酌捐修补,延师训课,而林生更于地方广为劝谕,俾有志者量力捐输,以备将来膏火之费。从此彬彬儒雅,一改从前犇鄙之习。所谓移风易俗,未必不在于此,区区期望之殷,庶几予不负承耳。不然,予俗吏也,振兴文教,辄敢引以自任哉!爰以泐之石以示后云。

皋兰县红水分县溧阳史载衡撰书

乾隆四十二年岁次丁酉大吕月

(录自《皋兰县红水分县采访事略》)

史载衡,乾隆年间人。江苏溧阳监生,乾隆四十年至四十五年(1775年至1780年)任皋兰县红水分县县丞。为政期间,爱民重教,捐俸建学,颇有政声。

要义点评:本记是迄今景泰县所发现的关于官方创办地方教育的较早文献之一,仅仅三五百字,就定位了宽沟堡当时在分县的文化教育中心地位。

文首开门见山地提出了"从来风俗之淳浇,由学校之兴废",然后循循善诱、深入浅出地说明了创办义学的重要性。同时,对宽沟堡堡民文化素养及周边交通地理现状进行了具体描述,为今天研究宽沟堡人文历史提供了宝贵的文史资料。文中最可贵的是作者作为一位边远贫瘠山区的基层封建小吏,为新建义学能够慷慨解囊,捐献出自己数年俸禄,启迪意义很大。尤其是在深入开展反腐倡廉、勤政为民的今天,史公这种"穷则独善其身,达则兼济天下"的儒家思想,依然值得我们学习践行。文记最后发出了移风易俗、贵在振兴文教的倡议,这与当前所倡导的"教育强国"思想是相符的、一致的,值得借鉴学习。

(二)宽沟建堡劝捐序

清·冒蘖

尝闻众志成城。言众志之专一,即为城郭之完固。若以众力劻勷筑一城堡,同心守御,以为保障,则其完固也不尤愈乎!盖城者所以捍外而卫内者也。是故春秋一书,筑城二、卡有九,而必大书特书者,其事为重要耳。窃查红水镇三处皆有城堡,惟宽沟独无。由于承平之日,四境无虞,遂致阙焉。弗讲。不意今岁番贼内扰,男女悉为逃避,牲畜尽被抢掠,受戕害者八十一人,被荼毒者二十七庄,颠沛流离,伤心惨目。倘各有堡自卫,讵至此哉?讵至此哉!今恩主谆谆劝谕,无非爱民之至意,士庶等公议筑堡,以备不虞,原非为一人之身家性命计,而为万民计也;且非为一邑之身家性命计,实为合堡计也。惟愿遐迩居民,咸知自爱,有力者慷慨捐资,无力者踊跃助工。与其为黑番掳掠,以逞其志,何若筑城堡防守,以卫其身!幸勿畏难苟安乃可。迨观厥成,纵或番贼窃发,凡附近之民移入堡内,连发鸟枪,协力固守,庶贼匪无猖獗之虞,而吾侪有衽席之安,然后知成城之举,非以劳民,非以伤财,其有益于民生者,不只为目前之计,实为久远之虑,而恩主保民之惠,亦均沾无穷矣。是为序。

(录自《皋兰县红水分县采访事略》)

冒蘖,字兰仲,清道光、咸丰年间人,生于江苏通州。清咸丰二年(1852年)任红水县丞,三年(1853年),创建宽沟城。蘖为官廉洁,勤政爱民。咸丰四年(1854年)筹集军粮交省定额完成后,余二百余石(每石约500公斤),部分官员欲以此为县署公费,蕖不从,用以修建宽山书院,地方人士大为感服。原宽沟城堡,小而陋,难以防守。蕖捐以薪俸改筑,较旧址宽畅,并筑建维修姜家、侯家两墩及旧堡数处,建碉楼二十二座。复制兵器,练团勇,将《坚壁清野》等兵法,刊印成书,广散民间,劝令各村修堡自卫。自此,宽沟一带防守,为之加强。蕖卒于任,士民葬于宽山书院后园,岁时享祀,未尝有缺。士民褒颂公为"宽山能吏""红水廉吏"。

(录自《皋兰县红水分县采访事略》)

要义点评: 本序是红水分县县丞冒蕖为创建宽沟堡而亲手撰写的倡议文书,全文以生动快捷的笔调大声疾呼,言明筑建宽沟堡迫在眉睫、势在必行。序文层次清晰、逻辑缜密、层层递进,极富说理性。文中一字一句、一点一滴,都发自作者心灵深处,都抒发出作者的真情实感。细细读完全文,一个清正廉洁、正气凛然的地方官吏,栩栩如生地站在了眼前,真可谓文如其人、书如其品。读完全文,思绪即可与序文融为一体,刹那间,穿越到了百年前筑建宽沟堡的热火朝天的劳动场景之中,令人心潮澎湃、思绪万千。本文不愧是创建宽沟堡的开篇之作,也是今天研究宽沟堡历史的重要文献之一,值得细细品读。

(三)创建宽沟城堡碑序

清·冒蕖

尝闻为政之道,首在爱民。而爱民必以养民、教民为本。倘养民、教民而无以卫民,与卫民而无卫民之术,犹之乎未爱民也。卫民之术若何?谓固吾疆圉,备豫不虞,以卫民之性命身家,使之各得其所。余于咸丰元年冬,初莅任斯土,即闻民间曾有贼番之惊,因思设备不外乎城堡、军械两端。然时届承平,未敢以多事纷扰,骇人听闻。越明年七月,不意番匪骤至,守御无资,人民逃窜,驿路阻塞。急遣人绕道请兵,截贼归路,遂即亲率绅民,竭力堵御。赖援兵迅速,贼始退去。而三日之间,蹂躏三十七庄,死者十八人,创伤者六十有三,被劫之户四百三十有八,掳去牲畜二万二千七百有奇。斯时生民流离失所,酌给口食,令其各回安业。亟筹议守御,条陈五事,以筑堡建碉为首务。详蒙各宪批准,即延各属绅耆,广为劝导。或修旧堡,或建碉楼,或筑瞳庄,计三十一处。而宽沟又为南山之冲要,衙署、仓廒、驿站在焉,各堡均有旧城,可加补葺,独宽沟只有二墩、侯家墩尚留基址,姜家墩则倾圮无存,不得不创建城堡,以御外侮,无如偏隅蕞邑,民力维艰,复禀请仿照城工,议叙庶足,鼓励民心。幸大宪恺悌慈祥,无不俯允所请。于是首先捐俸,为民倡率,择公正谙练之绅士董司其事,鸠工龙材,出纳钱项,不敢委之胥吏。于三年二月二十七日兴工,先将城身周围五百丈四角炮台、东固安门、西康阜门暨水洞、三水簸箕十有四,是年十月二十四日修理完固。其每门敌楼三楹,堆房各二楹,西门碑亭一间,以及堞垛宇墙等工,经营数载,几欲无法不生,甫能与属内之瞳庄碉楼一律告竣。时奉檄团练民勇,四堡各置枪械,因捐置抬枪二、鸟枪六、矛十,俾助守御。又筹措制钱四百千文,交董事之殷实者,以每年一分生息,为宽城岁修之费;东西堆房各招老民专司启闭,所谓崇墉仡仡者,非以壮观,实以防患也。今而后绅民商旅,咸登衽席,即附近庄村亦有所恃而不恐。夫以瘠苦边境,骤起巨工,非士民急公好义,踊跃输将,曷克相与。有成古云:众志成城。信不诬也。惟念"城者,成也",一成而不可毁者也。此地土多沙砾,易于剥落,尤望后之官民,裨补缺漏,扩而充之,为久远保卫之计,庶可引养引恬,俾群黎康乐安平,室家相庆焉。是则余之深幸也。爰为泐石以记颠末,并志出力捐资之绅民以寓奖劝云。是为序。

红水分县如皋冒藻监修
(录自《皋兰县红水分县采访事略》)

要义点评:本文以咸丰二年(1852年),青海流寇劫掠红水分县全境事件开头,描述了劫难详情:"而三日之间,蹂躏三十七庄,死者十八人,创伤者六十有三,被劫之户四百三十有八,掳去牲畜二万二千七百有奇。"文中最重要的是写到了灾后政府抚恤灾民概况:"斯时生民流离失所,酌给口食,令其各回安业。"寥寥十八字,却生动地刻画出冒藻勤政爱民的为政情怀。更加难能可贵的是冒藻为创建宽沟堡,带头捐献俸禄(薪水)。据《创修红水县志》所载:从乾隆四年(1739年)到宣统二年(1910年)170多年间,共有70多位县丞在红水分县任职,但是真正让当地百姓铭记爱戴的官员却很少,冒藻是这凤毛麟角中的一位。由于冒藻政绩卓著,红水士民为其修祠祭祀,其事迹近百年来在景泰民间被传为佳话。序文重点记述了宽沟堡的创建时间、建造结构、建筑规模、具体命名、守御现状及周边碉楼、墩台、瞳庄等附属建筑详情。本文具有较高的史学价值,是研究宽沟堡历史的重要文献资料之一。

(四)创修冒公祠疏

记曰:有公德于民,则祀之。何言公?事迹之昭著者是;何言德?惠泽之覃敷者是。如我冒公,自咸丰庚戌官于斯土,年未几黑番倡叛于前,逆回继乱于后,公观士女之流离,及财物之抢掠于焉,伤之以不忍人之心,行不忍人之政,督我县邑,筑城凿池,谕各乡村建碉竖堡,人民借以安乐,家资由是保全,而且护山林以固水源,栽树木以备器用;葺既圮之衙门,非安前吏;创未有之书院,为教后生。被罪之民,宥之万万;逃生之卒,活之三三。严谨词讼,雀鼠鹬蚌化于野;勤聊保甲,寇攘奸宄遁于郊。公之功与德可为至矣、机矣。被其德者,皆欲修祠,以崇荷其功者,咸思明里以报也。奈鹊毛徒秃,未便成桥;蜃气空虚,焉能结市?是以宽、镇、永三保绅耆等,恭修短疏,敬竭高门,愿仁人君子,各发良心,同倾囊赀,毕力建祠。庶几冒公之灵得其栖止,而我民之祀有所瞻拜焉。为之疏。

红水分县宽永镇三堡士民敬颂

(录自《皋兰县红水分县采访事略》)

录此序慨然想见冒公莅任以来,教养为先,其仁心仁政之及于民者,非止筑城堡以卫民命,修书院以育人才已也。类而推之,则凡有利于民者,公无不为之;有害于民者,公无不为之除废。举坠修洁以爱人,均以实心,行实政,民到于今称之。是可知公之惠政所以深入民心者,没世不忘,而民之建祠所以报祀公德者,历久勿替。故录志之。

  光绪五年,冒公次男名沂,因公来宽,乃具牢醴致祭于祠,并泐祠堂记于石,有云先大夫虽获卓知县,乃以县丞终。同治十一年,小子沂谬以军功晋四品阶,请于朝,援例加级,得二品封典云。

(录自《皋兰县红水分县采访事略》)

要义点评:本疏是宽沟、永泰、镇路三堡士民为建冒公祠而发出的倡议,文中对冒公修堡、建城、凿池、护山林固水源、栽林木保植被、兴书院教士民、严诉讼防盗贼等政绩进行了综述,正如文中所言:"类而推之,则凡有利于民者,公无不为之;有害于民者,公无不为之除废。举坠修洁以爱人,均以实心,行实政,民到于今称之。"文末,记述了冒公次子冒沂于光绪五年(1879年)来宽沟堡祭祀冒公并报请朝廷追封冒公一事。

(五)宽沟堡义学

  史公创修于乾隆四十二年,岁久倾圮。咸丰二年因黑番之乱,冒公团练,四年奉檄捐粮,备之兵糈事,岁藏,余仓斗粮二百数十石,复自捐廉俸,大加修理,建礼堂三楹,讲堂三楹,两庑诸齐焕然一新,名曰宽山书院。择士之品学兼优者为之师,朝夕训课于其中。故宽沟四堡之文风惟此时始兴。而冒公之政声由此大著焉。

要义点评:寥寥百字,概述了冒公捐仓粮献廉俸、扩书院兴义学、优教师重教化的惠民举措。同时,精准记录了所捐仓粮、所建书院的具体数目。本文是目前景泰县地方志中所发现政府捐资助学的典范文献之一,今天,对于政府发展教育事业仍有重要现实意义。

(六)喋血宽沟城 英名千古存

  城头喋血草木悲,绍裕世杰英名垂。
  忠勇刚烈撼山岳,松涛声声慰忠魂。

沈公绍裕,同治五年(1866年)代理红水县丞。时贼氛甚炽,公誓与城乡绅民固守。六年(1867年)春,粮援两绝,贼攻,城陷遇害,居民感泣,立位祀之。郭公世杰,西安人也,刚勇敢战,团集乡勇,训练有方。奈凶年饥馑,粮食不济,朝聚夕散,守御难资。同治七年(1867年),贼夜扑城,民皆逃窜,公率壮丁数人,上城御贼,奋勇格杀,往复数次,从人伤亡,公患鱼口疾,尤尽力死战,创痛益甚,坐而拒贼。贼见公不能战,前后夹攻,腹背受刺,力竭死之,城亦随陷。呜呼!公杀贼如许,与城俱亡,功何伟哉!民感忠义,立位于冒公祠而并祀焉。

(录自《皋兰县红水分县采访事略》)

要义点评:品读此文,思绪万千,百感交集。即刻,邵长蘅的《阎典史传》如长江之浪奔涌而来,民族英雄阎应元如山岳一样矗立在眼前。红水分县县丞沈绍裕、郭世杰和阎应元一样,同为基层下级官吏,但位卑未敢忘忧国。沈绍裕、郭世杰城破殉难是全文的重点部分,作者写来富有层次,而又紧紧围绕沈、郭二公的忠烈来写,笔端遣词,使其忠勇爱民的英雄气节充溢字里行间。他们的抗匪智勇及慷慨赴难壮举给予了红水分县百姓以精神激励,值得后世传承颂扬。

(七)抗匪义士——赵添禧

谈笑自如数风流,智勇无敌堪英豪。

抗匪壮举铭丹青,碧血黄沙赤子情。

赵添禧者,宽沟堡属元庄人也,父讳万全,时家号素封。添禧少有义气,性慷慨,喜接纳,坐客常满,有北海风,且乐善好施。同治年,岁荒歉,贫者告门,无不怜而允之,即无瓜葛之亲,必假升斗之粟,以故逶迤,逃难之人移居元庄堡者甚众。素精于枪,百发百中。同治八年(1869年),有贼千余驻扎临近平邑之地一撮磨,每日数次环而攻之。贼有撒拉号猎户者百人,亦精于枪。或持竿挑帽伪为人外望之状,贼强连发,即便打落。堡中人见如此利害,皆惶怯无主,欲弃堡逃走。添禧集众慰之曰:诸兄弟无惧!贼虽猖獗,非插翅能飞者。吾家之粮,能支堡中一月之用,若协力固守,性命可保,何必逃窜以逞贼志?众心悦服,皆愿效死。添禧令守者凿枪眼于堡之四壁,一鸟枪、一洋炮,倩人预备装用。添禧左之右之,连环而发,伤死贼人无算。贼围困旬日,料不能胜,乃绝水道以困之。守者渴极,接童便而余饮,仓皇无措之际,赖邻村區水庄请老虎沟枪手与本地数百人,暮夜贼退,乘间援救,堡人逃出,尽往區水堡内。噫嘻!添禧一人之力,卒能保全堡中数百人之性命。

今之赵氏宜乎!子孙昌大乎?

(录自《皋兰县红水分县采访事略》)

要义点评:赵添禧是今寺滩乡元庄村赵家堡子赵氏之先祖,系笔者外祖母之祖父,小时候曾听外祖母讲过一些关于赵添禧的事迹,当然这只是零碎模糊的记忆而已。今天,通过查阅《皋兰县红水分县采访事略》相关史料,对赵添禧及其家族有了较全面的了解。本文中赵添禧给家族兄弟做抗匪思想动员工作时说:"诸兄弟无惧!贼虽猖獗,非插翅能飞者。吾家之粮,能支堡中一月之用,若协力固守,性命可保,何必逃窜以逞贼志?"这段描写生动细致,一个抗匪英雄栩栩如生地展现在眼前。同时,让人联想到清咸丰十年(1860年),英法侵略军占领北京火烧圆明园后,四处烧杀掳掠,北京近郊谢庄抗夷英雄冯婉贞的事迹。赵添禧是当时红水分县民间抗匪义士的代表人物,他身上凝聚着当地百姓勤劳、勇敢、机智、沉着的优秀本色。

(八)宽沟堡地理人口概况

宽沟堡东西南内七属庄:元庄子、區水庄、白家墩、上宽沟、下宽沟、小沟庄、单墩庄、毛家湾、大瞳庄,虽有九,总名之曰七属。西自元庄子至东大瞳庄,绵延三十里许,皆附近之民倚山靠水而居,然庄有大小,地有肥硗,民有贫富之不同也。又将远数村庄均匀搭配,七属之内,以便供差贡赋之公云。

宽沟堡东北外附七属庄:狼窖、骚泥泉、狼跑水、野狐水、红土井、赵家水、白茨水、红豁岘,分言之有八庄,约言之并隶于内七属。地之相去,或五六十里,或六七十里,皆寥廓荒废寂寞无人之境。统计七属,十有七庄,四百三十一户,原额地七十二顷余亩,各起征科则不等。南望皆崇山峻岭,茂林高松,又有清流潺湲,足资民饮。若护山林以周水源,禁斧斤以储材木,则宽民之利赖无穷焉。北向则平原无垠,先年民压沙田,丰年收成与秦王川相等。兵燹后民贫地远,至今荒废。

宽沟堡属狼窖之南小邑杨家磨护林一处,公山也,地不甚阔,材木生焉。同治年奸民专主砍伐,光绪初年,地方兴讼,府宪定案,准地方修盖庙宇、葬死者具领材木外,不得无故恃强擅伐。

(录自《皋兰县红水分县采访事略》)

要义点评:本文详细介绍了宽沟堡所属庄户的地理位置、村落名称、土地人口等基本情况,并说明了将远近村庄这样分配搭对的目的是方便给地方政府"供差贡赋"。文中最可贵的是说:"若护山林以周水源,禁斧斤以储材木,则宽民之利赖无穷焉。"由此可见,清朝末年,虽然政治腐败,民不聊生,但人们的生态环保意识还是存在的。同时,政府也采取了一些有效措施,如"同治年奸民专主砍伐,光绪初年,地方兴讼,府宪定案,准地方修盖庙宇、葬死者具领材木外,不得无故恃强擅伐",这与今天高质量发展所倡导的生态文明战略是相一致的,值得借鉴反思。

(九)张广泗籍贯考略

张广泗不是景泰人

高启安(兰州财经大学教授)

《丝绸之路》杂志2011年第15期刊登了《名将疑云:寻找张广泗家乡》一文,据生活在今甘肃省景泰县寺滩乡宽沟村张姓村民说,清代名将、处理西南少数民族事务能手、为安定西南边疆作出了重大贡献的张广泗,是此地人,该地地名形成也与张广泗被杀有关。"扁水村民张之廉说,张广泗被斩后,这里的张氏族人为防备朝廷株连,就将这里分为上、下扁水,将张广泗府邸所在的地方称为下扁水。有人告诉我们,扁水这个地名也是有来历的,据说,张广泗的府邸前挂一大匾,而门前有一溪水长流,故而人们称之为扁水。"

该文作者曾就此专访当地,找到了一些据说可能与张广泗有关的建筑遗迹。而在景泰县,该说法确实比较流行。笔者小时候即在民间听到张广泗为景泰人的传说,说得有鼻子有眼。不仅说上下扁水张姓因张广泗被杀而躲避,还说张广泗本与岳钟琪为表亲。二人反目互斗,两败俱伤,终致一人身陷囹圄,一人不得善终。因此有必要对此稍加求证。

　　由于清朝正史对张广泗的籍贯未予记载,只简单一句话:张广泗,汉军镶红旗人。没有留下相关作品及记载,其确切籍贯鲜有人提及,因此,寺滩乡流传此类说法不足为怪。

　　文章说"岳钟琪、张广泗虽功勋卓著,但却悲喜两重天。如今,岳钟琪为人们所熟知,而张广泗却连家乡都找不到。"

落陵碑残片

　　而甘肃省文物局编《甘肃省第三次全国文物普查重要新发现》一书在没有确证的情况下,认定宽沟村扁水碑滩墓葬群为张广泗祖茔。其实,张广泗的籍贯,并非没有史料记载。张广泗曾在贵州任职多年,他之发迹,始于贵州。康熙六十一年(1722年)前,由监生捐纳入官,

候补知府,康熙六十一年(1722年),选授贵州思州知府。雍正四年(1726年)以后,在官场上一路顺风,到雍正五年(1727年),即已任贵州按察使,成为方面大

古墓遗迹

员,雍正、乾隆相继委以西南重任,倚为干臣。除了其出色的才干外,另一个获得雍正皇帝信任的原因,应该与其"汉军镶红旗"的身份有关。

我们知道,汉军八旗的组成人员主要以清初贵族征战中所掠夺的关外、关内一带的汉人及降人为主,他们隶属于各贵族,与奴隶身份不相上下。但清军入关以后,则汉军八旗人的地位要高于其他汉人,八旗汉军甚至有和满人同等的地位,视为满族。

《旗军志》的作者金德纯在谈到这个问题时说:"爰立八旗,曰正黄、镶黄、正白、镶白、正红、镶红、正蓝、镶蓝。每旗析三部:以从龙部落及傍小国臣顺者子孙臣民为'满洲';诸漠北引弓之民,景化内徙者,别为'蒙古';而以辽人故明指挥使子孙,他中朝将众来降及所掠得,别隶为'汉军'。"

王钟翰先生在《关于满族形成中的几个问题》一文中认为:"凡被编制在八旗之下的人们,不管满洲也好,蒙古也好,汉军也好,都可以自称或被称为'旗人'即满族人了。……前人一向是把汉军旗人当作八旗成员之一来对待的。"

后来虽有汉人隶属或加入汉军八旗的现象,但其地位总不如早年入关前加入汉八旗、满化较深者。而张广泗在康熙六十一年前即由监生捐纳入官,候补知府,六十一年恩授思州知府,可见其家族在籍时间不短。从张广泗给雍正的奏折中自称为"奴才",亦可知张氏家族应为早年入旗的汉军。

有关张广泗家世籍贯资料并非一无所有。张广泗于乾隆元年(1736年)任贵州总督,《贵州通志》清楚记载其为奉天人:"张广泗,奉天人,贡监,乾隆元年任。"奉天即沈阳,为张广泗确属汉军旗人提供了佐证,也是张广泗非景泰人的铁证。所谓"贡监",正是捐纳出身官员的称谓。此《贵州通志》的撰修负责人中,就有张广泗本人,而且就是他在修撰完成后上书呈献该志的,记载其为奉天人不致有错。按扁水张氏传说因广泗处斩而隐匿族籍,而此时广泗正春风得意,何以改籍贯为"奉天人"?

除此外,我们在《雍正朱批御旨》中,看到了这样的资料:雍正六年(1728年)十月上谕二十五道,初二日奉上谕:原任通判张镐,素性钻营多事,居官声名甚劣,及在营田水利效力,又不奉公守法,致犯枷责之罪。近览张广泗奏折,始知张镐即张广泗之父。张广泗历任声名甚优,且能实心为国家宣力,诚足以盖父之愆。从前赵宏恩之父赵世纶赃私累累,朕因赵宏恩勤慎居官,特开恩宽宥其罪。今张镐既有此贤能之子,着将张镐枷责宽免。张镐应洗心涤虑,安静守分,俾其子得以专心供职,上报国恩。倘仍蹈故辙,或贻累伊子声名,必将伊父子一并治罪!

张广泗在上雍正的奏折中为父求情,则说得稍微详细,不惮冗长,抄录如下:奏为谨陈蚁悃跪恳天恩事:窃臣父原任山东兖州府管

古墓残碑

河通判张镐，于康熙五十七年（1718年）丁忧回旗候补，于雍正四年（1726年）蒙皇上天恩，命往水利营田效力。因父奉委卖米，有应交米价银两迟延日久，始行缴纳，经总理水利营田使怡亲王参奏，奉旨交部议处。昨阅钞报，内开刑部题为特参亏空等事，将臣父拟以枷责等因具题，奉旨依议。钦此。跪读之下，战栗惶恐，感激涕零。伏念臣父以闲废之员，蒙我皇上天恩，录用命往水利效力。臣以庸劣愚贱之人，蒙圣主拔擢巡抚，隆恩异数，荣宠非常。父子既受我圣主格外之恩，今臣父有罪，亦宜从重加倍究治，乃复蒙皇上如天之仁，仅将臣父予以枷责。惟举家顶戴，何敢复有渎陈？但思臣父犯罪，则臣系罪人之子，何以表率寮属，忝任封疆？又据臣在京家人禀称：臣父在顺城门内枷号二旬，因患病求保，俟病稍痊，再行赴部领罪，尚未蒙准等语。伏念臣父受皇上天高地厚之恩，不能竭力图报，自取重咎，虽骈首待死，亦罪所宜然。惟是臣父年近六旬，素有弱疾，今复染重病，若不能保出调养，势必旦夕就毙，长戴此罪名以没世矣，虽欲改悔迁善，其道无由。为此臣跪恳天恩，将贵州巡抚员缺另简贤员，准赴京代父加等领罪，或容遵旨，敬谨竭力，办理生苗事竣，即星驰赴京代父领罪，使父得以洗心涤虑，痛加改悔，则臣父子均沐我皇上赐以再生之恩，自新之路虽捐糜顶踵，肝脑涂地，不能仰报于万一也。无任战栗哀吁之至。谨奏！

雍正皇帝的朱批则颇有意思，反映了他的御臣术：此奏朕嘉悦览之。殊不料张镐生汝此等佳儿。暨赵世锡生赵宏恩、郭维萁生郭铁，皆属奇事。虽然人才后胜于前，正乃国家之福也。汝父之居心行事，汝为其子，自不敢言姑，平心一思，是耶？非耶？但既生汝，如是为国宣猷，奉公效力，

张广泗

之子则诸过悉可抵除。已有旨,尽宽尔父之罪矣。至汝父之心行,当以为终身戒,万勿稍蹈一二,切须砥砺操守,若似汝父,是所谓孝子慈孙,百世不能改者,虽悔何及?谨志朕恩,莫致有负。勉之。勉之。

我们在《兖州府志》中找到了张镐其人:"张镐,镶红旗人,俱康熙时任以上捕河通判。"可知张广泗的父亲叫张镐,原任山东兖州府捕河通判,虽是一个低级小吏,却是一个肥差,这可从张广泗捐纳知府看出。按清代捐纳制度,在满足捐纳的条件下,捐出的钱越多,所得的职位越高。张广泗出手慷慨,应该与其家资丰饶有关[张的仇人岳钟琪于康熙五十年(1711年)捐官,只捐了个"同知"。张广泗于康熙六十一年(1722年)前捐纳,时间上的吻合,恐与其父任捕河通判有关]。张镐于康熙五十七年(1718年)丁忧回旗候补,雍正四年(1726年)即在怡亲王负责的"水利营田"效力,委派购粮重任,属于怡亲王管辖,可见张家与皇族关系之不一般(笔者臆测,广泗之父张镐很可能原是怡亲王允祥家奴)。大概贪污了买米的银两,怡亲王恐受牵连,先行参奏,受到枷责的处分。而此时张广泗正负责西南苗民事务,受到雍正皇帝的倚重和恩宠,所以,张广泗为父求情的奏折一到,雍正立刻做出了"尽宽尔父之罪"的决定,还对张广泗一顿夸奖。

张广泗果若是景泰人,则不可能在甘肃地方志中渺无信息或漏载。清代《临洮府志》《皋兰县志》《兰州府志》以及《皋兰县红水分县采访事略》《创修红水县志》等,均不言广泗为景泰人者。在历代地方志非常重视乡贤、本邑高官事迹的历史背景下,诸方志不载广泗事迹,不言广泗为本邑人,张广泗祖籍非景泰明矣。另外,据《甘肃省第三次全国文物普查重要新发现》一书,碑滩共有墓7排21座,占地面积约200平方米(笔者曾专程考察),则墓主家族在此地生活时间不短,残存碑座等物显示,墓主为一豪贵,不至于因一人犯罪而整族湮没于史籍。

可见,张广泗乃隶籍奉天,为汉军襄红旗人,与景泰无涉。扁水张氏关于张广泗的这个传说,显系附会名人。景泰寺滩乡扁水村张氏应与张广泗没有关系。

第三节　永泰川

永泰川现代农业蓄水库

永泰川,东接新泉滩,南邻老虎山,西到何家滩,北连昌林山,地势开阔,气候干燥。西南高,东北低。放眼永泰川,川滩交错,沟壑纵横,旱灌相连,一马平川,总面积约313平方公里。永泰川中央有永泰大沙河,发源于老虎山深处的老虎沟,自南向东北,流经永泰川,在寺滩村与横沙河(源头在古浪县境的新堡子乡上泉沟,流经黄草塘、新堡子、白茨水、三道塘等地)交会到一起,绵延向东,流经黑屲跟、国营条山农场、条山村、席滩、芦阳、吊沟、响水、段家沟、杨家庄、黄家湾、岘湾园子,至索桥入黄河。在芦阳境内叫芦阳沙河。据《景泰县志》记载:"今景泰县治(芦阳)以南之大沙河,源出老虎沟,东北流与横沙河会,东流至索桥河……"永泰大沙河,流域面积为1962平方公里,总长度为83公里,其下游响水沟的流量代表了上游寺滩——芦阳及草窝滩等地1962平方公里汇水面积内的地下水溢出量。根据观测资料,年平均流量为386升/秒,年径流量为1218.7万立方米。永泰大沙河常年干涸,夏秋雨季时有洪水暴发。永泰川东端有教场沙河,源出老爷山麓的黄胶泥沟,向东流经教场、山尾子、牙石头,到石磊子梁与骟马沟沙河相汇,经郭家窑、东梁、刘庄、付庄、陈庄(喜泉镇)、芳草(芦阳镇),在芦阳镇席滩村与永泰大沙河汇合,经芦阳东关、磨湾、吊沟、西关、响水、索桥沟流入黄河,全长约45公里。永泰川干旱少雨,地无河,温差大,无霜期短,灾害频繁。一旦遭遇连旱,农业就歉收。新中国成立后,寺滩乡农业发展很快。为抗旱保粮,政府组织人民群众大规模铺压砂田,1990年永泰川有砂地4.3万亩,有效增加了全乡粮食产量。但是,依旧改变不了农业低产、靠天吃饭的状况。

永泰川大沙河

　　永泰川灌溉引水工程于2017年12月经省发改委批复立项,2018年列入省列重大建设项目,2019年由景泰供水工程指挥部(项目实施机构)采用PPP模式,引进江苏镇江市政建设集团作为社会资本方,成立了项目公司(甘肃永泰川水务有限公司),又与中国农业发展银行景泰支行成功合作,落实了融资贷款,破解了资金难题,推进了项目建设。

　　项目初步设计批复总投资5.72亿元,从引大入秦工程东二干渠末端取水,跨境"两市三县"(兰州市永登县、皋兰县,白银市景泰县),引水至景泰县永泰川,全长72.3公里。工程采取高压输水、全程自流,实行动态监测、远程控制、自动化调流调压等"智慧水务"管理措施。工程年供水指标

3000万立方米，设计流量2.8立方米每秒，当前可供节水灌溉面积15万亩。工程由前、中、后三段组成，共有各类水工建筑324座。其中前段为新建干渠工程，从永登县甘露池至喜泉镇英武输水渠起点，长15.5公里，新建隧洞11处11.83公里，暗渠12条3014.75米，其他水工建筑16座；中段为利用原引大入秦延伸景泰供水工程英武水库输水渠，长18.2公里，有隧洞21座，明、暗渠5.5公里，渡槽4座，倒虹吸5座，其他水工建筑38座；下段为新建干管工程，从车路沟至永泰川片区，长38.6公里，全程采用铸铁管和钢管高压输水，新建122万立方米调蓄水库1座，穿管隧洞1处，省道201线穿管涵洞1座，进水池1座，平压池1座，其他水工建筑212座。

工程于2020年5月10日率先完成后段管道主体工程，服务于永泰川生态农业产业园区，提前发挥了工程效益；于2022年4月17日，在3#隧洞（长2768米）入口处合拢，实现整体贯通，达到了通水条件，5月2日开展了试通水工作。永泰川灌溉引水工程是景泰县近年实施的重点民生工程、生态工程、幸福工程。2021年，被省财政厅确定为PPP示范推广项目，被省水利厅确定为引进社会资本的典型项目。为全县产业结构升级、一二三产融合，大力推动乡村振兴和黄河流域高质量发展奠定了坚实的水利基础。2022年11月24日被《人民日报》以"永泰川何以变成米粮川"为题整版报道，被国家发展改革委《发展改革参考》2023年第2期作为典型项目宣传报道。

万亩葵海

问渠那得清如许？为有源头活水来。今天，一座座现代化水库像明镜一样镶嵌在广袤的永泰川里，一渠渠清泉像甘甜的乳汁滋润着干涸的永泰川。万亩葵海、千亩籽瓜片区、麒麟西瓜园、枸杞种植园、甘草种植基地、旱砂地禾尚头小麦片区等参差有序地排列着。一片片绿野，一簇簇金黄，一声声鸟语，一阵阵花香……绘制成了一幅绚丽的绿洲美景。这里，现代农业与传统农业并驾齐驱，绿色农业与高效农业欣欣向荣。金秋时节，勤劳质朴的永泰人民穿梭在戈壁、绿洲、古堡、烽燧之间，收获着丰收的喜悦，成群结队的游客在凉爽的秋风中，尽情地体味着永泰川里丝路、农耕、边塞、现代文明的交响乐，形成一道亮丽的风景线！

昔日，"拉羊皮不沾草"的永泰川变成了景泰县重要的戈壁农业示范基地。千年荒原焕发出了青春魅力。

第四节　丝绸之路与永泰城

国道338线永泰段

永泰是古丝绸之路通往河西的门户与要隘，是丝绸之路最早开辟之捷径所经的重地。自张骞"凿空"西域后，由长安通往西域的丝绸之路遂得以开通。历史记载丝绸之路过景泰有三条道，其中两条都经过寺滩永泰地区，一条东起黄河古渡索桥，经响水吊沟、芦阳、一条山、永泰、寺滩，过白茨水入古浪西去河西;另一条是靖远去武威的马车大道,在靖远三角城、虎豹口渡过黄河,经过刘川、吴家川进入景泰尾泉、中泉赵家水、野狐水东梁、永泰、寺滩,从白茨水或新墩湾进入古浪、武威,挺进西域。1972年出土的《居延汉简》记载:"媪围至居延置九十里,居延置至鰈里九十里,鰈里至揟次九十里,揟次至小张掖六十里。"媪围即今芦阳镇吊沟村。居延置,据有关专家考证为今寺滩乡白茨水村,距寺滩、永泰不远。汉简说明古丝绸之路经过景泰寺滩、白茨水等村,这些地方历史上都隶属于永泰堡。

　　由于永泰城地处丝绸之路重要地段,商旅往来络绎不绝。在明清时期,城内商铺林立,商业繁荣,经济发达。直至20世纪40年代,城内还有庆余臻、魁泰号等多家商铺,红水县商会自成立以来一直设置在永泰城内。永泰城因战而筑、因商而兴、因厚重的历史文化而闻名丝绸北路。数百年来,这里始终洋溢着浓郁的丝路商旅文化气息。

第十二章　古城轶闻传说

第一节　民间传说

(一)老道御龙

王侯将相几千年,莫如乡野牧羊倌。

展翅昆仑观宝遍,浮游云海识龙潜。

荣华富贵梦幻间,父子排来辈辈颠。

识得其中真妙诀,阴阳由此化神仙。

明崇祯末年,天灾人祸,内忧外患,连绵不断,特别是在军事上败绩累累,对农民起义无可奈何。面对江河日下、四面楚歌的时局,统治阶级不从挽救人心民意上下功夫,而是"可怜夜半虚前席,不问苍生问鬼神",听信道士谶言,大搞迷信活动。皇帝派出多路精通堪舆之术的道士到全国各地"御龙"或"斩龙脉",一时间,大江南北、长城内外谣言四起、人心惶惶。

"龙脉"是旧时堪舆家关于山水形势的术语。自秦汉开始给皇帝建陵寝以来,历代帝王都把选择万年吉地——坟地、修建皇陵作为头等大事。在选择陵地时,多奉《葬书》《撼龙经》等书为经典指南,遍选京畿附近山河,以求龙脉永固,万年承休。皇陵划定后,严禁军民进入陵区内樵柴、狩猎,以免坏了龙脉、露泄王气,对违禁者则格杀勿论毫不手软。所谓的"御龙"就是赶龙脉,希望将那些正旺或当旺的龙脉地气邀补到皇家的龙兴之地南京和当时的皇都北京,以挽救家运与国运。而"斩龙"则是将那些有王者气象、又不服驾驭的龙脉就地施法筑起丘垒予以封斩。至今许多名山大川的主峰之上几乎都有一座小土包,据说就是当年各路道士的杰作。

话说当年中秋的一天,一位须发斑白的老道自昆仑山"御龙"来到永泰城南奎龙山下一处山坡上,老道有点体力不支,打了一个盹儿,差点儿"马失前蹄"。一睁眼,发觉其中有一条龙没有了动静,急忙从龙尾跑到龙首看看到底出啥事了。但是,龙首距龙尾足有一里之遥,首尾难以兼顾,老道无法判断这条龙究竟是死是活。碰巧,一位牧羊老汉正赶着羊群路过此地。老道想:放羊人不识字,又不懂地理风水,更何况又是一个乡野老头呢?所以就将牧羊老汉叫到跟前说:"老人家,请您帮个忙行吗?"老汉很痛快地答应道:"行!"于是,老道将一把桃木剑插在一块微微隆起的土包上,说道:"您在这儿看着,我到后面去踩踩,如果我在那儿踩时这儿有动静,您就招招手。如果没有动静,您在插剑的地方使劲地踩三下就行了。"老汉点点头说:"成!"老道回到龙尾,使劲踩了踩,高声问道:"动不动啊?"只见那块土包真的在跳动!地块怎么会自己跳动呢? 老汉被惊呆了,慌得不知所措,根本就没听见老道的问话。老道一看老汉没有招手,提高嗓门喊道:"老人家,您使劲踩三下,我看看这儿动不动。"老汉心里发怵,怎敢在这土包上踩,只是小心翼翼地在土包旁边象征性地踩了三下脚,就赶紧躲到了一边。老道一看没动静,摇摇头仰天叹了口气说道:"看来是天意呀!"他返回老汉面前,郑重其事地说道:"老人家,看来您与我前世有缘,我实话告诉您吧,我是个赶龙人,今天有条龙走到这儿不幸死了。我给您做个记号,如果您家中老人去世后就将他葬在这条龙脉上;如果家中没有老人,就等您百年之后,让家人把您安葬在这儿,将来您的后代中会出很多达官显贵,如果这条龙还活着的话,必出公侯将相,享不完的荣华富贵!"老汉这才如梦初醒,心中又惊又喜,看来今天是遇上高人了!老汉高兴得不知如何是好,便将身上背的干粮和水全部奉送给了老道,非常感激地说道:"托道长吉言!我家就在不远处那座城里,马上就到家了,你还要赶远路,这些干粮和水你都带上吧。"老道也不客气,径直背起干粮和水,手提桃木剑嘴里念念有词,沿着山边缓缓向东而去。

这老人不是别人,正是永泰城望族岳氏的始祖岳仲武。他解甲归田后,虽然"家道殷富,不亚陶朱",但他笃行勤俭之道,耕牧为业,忠孝传家。岳仲武与妻赵氏共育有三子,长子岳文达,次子岳文元,三子岳文魁。岳文魁,字兆元,是清宁远大将军岳钟琪的曾祖父。岳仲武去世后,就埋在了奎龙山下——老道指点的龙脉上。数年后,果然岳氏一门飞黄腾达,荣极一时。

(二)熊娘娘

绝艳佳人出永城,自古红颜多薄命。
春风十里龙沙岘,寿鹿山尾衣冠冢。

自古常言道"龙生龙、凤生凤""鸡窝里飞不出凤凰",但这些话也不尽然。相传,大明崇祯年间,永泰城里就出过个熊娘娘,这事在景泰境内,尤其是永泰城一带,辈辈相传,连三岁的娃娃都知道呢。

话说明朝末年,肃王朱识鋐坐镇金城,一日午后做了一梦,梦见有一只金色的凤凰从北方飞来,沿王府绕了三圈之后,就落在肃王寝宫顶上高鸣了三声。肃王一梦惊醒,忙叫众位臣子们来解梦。

有位臣子说:"我主所梦,此乃是凤凰寻巢,应在北方,有贵人待选。"

肃王一听,就命钦差向着金城北方一路去寻。

钦差从金城出发,带着戏班子,一路经皋兰、保定等堡,选来选去,还没有选中比较中意的。于是,钦差继续北行。

有一天来到永泰,这座城是万历爷时的兵备副使邢云路督修的一座兵城。钦差想这里南依寿鹿山,人杰地灵,说不定真凤就藏在这灵山之中,于是就下决心要在这多寻访几日。

当天就在城内搭起戏台开台唱戏,一面派人到四处察访。

有的大户人家听到肃王要选贵人的消息,就叫姑娘浓妆艳抹,打扮得花枝招展,及早到戏院里去看戏,打算攀高结贵。也有的怕将女儿选去禁锁深宫,不愿将亲生骨肉推入火海,不敢叫姑娘出门露面。

大戏连续唱了三天三夜,派出去私查暗访的人也都来呈报了情况,物色了几个,但还是没有个中意的。想要跛子里头拔将军,交差了事,又怕肃王不高兴,重寻事小,丢掉乌纱帽事大。没办法,就决定再访两天。

那天中午开戏,钦差亲自坐在台上,隔着台侧的花窗子看着台下看戏的姑娘,一个一个地看过来,再一个一个地看过去,看来看去也没有发现一个贵人模样儿的。看着看着,心里也就闷了,再加上天热,钦差就趴在桌子上想打个盹儿,迷糊一会儿。这一趴就做了一场大梦。

梦中,他见到一座庙院,庙院虽然不大,但盖得整整齐齐,还算阔气。北首是大殿,对面是一座戏台。台上正在唱戏,他无心看戏,就从厢房开始转起。见这边塑的是十八层地狱,塑的都是些在阳世三件好事不干,坏事做绝,死后到了阴曹地府,被拔舌剜眼、开膛破肚、下油锅、上刀山等受刑的,叫人一看就心惊肉跳;那边塑的是二十四孝,有丁郎刻母、王祥卧冰、目莲僧救母等,这些都是做人的典范。正北大殿两旁一边站的是千里眼,一边立的是顺风耳。

一进大殿,正中坐的是城隍,两边站的小鬼、判官都塑得很有情趣。看到这里,钦差心想:"入乡随俗,既到这里,神灵不可不敬,何不求告城隍佐助,帮我完成这件差事呢?"于是,就点了三炷长香,诚心诚意地拜了城隍。待到起身刚出殿门,就见身后有一条龙,伸出五爪向他的衣领上抓来,他一惊,一回头,又见一只金凤从殿前右面的明柱上飞下来,凤爪直向他面上抓来。他又一惊,吓了一身冷汗。醒来一看,台上还在唱戏,又隔窗向下面四处一望,见这座城隍庙怎么与他梦中所见的一模一样。心中觉得奇怪,就到后台换了便衣便帽,一个人悄悄地走下戏台,按梦中的路线查看了一圈。

他走着、看着,越看越觉得与梦中相像。最后就干脆进了大殿,见殿内城隍、小鬼、判官的容貌都与梦中的一模一样,越看越像,越想越怪。

"莫非这里真有金凤还没露面,今日城隍有意点化不成?"心里一动,就又按梦中的心思诚心地点香叩拜城隍。

当他走出大殿,再仔细地看殿前门面时,突然看见一个农家女子,穿得破破烂烂,头不梳,脸不洗,一头搔疮,叫人一看就恶心得想吐。

钦差看不下去,没走几步,又回头一看,见这女子站在柱根边,用腿夹着柱子,一手抱着柱子,一手撩着乱糟糟的头发,正傻乎乎地看戏呢。他又一看柱子的部位,正好是右边。心里一动,又走到跟前,这时也忘了恶心,装着没事的样子走过去、走过来地仔细看了看她的模样,觉得这女子虽然脸上的垢痂结了一层,还有几分秀气。莫非这就是梦中的金凤?大概是这女子还不到显贵之时,老天怕坏人欺辱,用这外表,有意保了贵人的贞身。他越想越觉得有理,就快步走上了戏台。

"来人!"

"是!"随从们都前来领命。

"大殿那边,有一个癞头女子,戏散之后,暗地里跟着她,看她是哪一家的女子,姓甚名谁,要打听得清清楚楚。"

"是,大人。"随从们都到后面去了。

原来这个女子是城内熊寡妇的女儿。熊寡妇早年丧夫,家贫如洗,只养一儿一女,儿子懂事早,从小整天上山砍柴、采蘑菇、挖药材,勉强撑着一家子才活过来,哪有钱为妹妹置办些穿戴?家里穷,没房子,就住在城南的一眼土窑里。

熊姑娘生性好红火,这几天,天天瞒着亲娘和哥哥一个人到城隍庙里来看戏。常言道,人穷志短,年及二八的姑娘多少也有些害羞,衣服破破烂烂,补丁压补丁,自知无颜,一到戏院里就不敢在人前面露面,就一个人远远地借柱子挡住补丁衣裳。她看戏出了神,哪里还知道有人在她前后盯着。

戏快散了,熊姑娘一个人悄悄地离开戏院,在半路上挖了些野菜,这才回到破窑里去了。

当差的向人一打听,才知道这家姓熊,就赶忙回禀了钦差。钦差一呼,忙叫手下人备轿,拿了几件换身的衣服,到破窑里去请姑娘,并差人送去了些米面。

熊寡妇正在破窑里煮野菜,熊姑娘正在给母亲讲戏,突然听到一队人马吹吹打打地朝这里走过来,出门一看,正好迎请姑娘的轿子落到窑前。穷山沟里的小户人家哪见过这个阵势,一时都被吓呆了。

"你就是熊姑娘吗?"一个差人官气十足地问。

"老爷,这就是熊寡妇母女。"跟着领路的乡民介绍说。"熊家的,你不要害怕,钦差大人有事要请姑娘去问一下,没什么事。这是几件衣裳,叫姑娘先换上,也好面见大人。"说着就把衣裳递了过去。

"换什么,穷就穷个本分,有事就去,别吓了我的老娘。"姑娘说着就进了轿。

那个打官腔的被吓了一跳,没想到这山野女子如此大胆,我还没请进轿,她就大大咧咧地进了轿子。心里有气,也不敢明说,心想,反正是大人有请的人,抬走再说。就喊:"起轿!"

一路上还是吹吹打打,一直向钦差的临时住所里去了。

到了钦差的临时住所,刚一落轿,钦差大人就亲自来迎。这下永泰城里可热闹了,人们跟前不敢来,就站在远处看着,悄悄地议论着:"哟,今天癞头女子吃香了,坐着轿子,钦差大人还亲自出迎,这都是怪事。"

"没看出,寡妇的鸡窝里出凤凰了。"

"这个大人真没眼力,给肃王选娘娘,好的挑不上,怎么抬了个癞头女子!"

"是不是这个女子冲撞了大人?"

"哎,不是。若是冲撞了大人,不是锁枷,就是绳绑,这可是用八抬大轿抬来的。"

这些人看着、议论着,一直到熊姑娘和钦差进了大门,才一个个地离开了。

这个钦差还懂些医道,他早就用几样名贵的草药配了一服药,叫人熬了一大锅汤。等姑娘进门,就命一些随身的丫鬟、婆子们领着姑娘去洗澡。

开始,熊姑娘不好意思,只说:"老爷有什么事?问完了我还要回去,不然我的老娘要急坏的。"

一个婆子说:"听大人说没什么事,我们是要给姑娘看癞头病的。你娘那里,大人还差人送去了米面酒肉,你就放心吧,先梳洗一下,换身衣裳,回头也好见大人。"

熊姑娘一听,就顺从地洗了澡。这一洗过就露出真面目了,只见她头上的骚皮烂疮霎时结成了硬壳,脱去硬壳,七尺云发黑明黑明地发亮。丫鬟婆子们惊呆了,忙去回禀钦差。钦差一听,叫人取过宫衣给婆子拿去,说:"快帮她穿戴起来,扶将出来。"

等熊姑娘穿戴好出来,饮差再一看,只见姑娘面如傅粉,唇如朱丹,柳眉凤眼,长得漂亮非凡,身条、步态就像仙女一般。又联想到梦中的情节,一思想,就赶忙起身,跪倒在地:"臣参见贵人娘娘千岁!"

"平身,快起来。"熊姑娘不提防把听到的戏上的话都说了出来。说罢连自己都吓了一跳。

左右的人都惊了,怎么这女子连宫廷礼数都知道。

钦差大人也一惊,忙叩头谢恩。

就这样,永泰城里的癞头女子被选成了王妃。

熊娘娘衣冠冢

熊老大打柴回来,听说妹妹被选成了王妃,他不愿随着妹妹去金城,就背着老娘躲进了深山老林。待老娘死后,就埋在寿鹿山尾井子川那边。如今那里还有一座坟,人们都称它为熊家坟。又传言说,这里埋的是熊娘娘的衣冠冢。熊娘娘选中王妃进金城时,路过此地,见这里泉水清澈柔和,阳光明媚,兴之所至,遂下轿梳洗打扮,头部脸上蜕下了一个完整的外壳,随从人员把外壳就地埋在了这里。永泰人为了纪念熊娘娘,在这里添土立碑,建成了衣冠冢。至今,人们把山尾子熊娘娘梳洗过的地方还叫"美貌嘴子"呢!当地人俗称"眉毛嘴子"。

事后,钦差大人四处打问了几天熊寡妇母子的下落,也没人知道他们到哪里去了,就抬着熊姑娘进了金城,肃王一见,就封了妃。

后来金城里发生兵变,肃王全家被义兵杀光了,熊妃因肃王被杀,就碰死在一个石碑前。自那以后,每当天阴下雨时,这块碑上就会渗出血色的水珠子,后世人把这块碑叫碧血碑。一些文人墨客还在上面题了几句诗:

熊妃兼殉夫,声名凛冽存。

一代红颜搁,千秋碧血痕。

碑后一句诗为:"一抔黄土藏梧泪,七尺寒石碧血碑。"

至今,这块碑还立在金城兰州的某个公园里。

第二节　岳公轶事

(一)收一收　吃九秋

永泰川前秋风净,英魂常伴日月明。

古来仁义贯天脉,唯有桑梓重千钧。

岳钟琪,字东美,号容斋,史书上记载其为"甘肃狄道人也"。其实,他的老家就在现在景泰县寺滩乡永泰城内。官草沟村东有块地方,现在人们仍叫岳家坟掌,那里就是他家的一处祖茔。

传说,岳钟琪将军征西平南,扫东讨北,征大小泾川,平噶尔丹反叛,为清廷效力,战功赫赫。一次皇上召见他,问他要什么。

永泰川

岳将军跪在地上,高呼:"皇上万岁!谢圣上恩宠。为臣区区寸功,蒙圣上如此厚爱,臣哪还敢有非分之想。"

"爱卿不必多虑,有话直说不妨。"

皇上一再催促,岳将军这才说道:"臣一不缺金二不缺银,不愁没饭吃,不愁没衣穿。征战有骏马,出入坐官轿。一路上,蒙圣上厚爱,文武官员见我,文官下轿,武官下马。位在皇上之下,官至万人之尊。区区寸功,圣上待我如手足,我还有什么不满足的?只是有件事情奏上,望圣上宽恕。"

"爱卿有事,十件八件地尽管奏来。"

"圣上,生我者父母,养我者天地,知我爱我者百姓。我的家乡永泰,地处西北边陲,近年来天灾人祸连年发生,十年躬耕,九岁无收。我求圣上如要赏赐为臣,减去臣家乡百姓的皇粮和赋税,臣心足矣。"皇上一听笑了:"区区小事,这有何难?依爱卿所奏就是。快起来,快起来。"说完,随手就写了一道圣旨。

"谢皇上,万岁,万万岁!"

岳将军捧着圣旨下了金殿,又请了一月假归里省亲。

话说将军一到故乡,永泰城里的男男女女、老老少少都挤到岳府里来看望他。人来人往,把个岳府围得比过庙会还热闹。

那天,将军吩咐家人置办了几桌酒菜,请来了地方上有名望的一些老人、先后入座。酒过三巡,将军捧出圣旨,点香跪拜之后,当众展开阅读了一遍。二次入席,又将向皇上奏言的话说了一遍。

一位老者听完,就大叫一声:"哎呀!将军,常言道'贵人口中无戏言',你是天上的星宿,是人间的贵人。'十种九不收'这话像我们这些屎肚子百姓说了也没啥,但这话将军说了,天人相应,贵人的玉口封了。今天免了赋税、不交皇粮固然是件天大的好事,只是今后咱这地方恐怕真的要'十种九不收'了!"

这一说,众人心里都像压了一块石头。

岳将军听完,一看众人的表情,心里也觉着不是滋味儿,一想,就站了起来,双手抱拳,向左右作揖:"诸位,这有何难,我们这个地方虽说'十种九不收',可是收一收,就能吃九秋,这还不等于年年有收成了吗!"

"好!说得好!"

众人无不拍手叫好:"我们这个地方,确实是'收一收,吃九秋'。"

传说自那以后,肥沃的永泰川开始十年九旱,十种九不收,逐渐蜕变成了"拉羊皮不沾草"的地方。但十年之中就能碰到一两个好年景,收一收,就能"吃九秋"。

(二)巧补五脏六腑

> 驿馆寒灯独不眠,客心何事转凄然。
> 故乡今夜思千里,霜鬓明朝又一年。

永泰城是明万历年间兵备副使邢云路督修的一座兵城。城堡方位比较特别,城平面呈椭圆形,只向南开了一个城门。瓮城向外伸出,就像一只灵龟头似的。城周围四个马面,变形地筑成四个半月形的结构,与城墙连在一起,就像乌龟的腿足。北面筑了一个大城墩,就像乌龟的尾巴。因此,人们都把这城叫作龟城。大概是取自"龙凤龟鳞,谓之四灵"的典故吧。

岳钟琪大将军,地方上都称为岳公。传说雍正二年(1724年)仲春岳公归里祀祖,一天,惠风和畅,岳公带着地方上的一些有头面的老者和绅士,登上城头,沿着城墙溜达了一圈。他看到这城西、南两面老虎山为其屏障,东、北两面地势平缓而且开阔,有着广阔的回旋余地。老虎山为其拱翠,永泰川放眼极宽。又走下城头,到城南架炮咀山头看城,看着看着,越来越觉得这座明代创筑的古城就像趴在永泰川里的一只千年长寿的灵龟。

"众位前辈,你们看这座城,我们叫它龟城,今日看来确实名不虚传。你们看,到底像不像个灵龟?"

老者们看着,都点头附和道:"像!像!岳公所见极是。"

岳大将军说:"兵备副使邢云路真的有眼力,是个兵家。这城地处咽喉地带,确实是个重要的关口。"

一位比较有学识的老者说:"龟乃是灵物,千年长寿。城的形状筑得好,名字也起得好。原来山脚下的这座小城叫老虎城,名字也太俗气了。这'永泰'二字就是永绝胡虏入侵的意思,意味着永泰这里长长久久国泰民安。"一位老者说:"风水也好,人杰地灵。"老者们你一句他一句地议论着。在回家的路上,岳将军说道:"诸位长者,依我看,这城建得不错,就是还缺些脉气。""缺点脉气?"几位老者有些不明白。

"你们看,这城既是龟城,龟的体内缺少五脏六腑,城内无水,就极像龟体内无血,不是少了点灵气?""噢!对对对,岳将军所言极是。"众老者都点头称是。"依我看,百姓们取水、用水,都要出城走四五里路,天长日久,也就太费时费力了。今日邀请诸位前辈、长者们来,就是想请诸位帮个忙,动员百姓在城内凿五眼井,在城西北再修一涝池,井与涝池再用地下水道相连通,以井为五脏,以涝池做六腑,以补一方脉气,不知诸位前辈、长者意下如何?"

"可这城内无水。"一个老者说道。"这有何难。你看,这水磨沟的一股泉水,与其白白地流渗到大沙河,还不如将它引入城内,灌入井池之中,一则补了脉气,二则为全城的父老乡亲办了一件好事,岂不是两全其美?""好啊!将军,你这主意好。我们这就回去动员乡亲们。""对,我敢保证,办这事,乡亲们没有一个不乐意的。"他们说说笑笑地进了城,将岳将军送进岳府之后,这才分头到各家各户去动员百姓。

这工程很快就开始了,前后不到一月工夫,井打成了,涝池修好了,水磨沟的泉水也引进了城。从此之后,城内有五眼井,涝池定名为甘露池,永泰城内的百姓吃水、洗衣服、饮牲口等,再也不用跑四五里的冤枉路了。

第三节　道家奇闻

(一)城隍侍女——穆姑姑

一炷清香佛殿寂,浮生若梦空奔波。

悲喜千般同幻渺,坟头芳草年年凄。

相传大清乾隆年间,永泰城城隍庙内,有一道姑姓穆,不知何方人氏,也不知道何年何月出家到此,城里人都称其"穆姑姑"。这位穆姑姑平时少言寡语,恬淡娴静,一心修道,在城里老百姓心中印象特别好。穆姑姑在庙内的具体工作是专侍城隍爷的日常卫生起居等事宜。白天将城隍卧室打扫擦洗得窗明几净、一尘不染,晚上铺好床被,拉好帐幔,关好寝宫房门,敲响寝钟,然后自己才去休息。第二天一大早,穆姑姑洗漱整洁,然后到城隍寝宫,先敲响寝钟,然后进宫,收拾凌乱的被褥,再去盛好洗脸水,放好毛巾,然后出宫关门,敲钟……过一会儿再去敲钟、进宫、打扫寝宫。就这样日复一日、年复一年,周而复始地虔心侍奉,晨钟暮鼓,岁月静好。

常言说得好:病从口入,祸从口出。有一次穆姑姑与乡亲们闲聊,说到她侍奉城隍的相关事宜,无意间说漏了嘴,道出了事情的蹊跷。穆姑姑说:"晚上把床铺好,第二天早上被褥就乱了;把洗脸水端好,过一会儿水也浑了,地板上还有水点点,毛巾也湿了,似乎像有人洗漱过。"有好事者就怂恿穆姑姑说:"明早儿,你把洗脸水端好,出来敲了钟,不要走远,偷看一下究竟是怎么回事。"实质上,穆姑姑早有好奇心,也决定窥探其中的玄机。第二天一大早,穆姑姑端好洗脸水、关了门、敲了钟……她没有走远,悄悄地躲在了窗外。过了一会儿,似乎屋内有响动,穆姑姑轻轻地舔破窗纸,往里一看,不看不知道,一看吓一跳。她看到两条蟒蛇正在地板上汲水呢!吓得穆姑"妈呀"一声惊叫,这一吓非同小可,然后便不省人事。后经庙里的住持抢救,穆姑姑慢慢苏醒过来,但却双目失明了。穆姑姑追悔莫及,修道数十年,凡心未定,一时好奇,竟前功尽弃,成为盲人。从此,穆姑姑断绝了与世人的交往,终日闷闷不乐,五十多岁时,郁郁而终。相传,永泰民众将穆姑姑葬于城南丁家水地道旁,墓地至今尚存。每年春天,穆姑姑坟上的青草绿得最早、野花开得最灿烂。

(二)摄阳真人——余尔保

剖开顽石方知玉,淘尽泥沙始见金。

不是世人仙气少,仙人不似凡人心。

清嘉庆九年(1804年)十月初二日,永泰城余氏家中生一男孩。这个孩子五官方正,眉清目秀,十分可爱,余氏全家非常高兴、喜气盈门。这孩子到上学年龄进了私塾,聪慧过人,记忆力超常,师父非常器重,认为这孩子将来定能蟾宫折桂,前程无量,于是就取名余尔吉(后改讳为尔保),加强教诲。稍长,即通四书五经之义,但其淡泊功名,无心仕途,师父大失所望。尔保终日唉声叹气,愁眉苦脸,无所适从,凡事不遂其意。然喜恬静,与人不合群,经常独处。乡里均认为其乃好吃懒做之徒,家里人对他也失望,几日不归也无人找寻。正如曹雪芹《西江月·无故寻愁觅恨》所云:"无故寻愁觅恨,有时似傻如狂。纵然生得好皮囊,腹内原来草莽。潦倒不通世务,愚顽怕读文章。行为偏僻性乖张,哪管世人诽谤。富贵不知乐业,贫穷难耐凄凉。可怜辜负好韶光,于国于家无望。"

嘉庆二十三年(1818年)秋天的一个傍晚,永泰城隍庙内来了一伙乞丐,共八人。其中有一女子,手持荷花,美丽端庄;一瘸老汉,身背葫芦,手拿拐杖,携一乞袋;一大肚子胖老头,手拿芭蕉扇;一位似落魄书生,气宇轩昂,身背宝剑;一位青年男子聪明伶俐,手拿箫管,吹奏起来悦耳中听,使人心旷神怡;一位中年男子清秀干练,手拿竹筒;一位小伙手拿简板,能说会道;另一位青年男子手提花篮等。这几位乞丐虽衣服褴褛,蓬头垢面,然出语真妙,形容古怪。尔保一见如故,混在其中,犹如同伙,数日忘归。一日瘸老汉做饭,放三块石头为灶台,置锅其上,添水做饭。尔保见瘸老者仅放把米于锅内,因无柴火,瘸老汉竟将其脚伸入灶内,右手食指与中指并拢向灶内一指,其脚自然生火,火势凶猛,一时锅开水沸,转眼火熄饭熟,其脚丝毫无损。揭起锅盖一看,黄澄澄一锅米饭,一股异香喷鼻醒脑,香不可言。尔保看在眼里,甚觉奇怪。心想,这些人从哪里学来的妖魔邪法?我看你们还有什么本事,都使出来!尔保正想到此处,只听瘸老者说:"小伙子,吃饭。"尔保心想:大伙一起厮混好多天了,都炒面捏娃娃——成熟人了,还客气啥,吃就吃,于是接过饭碗就吃。不吃则可,一吃顿觉其味香不可言,不嚼自咽,比家常便饭不知要香多少倍。更奇怪的是,眼见一小锅饭,九人同餐,都是高碟子满碗,一人一碗不见其浅;一人两碗,饱嗝连天,刚好锅净肚饱,人人喜欢。更为怪者虽数日一餐而不觉其饿,且精神倍增,浑身有力,身轻如燕。尔保想这到底是怎么回事?尔保嘴上不说,只是天天与这些乞丐混搅在一起,要看个究竟。一日,大肚子老汉对瘸老汉说此地有缘人较少,不宜久留,明日西行,再访有缘人。尔保听说他们要走,心里想我也跟上他们,如果真是世外高人,不妨我也学些法术,助长道行。就跟前撵后,缠住瘸老汉也要跟上他们西去。瘸老者对尔保说:"小家伙,我们是一帮乞丐,吃了上顿没下顿,既无金,又无银,你跟上我们图个啥!"坚决不要。尔保见明言无济于事,便想偷偷跟上去。这些乞丐想白天走尔保肯定要跟,便私下商定半夜待其熟睡后再走。半夜,乞丐见尔保已熟睡,便悄悄出走。其实尔保唯恐他们偷着走,在假装熟睡,待他们要走时便大声吆喝:"你们往哪里去?没我你们出不了城!"因为当时永泰城门有专人把守,夜间不让任何人出入,若要深夜出城非要熟人带领不可。乞丐无奈,只好将其带上。到城门口时,尔保正要上前找看守开门,瘸老者说:"不要找,我们自己开门出城。"说着便提起拐棍在城墙上画了一个圈,突然一道亮光出现,一道圆形城门顿开。九人不费吹灰之力便从此处出了城。一会儿来到水磨沟口,谁曾想到,此时的水磨沟洪水滔天、浊浪滚滚,挡住了去路,让人魂惊胆丧,望而却步。尔保很是纳闷,天又没下暴雨,水磨沟哪来这么大的洪水?但是,这些乞丐毫不畏惧,各自将手中法宝置于洪波之上,跳上法宝,踏浪而过,如履平地。只剩瘸老汉和尔保二人还在大沙河边。这时老汉对尔保说:"小伙子,过河!"尔保忙问:"这怎么过?"老汉大声地吼道:"跳过去!"尔保吓得慌忙嚷道:"我的天哪!这不是要命吗?"呆站在那儿,面如土色!老汉又吼道:"小家伙,过!"尔保已经吓坏了,待在原地,一动不动。这时,老汉哈哈大笑,声如洪钟地说:"小家伙,我说你不要跟我们,你偏跟,巴掌宽的一点沙河都不敢过,跟上我们能干个啥!"尔保不敢言声。老汉又说道:"小家伙,你说话不算数。"说话间,就蹲在地上屙了一泡屎说:"小家伙,你说话不算话,就把这泡屎吃上了回去!"口气十分坚定。尔保一看那泡屎,五颜六色,如脓似血,脏不可言。一恶心,差点呕吐出来,坚决不吃。老汉无奈地说:"与道无缘,不可成仙。你不吃我吃上。"说着便狼吞虎咽地吃了下去。吃完后便丢葫芦于波涛中,葫芦变大,老汉跳上葫芦,冲浪而过,霎时不见踪影。尔保看屎底还剩下一点点残渣,便向四周巡视一遍,见旷无人烟,便用右手中指蘸了一点屎,拿起一闻,万万没想到,奇香扑鼻。他甚是奇怪,就用舌头舔了一下,尝其味道。刹那间,一股奇香沁人心脾,顿觉神清气爽,精神焕发,头脑无比清醒。尔保这才恍然大悟,捶胸顿足,仰天长叹:与道无缘,不可成仙!追悔莫及,只是尽快将所剩残屎渣舔干食净……

自此以后,余尔保便周游名山大川,探访高人异士。相传,后又遇异士,传其修炼之法,得其正果。尔保自用中指蘸屎以后,其指变色,若谁家小孩生病用其指比画按摩即愈,众人惊叹不已,赞不绝口,尊其为"余道"或"道爷"。因其通晓易理,得青鸟真传,便不时为人择吉、算卦、选择阴阳宅地。但凡阴地不亲临现场,只指出地点,从不点穴。他说:"惟德者居之。"先人有德就占正穴,德差就埋偏穴。余尔保在永泰城一带影响很大,至今民间传闻颇多。道光年间,余尔保收下西沟王永理、老虎沟陈发昌等六人为徒。其徒均学有所成,在民间颇有声望。光绪年间尔保周游各地名山,数年方返故里,怀抱观音菩萨塑像三尊,赠予弟子。至光绪十五年(1889年)八月,尔保突然通知诸弟子,八月二十六日到沙垴沟(今喜泉镇沙垴子)土窑内来见。至期弟子齐集,见师父在窑内正襟危坐,已羽化矣。寿八十有六。弟子将窑门封固,哭拜而去。民国三十年(1941年),其三世孙余上元率子(大、列、真、诚)儒孙志道,敦请甘肃省政府秘书长兼甘肃省立民众教育馆馆长、时任甘肃省顾问的廖元佶撰文,美国康奈尔大学教育硕士、哲学博士,时任甘肃省教育学院院长宋恪先生为尔保手书"岩谷栖真""里间仰化"的碑文,称其为先天摄阳真人。

第四节　红色往事

(一)董振堂夜宿永泰城

　　　　百战沙场碎铁衣,浴火寒沙古城寂。
　　　　更催飞将逐胡虏,莫遣沙场匹马还。

1936年11月9日,红四方面军过河部队在景泰竹子拉牌、红豁岘、福禄水、锁罕堡等地集结完毕,兵分三路向河西挺进。当夜,红五军抵达永泰城,据说当夜,军长董振堂借宿在原红水县商会会长安国正家中。红军在永泰进行了政策宣传,并在下街转角戏楼墙上写下了"北上抗日"的红字标语。城内群众积极给红军战士筹备军粮、缝补军衣。第二天,红军离开永泰城时,给王世义家留下了一口大铁锅,永泰人把这口锅取名为"红军锅"。由于此锅铁厚口深容量大,城内人家过红白事情,都借用"红军锅"烧水做饭,此锅一直使用到20世纪90年代,完好无损。1999年,王世义的长孙王育才把此锅捐赠给了景泰县档案局。

红五军夜宿永泰城,给沧桑古城烙上了红色印记,留下了红色故事。红军故事至今在城内口口相传。

安家大院

(二)永泰城下红军情

暗云暮下雪,寒日朔风烈。

为解黎民疾,谁知红军情。

1936年11月9日黄昏,北风凛冽,枯草飘零,永泰城外的护城河内已结了一层薄薄的冰花。往日此时,永泰南城门早已关闭了。但是,今天有点异常,南城的两道城门——永宁门、永泰门敞开,一支衣着单薄、军容严整的部队悄然来到永泰城下。为首的是一位身材魁梧、神采奕奕、四十岁左右的中年男子,他命令部队在城外就地宿营。然后,在几位老乡的带领下,带着一小队人马进了城。

今天,据甘肃省委党史办编著的《悲壮的征程》一书所述:当年进城的这位红军首长就是红九军军长、曾经领导了震惊中外的"宁都起义"的一代名将董振堂。驻扎在城外的这支部队是中国工农红军第四方面军第五军主力部队。红军进城后,连夜给城内群众宣传红军政策和党的抗日主张,并在城内下街十字转角戏楼八字墙上写下了"北上抗日"四个鲜红的大字。

在城内的一些开明人士的组织发动下，全城群众总动员，给红军部队筹备军粮、磨炒干粮、缝补军衣，城内彻夜灯火通明，乡亲们有力的出力、有钱的出钱、有粮的出粮……忙得不可开交。当夜，董振堂和其他几位红军首长借宿在原红水县商会会长安国正家里，安国正特意宰了一只羯羊犒劳红军。第二天一大早，红军离开了永泰城，向古浪挺进。临别时，红军首长赠送给安国正先生几袋水烟，以表谢意。

岁月荏苒，弹指一挥间。红军夜宿永泰城的故事距今已经88年了，但是，今天我依然十分清晰地记得舅老爷张德铭先生生前所讲述的红色往事。红军到永泰城的那年，舅老爷已经19岁了，当时刚刚立冬，天气特别冷，城外的大涝坝、护城河里已经结下了一层薄冰。红军来得突然，去得悄然。虽然在永泰城外住宿了一夜，但秋毫无犯，鸡犬不惊。这是前所未有的稀奇事，在那个兵荒马乱的年月里，土匪、强盗、兵祸连绵不断，尤其是军队所到之处烧杀抢掠，民不聊生。可是，眼前的红军不但不祸害百姓，而且还帮助老百姓挑水扫院，亲如一家人。所以，永泰城的父老乡亲们为了答谢红军的恩德，由原红水县商会会长安国正出面，代表村元宵会给红军捐赠了16块银圆、30多条羊毛毡、18升炒面……舅老爷说：那天大清早，天刚麻麻亮，红军就出发了，他和村上的几位年轻人到城外送红军，城外集结的红军战士大约有1000人，全部穿着破旧单薄的青灰色军装，脸颊眉毛上罩上了一层淡淡的寒霜，但头上的红五星熠熠生辉。他一直在想，这些人在那刺骨的寒风中是怎样坚持到天亮的？正在思索间，一个十五六岁的小红军从他面前走过，满脸冻得通红，头上的军帽破了个大窟窿，北风呼呼作响，真可怜！此刻，舅老爷的心在颤抖，他赶快摘下自己头上的狗皮棉帽，跑上前把帽子递给这位小红军，但是这位小红军说什么也不要，最后，舅老爷还是硬生生地把棉帽戴到了小红军的头上。舅老爷还说，当时，他的表哥安维新给一位小红军送了一双羊毛袜子，邻居王秉谋大哥给一位小红军送了一双旧棉鞋……

今天看来，送人一顶帽子、一双鞋袜，几乎寻常得不足挂齿，但是，在

88年前的景泰农村,物资极其匮乏,广大贫苦人民衣不遮体、食不果腹,生活在饥寒交迫之中。此时此刻,能够向红军战士伸出援助之手,是非常难能可贵的善举。其中最主要的缘由是广大劳苦人民被红军战士爱护百姓的行为、钢铁般的纪律和坚韧不拔的革命英雄主义精神所感动。所以,在当前持续深入开展的学习贯彻习近平新时代中国特色社会主义思想主题教育活动中,广大党员干部一定要牢记初心使命,缅怀革命先烈,铭记丰功伟绩,积极搜集整理身边的红色革命故事,给青年一代讲好党的故事,讲好红军的故事,讲好西路军的故事,把红色基因传承好,切实做到学党史、悟思想、办实事、开新局,以更加饱满的热情更好地为人民服务,不忘初心、砥砺奋进。

刊于2019年10月12日《白银日报》

第十三章　古城民居

居住民俗文化作为一种文化现象，往往体现出当地人民在长期与自然抗争中产生出的避邪、求吉、审美、实用的复杂心理意象与价值观念。永泰城内民居表现了劳动人民普遍的讲究实际、重伦理、求功利、尊神灵的传统民俗结构及心理特点。

永泰城地理情况复杂，民居信仰在景泰县也有鲜明的地方特色，与五佛、芦阳、中泉、红水、正路等地具有地方差别。永泰城地处平原戈壁地带，属温带大陆性气候，风沙大，植被稀少。民居建筑讲究水源旺盛、阳光充足、避风性强。日常生活中，居民多有祭山、祭地、祭风的风俗习惯。城内民居特别讲究与理想人格的同构，房屋规格、方位、朝向与家庭伦理密切相配，崇尚质朴风格与做人标准的内在联系。城内民居在环境选择上注重地质条件，在方位上注重朝阳，在布局上注重条理，在建材上注重牢固。在房屋营建中，强调天、地、人"三才"对应，阴阳五行和谐统一。特别注重地脉、生气，达到"与天地准""开天明道"的基本原则。为符合阴阳八卦，房屋间数多为崇阳的单数间；为符合负阴抱阳的建造格局，房屋朝向以坐北朝南为主；为符合长幼有序的伦理观念，房屋高度讲究主房高、侧房低的礼制思想；为符合色彩贵贱之分，房屋颜色注重土之自然本色，用以表达乡土气息的质朴感。在宅院绿化上，据地形而论，一般宅门前不种树，宅后栽种榆、杏、杨、沙枣等树木。在建筑手段上，院墙及内置既要藏气，又要气畅。大门讲方位，如离（南）、兑（东南）、坎宅（坐北朝南）等。城内的宅院要求方正,是做人标准的取向。方正不仅外观美,而且表现出了内在美。房屋布局的主次,实际上反映了家庭的伦理秩序,建筑有主次大小,家庭中有尊卑长幼,一家人依据辈分而居,充分体现了礼俗信仰。

城内民宅基本上是一户一院,其中坐北向南的房屋占大多数,俗话说:"有钱盖北房,冬暖夏又凉"。因永泰属于北温带干旱大陆性气候,冬冷夏热,昼夜温差大,且冬夏常刮西北风、东南风,冬天阳光斜射,北房可最大限度地采光,保持屋内温度,同时能遮挡住凛冽的西北风;夏天阳光直射,北房又可最大限度地避光,南风又居多,门户迎风,加速屋内空气对流,达到降低屋内温度的效果。

李家大院堂屋

城内民宅建筑有土、石、砖、木混合结构的四合院和三间拔檐上房两边陪有厦房的一本书院。这类建筑四面有房,耗资较大,做工精细,起脊翘角。脊端檐头有嘲风、螭吻、花、草、鱼、禽等吉祥物砖雕,拔檐上檩与下檩间都饰有镂花,明柱上端都雕饰笔墨纸砚、琴棋书画等花纹图案,窗户是木条套接的虎张口大方窗。民宅有顶前方、前拔檐、虎抱头、四合院、一本书等结构院落。城内建于明清时和民国时期的民宅如岳府大院、崔家大院、闫家大院、余家大院等四合院,院内四面房屋四面廊道,体现了中心庭院的明亮空间、檐廊"灰"空间、室内"暗"空间的层层过渡关系,同时,体现出中庭式院落空间由公共空间到模糊空间再到私密空间的层次关系,也表现出永泰民居庭院式布局审美上的人伦"乐",一走进这些宅院,就会领略到中国传统建筑的高超艺术和前人的勤劳智慧。

建房要择吉地,定坐向,从动工到立木、上梁,庄邻四舍亲朋好友主动帮工。最隆重的仪式是上梁。吉日前夜,主人要包中梁。在中梁的中心位置凿一长方形槽,装上金、银、五谷等,用木条封口,外包红布,上插一双红筷子(谐音"快子",快生儿子),一支新毛笔(让后人成为读书人)。贴"左青龙扶定玉柱,右白虎架起金梁"的红对联,吉日设供。红梁供上后,在前面的明柱上贴"周公卜定三吉地,鲁班造就五福门"等对联。吉时一到,主人奠酒、化表,亲友为红梁披红被面或红布,起梁时放鞭炮。此时最喜下雨,"雨浇梁,人财旺"。木匠在墙头抛撒糖果、核桃、红枣、硬币等,并说吉利话祷告奠谢。主人为木匠披红挂彩,向来宾敬烟敬酒,并设酒食招待。新房造就,吉日乔迁新居,亲朋好友送礼祝贺,叫"暖房",主人宴待来宾。

城内一般民宅是土木结构的简易平房,贫穷人家多是驴驮柴、土搭梁的秃眉毛房屋,土坯籀窑是多数人家的草房或牲畜圈。从民宅外观一看,贫富差距便一目了然。

新中国成立后,人民生活得到了改善,城内住房条件也得到改观。特别是党的十一届三中全会以来,有条件的农户住宅开始向砖木结构转化,先后建起了砖木结构的顶前方、新式前拔檐房等民居。室墙多为白灰粉刷,石膏板顶棚,玻璃窗户,美观大方。砖木顶前方与土木顶前方相比,起架高、入深宽、间架长,油漆门窗墙裙,更为亮堂美观。新式拔檐房由一个三间上房配两个一间对门开的耳房组成,正面看,三间上房四扇门,两边各一扇大窗户,门框和窗口都装玻璃,两边耳房只能看见两扇窗户,飞檐下的上檩和重檩间饰有镂花,四根明柱上端也同老式拔檐一样,装有角花。做工虽无老式拔檐精细,但用料比较节省,而且采光更充分,再配上各式落地窗帘,朴实大方,美观实用,更胜老式房屋一筹。

民宅室内陈设,富裕人家有衣橱、食柜、琴桌、八仙桌、太师椅、钱桌、灯桌、账桌、衣镜、炕柜、楃(匣子)、炕桌等,以桐油漆面,光泽明亮。个别殷实人家的库房里还摆置楃,也叫匣子,一般高在两米左右,为松木制作的长方形,能储藏小麦5000至8000斤,相当于现在的"粮仓"。一般人家放有方桌、条桌、钱桌、供桌、三头或两头柜等,油漆者少,多属本色。贫寒人家,则少箱无柜,只有面箱、米缸而已。从20世纪七八十年代开始,大、中、小衣柜和高低柜、装饰柜、写字台、书柜、沙发、茶几、饭桌等新式配套家具逐步走进寻常百姓家。

第十四章　古城民俗

　　永泰城特有的历史地理条件,造就了其丰富的民俗文化资源,春节、元宵节、清明节、端午节、中秋节等节日习俗都反映了农耕文化、丝路文化、寿鹿文化、边塞文化之特征,其主要内容包括:节庆民俗、生产民俗、交通民俗、服饰民俗、饮食民俗、人生礼仪民俗、居住民俗、婚嫁民俗、丧葬民俗等方面。

　　节庆民俗与生产活动,特别是农事活动密切相关,这是节庆习俗能传承到今天的一个重要原因。生产民俗是围绕生产环节而产生的民俗事项。生产民俗的产生一是来自地理环境、生产条件方面的原因;二是来自自然崇拜和神祇崇拜。交通民俗是由地形地貌、经济条件和距离远近等因素而决定的。服饰民俗是随时代审美意识的变化而变化的,除少数老年人外,年轻人多追求时尚而变换衣帽。饮食民俗与本地物产有着直接关系,城内居民饮食以面食为主。人生礼仪民俗,生命从降生的那一刻起,便进入了一系列的民俗仪程之中。婚嫁民俗,城内婚嫁习俗有提亲、换手、订婚、送酒、纳吉、娶亲、回门等严整的程序。丧葬民俗,城内的丧葬仪式十分隆重,有初终(俗称咽气)、穿衣、停尸、请阴阳、落草、报丧、领红羊、成服、守灵、打墓、开吊、迎铭旌、题材、当娘家人、上家谱、殓棺、送殡、下葬、攒三、七期、百日、周年等习俗,体现了人们的终极关怀意识。

　　古城民俗是数百年来本地方流传下来的传统历史,是古城文化遗产,其独特的形式承载着古城文化厚重的底蕴。

第一节 春 节

(一)送灶

春节又叫过年,为城内居民最盛大的节日。节令从农历腊月二十三开始,到正月十六结束。进入腊月,人们竞相购置年货,村上元宵会加紧组织排练社火、秦腔等文化活动。腊月二十三,是传统小年,晚上要送灶。天黑时分,家家户户在灶台上摆献灶干粮(小烙饼)、糖粑子、水果等,焚香化表,叩首祈福,声声祷告"上天言好事,下界降平安",送"灶娘娘"上天。即日起,家家户户都要打扫房屋、庭院,清除垃圾,拆洗衣被,宰杀年猪,擀做长面,蒸烤煎炸各种馍饼糕点。

(二)除夕

腊月三十晚上叫除夕。早上,家家户户贴春联、年画、门神、五福,大门上挂灯笼,牛羊骡马猪鸡等牲畜圈门上贴上"六畜兴旺"、车库上贴上"出入平安"等对联,期盼新的一年风调雨顺、五谷丰登;下午时分,装满水缸,生旺炉火,更换穿戴(穿新衣);黄昏,阖家吃长面,在门口焚烧纸钱、燃放鞭炮,礼神接先人;入夜,焚香祭拜祖先,晚辈向长辈磕头拜年,长辈给晚辈发压岁钱;接着全家啃吃猪骨头,俗称"咬鬼";继而,老人忆往昔,谈家常,讲故事,合家谈及深夜,叫"守岁"或"熬夜";午夜,上香、献盘、鸣炮接灶神,恭迎"灶娘娘"回家。

(三)初一拜年 初行

初一早晨,上香放鞭炮,吃包子、饺子。饭后,亲族乡邻相互串家走访,向长辈磕头拜年。同时,一些长者给骡马牛驴等牲畜挂红,把牲畜集中到南城门外"喜神"方位,鸣放鞭炮,惊散牲畜群,让牛羊骡马四处狂奔,叫初行,祈求六畜兴旺、风调雨顺。

(四)初三送先人

正月初三黄昏时分,人们把家里供桌上的献盘供品逐一祭祀泼散,并打扫屋内和院落卫生,然后到除夕晚接先人处,烧纸焚香、泼散供品、燃放鞭炮,礼送先人回阴间。

(五)初五填五穷

在永泰城内,从正月初一起,以自然天象占卜人与其他生物吉凶及农作物丰歉。有"头鸡二犬、三猪四羊、五牛六马、七人八谷、九果十菜、十一的萝卜十二的葱、十三的苤蓝埂坡上蹲"的说法,如这天艳阳高照、惠风和畅,则预示动物或农作物此年吉庆或丰收,反之欠佳。

正月初五送"五穷"。所谓"五穷"指的是"智穷、学穷、文穷、命穷、交穷"等五种穷鬼。(见韩愈《送穷文》)"凡此五鬼,为吾五患",所以要送而走之。"赶五穷"的工具是爆竹扫帚,黎明起来,先放鞭炮,再打扫卫生。

初五打扫卫生是一种彻底的大扫除,从每间房屋里把垃圾扫出门外。腊月三十到正月初四以前,一般是不允许打扫卫生的,即便是扫地,也只能在屋里扫,垃圾只能堆放在屋里的拐角处。特别大年初一,那是一扫帚也不能动的,说是扫了就把财运扫掉了。初五这一天,一定要彻底地进行一次大扫除。女人们主要的工作是洗衣服,她们把家里的衣服洗个遍。这一天家家都吃荞面搅团或洋芋搅团,俗称填穷坑;清除垃圾俗称送五穷;洗脏衣俗称洗穷垢痂。

(六)初七"人七日"

初七又叫"人七日"。传说女娲娘娘首造世上生灵万物时,从初一开始,利用七天时间,先后造就了鸡、狗、猪、羊、牛、马、人。所以,初七这一天就成了人的生日。这天讲究"七不出、八不入",是说在外工作的人年前回家过春节的,只有过了初七才能出门远走;过了初八,在外没有回家的人就不用再回来了,安心在外面工作创业。

初七晚上,全家人要坐在一起吃长面,又叫"长寿面",为长者祝寿,为全家人图吉利、求健康。

(七)初八出社火

"社",古指土地神,后为便于祭祀土地神,又称"社"为地域区划较小的单位。以社为单位"击器而歌,围火而舞",故称"社火"。社火是永泰人欢度春节的最热闹的传统庆典活动。从古到今,社火都有祭祀、祝福之意。

永泰城的社火,正月初八出行,正月十六落幕,元宵节达到高潮。正月十五、十六晚上有夜社火,十六晚上的社火穿街过巷,进庙上香,高声吼唱小曲、锣鼓喧天地到南城门外"送神","送神"后息鼓静锣,悄无声息地返回,标志着古城一切春节文化活动落下帷幕。城内社火有舞狮、耍龙、跑竹马、划旱船、踩高跷、打鞭子、打搅儿、拉长子、唱小曲、地方小戏、大肚子、膏药客、十二古人、八渡神仙等,其中打鞭子、打搅儿地方小戏独具永泰特色。

(八)元宵节

正月十五"闹元宵"。在永泰城内,向来有"小年大十五"之传统。从正月初八日起,社火队开始出行,戏院里唱秦腔。十四至十六日晚,家家户户门前挂灯笼,大街上周家门头上挂的冰灯晶莹透明、熠熠生辉,别具一格。元宵节晚上,锣鼓喧天,夜社火走街串巷,热闹非凡。特别是南城门前的打铁花,是古城闹元宵的一大盛景。铁水飞撞到城墙上,火星四溅、火光冲天、铁流横飞,红绿相间的铁花映红了天空,像九天星雨,似银河倒流,像朝霞映空、似天降金豆,像麦穗花、荞麦花、豌豆花、洋芋花、胡麻花、油菜花……火树银花、五光十色,令人眼花缭乱、目不暇接,人们的喝彩声、欢呼声、掌声……像春潮一样响起来了。游人摩肩接踵,络绎不绝,盛况空前,男女老少直闹到灯火阑珊才兴尽而归。

(九)跳火堆

正月二十三,这天晚上,城内居民要"跳火堆",又叫"跳干粮"。

相传很久以前,地上的庄稼没有枝和叶,只有穗,产量很高,五谷年年丰收,人们衣食无忧,不珍惜五谷。天帝知道了非常生气,决定惩罚凡间。于是,派一位天神来人间察看。天神见五谷被严重糟蹋,非常生气,决定将此事禀报天帝,但看着前来苦苦求情的人们,觉得于心不忍,又想法不责众,于是,天神给人们出了一个主意:天帝将于正月二十三这天晚上,在天上察看人间,让人们要在家家院外放火堆,在火堆上跳来跳去,仿佛人们在火堆里垂死挣扎,即将被烧死。果然,这天夜里,天帝在天庭察看人间时,看到此景,以为浪费五谷的人们都在火堆里被火烧死了,就不再惩罚,黎民百姓才渡过了这一难关。因此,正月二十三跳火堆的风俗也就流传下来了。

正月二十三晚上天黑风静,城内家家户户抱了麦草到大门口的大街小巷里,堆成小草堆,点着了,火堆就噼里啪啪地着起来,于是人们就开始来来回回地跳起来,直到火尽烟消。跳火堆的最后一道程序是用铁锨将刚烧化的麦草灰铲起来,顺风扬起,遍地都是火星子,扬草灰的人边扬边问在场的老少爷们:"今年麦子的收成好还是糜子的收成好?"大家一起喊道:"麦子好,糜子好,五谷丰登样样好!"

跳火堆不但跳自己家的,还要跳别人家的。这天晚上,孩子们是最欢乐的,从上街跳到下街,从东城跳到西城,直到晚上十一二点大人喊睡觉的时候才结束。另外,还有一种说法,就是熊熊火焰能把一年中的晦气驱燎干净,一"燎"百了,百病不生。

第二节　其他节俗

(一)二月二龙(农)抬头

农历二月初二,旧俗相传为龙抬头的日子,追本溯源是农耕文化的农动即"农抬头"。前一天即二月初一,家家户户炒麻麦,意在惊醒龙神,祈求沛降甘霖。传说,这样还可以减少庄稼地里的病虫害。但初二忌炒麻麦,恐伤龙眼。这一天还有剃头留须的习俗,谓之"龙抬头、留龙须"。

(二)清明节

清明节是祭祖上坟扫墓的日子。永泰人一般在清明节前一天或当天进行扫墓祭祖,新坟提前半个月祭扫。

清明当天,永泰城要举行隆重的城隍出府活动。大清早,临街的居民都要清水洒街,清除垃圾,把大街清理得干干净净。隍爷出府仪式和戏剧中钦差出巡相似,开道人员手持"肃静""回避"等警示牌,鸣锣开道,拉马抬轿,随行人员和仪仗队前呼后拥,威风凛凛,热闹非凡。

隍爷出府仪式

出府仪式开始,前面有四人鸣锣开道,隍爷的"御马"紧跟在后,骑"御马"背"隍印"的一定是城内的绅士贤达和知名人士,没有名望地位的人绝对不允许乘坐此马。仪仗队摇旗呐喊,八抬大轿抬着城隍出府,鞭炮声、鸣锣声,震天悦耳。抬轿人都是身强力壮的小伙子,各个身穿黄马褂,头扎黄表折子,精神抖擞,赫赫扬扬。随从人员前呼后拥,经十字街,穿过正大街出南城门,到城外行宫殿,焚香、诵经、"烧包",场面壮观,声势宏大。传说,隍爷出府过后,在隍爷所骑马的脖子上挂上写有"城隍"二字的牌子,放开让它四处游荡,走到哪里,吃到哪里,无人敢过问。来年清明城隍出府的前一天,马就自己回来了,人们感到很神奇。当然,有时候马还是回不来,需要人去找。

清明这天在行宫殿院内"烧包",凡先祖不在本地的外籍人,带上黄纸钱、金箔折叠的银锞子、纸做的衣帽鞋袜等祭品,分别包裹,上写"先祖XXX收讫,孝男XXX奉献",再经道士加盖"灵宝大法司"印记封闭,将包裹焚化在各家焚币圈内,以示邮包寄于异地先祖。这是当年守卫永泰城的将士们想念故土、怀念先祖所遗留下来的风俗民情。

(三)求子节

每年三月二十日,城内或有不育者,或有求男孩者,到城隍庙子孙宫献盘供、焚香烧纸,诚心祷告,乞求子孙娘娘保佑多生麟童,并将自己头发拔下数根,拴在自己心爱的悬塑娃娃身上,名曰"拴娃娃",以求来年生贵子。

(四)农历"四月八"

农历四月初八为"浴佛节",这一天,城内的各大寺庙门庭敞开,人们怀着虔诚的心情磕头礼拜,寻求佛祖保佑庇护,或祈福求财,或消灾灭祸,或求子,或求官。有居士手拿红布条,套在香客的脖颈上,算是拴上布锁,得到了神佛的保佑。四月八,寿鹿山举办朝山会(庙会),会期3天至5天。届时,永泰城元宵会的戏班子上老爷山演唱秦腔,山下戏台四周,来自四面八方的小商贩们摆摊设点,出售百货、农副产品及地方美食。周边来赶庙会的游人很多,有进香许愿的,有还愿的,有求神保佑的,也有专来看戏游览的,终日游人络绎不绝,熙熙攘攘,颇有闹市风味。

(五)端午节

五月初五,孩子们戴香料荷包、绾花线绳,大人喝雄黄酒,家家大门上插柳枝。传说,绾花线绳、戴荷包、喝雄黄酒可防蛇蝎侵伤,插柳条是为了祭奠春秋时晋国大臣介子推。城内端午节有吃凉粉、韭菜包子的习俗。

(六)关帝会

每年农历五月十三是关老爷诞辰日,城内人们在关帝庙(武庙)举行庙会。由多名青壮年把关老爷的青龙偃月刀(重168斤)抬至院中央,召集城内及周边十里八乡的武举、武秀才及青年后生试举大刀竞比臂力高下,这就是颇具地方文化色彩的"关公门前舞大刀"。相传,光绪年间双墩村武举耿允武、民国时邑人王秉谋能够举起此刀,还可试舞几招,被世人称颂一时,其他人则望而却步。偶尔,民众中体力强壮者,如能平举大刀绕院一周,则被众人称为"神力",喝彩不止。

(七)中秋节

八月十五中秋节,当月亮升起时,人们以瓜、果、月饼(麦草烧熟的圆形锅块)供奉月神,全家人团聚在院内小桌四周叙天伦、话丰歉,亲邻相互赠送月饼,增进亲情邻谊。

(八)送寒衣

农历十月初一,城内有吃麻腐包子、送寒衣的习俗。这天晚上,人们拿了祭品,来到大街小巷或城外,找一块干净地方,画上一个圆圈,将祭品摆好,上三炷香,把要烧的纸钱、纸元宝、纸衣服、纸鞋等在圈内点着烧尽,然后磕头,泼散祭品,祭奠结束。相传,凡属送给先人的衣物、纸钞诸物,都必须烧化了,只有烧得干干净净,这些阳世的纸张才能转化为阴曹地府的绸缎布匹、房舍衣衾及金银铜钱。只要有一点没有烧尽,就前功尽弃,亡人不能使用。所以十月一日送寒衣,要特别认真细致。这反映了生者对逝者的哀思与崇敬,实属一种精神上的寄托。

(九)腊八节

腊月初八,人们将五谷粮食和水装入石臼内,置室外冻结,预卜来年丰歉。当天凌晨用黄米、肉臊子、清油做成糁饭,俗叫"腊八饭",天明食用,吃前要把粥饭往窗户上抹一点,图吉利。"腊八饭"忌食菜,如果吃了菜,相传,来年庄稼地里杂草丛生,影响五谷丰收。还要留一点"腊八饭",放至大年三十晚上,掺入牲口料中,据说牲畜食后易上膘。

第十五章　古城习俗

第一节　饮　食

婚席菜谱：新中国成立前,城内居民除节日饮食较丰盛外,平时大都一日三餐,早上吃馓饭,中午吃炒面(用炒熟的小麦磨成的面)或馍,晚上吃面条、旗花子或面片子等。农忙季节加餐蒸馍、锅盔、烙饼等。饭食优劣,随家境而异,广大居民常年以素食为主,很少吃肉食油。秋末腌制白菜、胡萝卜、莲花菜等,储备洋芋,以备冬春食用。新中国成立后,随着生产的发展,民食有所改善,新鲜蔬菜瓜果逐渐增多。婚嫁席谱过去富裕户有"十全席"等,一般家庭都是"八碗席"。随着人民生活不断提高,讲求凉盘、热炒、全鸡、全鱼。进入20世纪80年代,更讲求新鲜、高档、荤多素少,下酒菜最少六碟一盘。主菜有猪、羊、鸡、牛、鱼肉和海味鲜菜。每席不下十肴。

丧葬菜肴：沿袭旧俗,多是素饭荤菜,待客饭是肉盖烩菜,一人一碗。进入20世纪90年代以来,随着人民生活水平的提高,一些殷实之家的丧事上逐渐出现了羊肉宴、牛肉宴(即整碗的牛、羊肉)待客。

春节菜肴：数百年来,城内居民都有喂养年猪的习惯。临近春节宰杀,除供春节食用外,还要腌制一部分以备春节后调剂生活。春节期间,各家根据经济条件,不论品种和数量,一般最少也要备足三天便食。肉食以猪肉为主,加以鸡、羊肉;菜以烩菜为主;主食有长面(臊子面)、饺子、包子、枣儿馒头、蒸饼、油饼、花卷、烧馍馍、锅块等;副食有自制油炸果果、麻花、馓子等。新中国成立后,除保持原来习俗外,一年比一年丰盛,特别是进入20世纪80年代后,居民更加讲求饮食质量和花色品种,用烟、酒、糖、茶待客的家庭已很普遍。

第二节 服 饰

新中国成立前,城内男人服色冬季多以青黑为主,夏季多穿白蓝衣裤,青年妇女喜穿红、绿、花衣裤。衣料贫富不同:富者上料市布,兼以绸缎;贫者以粗布为主。衣服款式,男性长袍、短褂、内衬、外套,多为大襟,富者以长袍马褂为礼服,冬着"二毛"裘衣。普通家庭,男性冬着大襟棉袄,俗称"棉背心",三九天加着老羊皮袄;夏着单衣,俗称"汗褐子",布条绾成绣球纽扣,均系手工缝制。男女均着大裆裤,妇女结婚时穿裙子。民国时期,富家姑娘时兴穿旗袍。新中国成立后,男子流行穿中山服。20世纪六七十年代,男性以军便服为主,妇女时兴穿涤纶、涤卡外套。改革开放以来,"新三年,旧三年,缝缝补补又三年"的时代一去不复返。随着人们生活日趋富裕,居民衣着服装样式繁多,设计新颖。西装流行,衣料以化纤、毛料为主。

民国时期,望族富户,男性夏戴灰绒礼帽或红顶黑缎小帽,冬戴平顶绒帽或翻毛皮帽。一般家庭,夏顶草帽,冬戴套筒帽或毡帽。妇女夏多苫手帕,冬戴丝绒棉帽。新中国成立后,礼帽、毡帽、套筒帽逐渐淘汰,青年男性多以新式制帽代替,女性喜欢花头巾,老婆婆们爱顶丝绸头帕。20世纪80年代,流行的男女帽式因季节而异,品种颇多。

新中国成立前,城内居民,春、夏、秋三季鞋子,大抵用蓝黑色布料手工自制双梁圆口鞋、方口鞋,还有一种是蛮蛮鞋,以细线衲帮,麻绳衲底,针线纵横成行,结实耐用。富庶人家,夏则礼服呢商品鞋,冬则高底肃州窝窝。袜子多系手工土布袜或以羊毛、驼毛线编织的毛袜子。新中国成立后,上述鞋袜逐渐被胶底鞋、球鞋、皮鞋和涤丝袜、尼龙袜所代替。鞋袜用料、款式,男女不同,冬夏有分,花色品种繁多,贵贱质量有别。

民国以前,男子留顶搭子(脑勺上梳的小辫),女子缠足。辛亥革命以后,政府号召男子剪辫,女子放足,从此男子剪了辫子,有的剃成光头,有的留成耳搭毛。女子逐步放了足。女子婚前梳长辫,婚后梳为盘盘头。新中国成立后,青年妇女多留剪发或双辫子。20世纪70年代以来,流行烫发,有波浪式、燕尾式、菊花式等发型,男性多留大背头、平头,分头、寸头,青年喜爱长鬈发。

新中国成立前,城内妇女首饰有金、银或其他金属制作的簪子、柳叶、鬓花、耳坠、叉子、卡子、牙签、镯子、戒指等,新中国成立后一度消失。改革开放以来,青年妇女佩戴耳环、耳坠、戒指、镯子者,日益见多,其品质有金、银、玉、翡翠、玛瑙等。

第三节　人生礼仪

小儿庆生:新婚夫妇生头胎者,俗有洗三、过满月、缠百禄、抓岁等庆生活动。婴儿出生后,须向外婆家报喜,第三天外婆家即制作空心锅块来庆贺。洗涤婴儿叫"洗三";孩子满月后,亲友备花食和衣料等物来看月,叫"过满月";婴儿百天,亲戚朋友登门庆贺,主人备饭菜或设席招待,俗叫"缠百禄";婴儿周岁,家里陈设笔、砚、书、尺、算盘、手钳等物,让小孩随意拿取,意在视其所喜、观其志趣,预卜日后专长与职业,俗叫"抓岁";孩子多疾病、哭闹不安者,父母根据"五行(金、木、水、火、土)"生克关系,选择属相和"五行"相生的成年男女,选择吉日,携带礼品,让孩子跪拜,称干爹或干妈,由干爹干妈给孩子戴上长命锁,叫拜干亲。

老人祝寿:新中国成立前,凡城内富裕人家,老人年近花甲,逢生日子女为其贺寿,亲友亦送寿礼、撰写寿幛祝贺。主人先以长寿面待客,然后酒宴款待。另外,城内处世公正、德高望重,受群众爱戴和尊敬的老人,在寿诞之日,村上还挂匾送幛,以表颂扬。新中国成立后,祝寿习俗基本消失。

20世纪70年代后期,过生日祝寿之风又兴起。

殡葬:老人寿终正寝,讣告亲友,子女寝苫枕块,披麻戴孝。嫡子戴麻冠、穿孝衫,为"重孝";嫡侄辈戴孝帽、穿孝褂,为"轻孝";嫡系孙辈孝帽正中缀一红布方块,为"花孝"。一般家庭老人殁后,请阴阳先生诵经超度亡灵。富裕家庭则请道士,设道场超度亡灵。念经七天者为"转轮",五天者为"大三元",三天者为"小三元"。开吊前领羊,以清水、酒洗羊头、耳、尾及四蹄,并向两耳灌水,焚黄表燎羊身,祷告亡人挂念之事。灵羊浑身颤抖,则示意亡灵同意祷告之事。外甥、女婿敬献铭旌、献全礼。送葬前夕殓棺,由内亲和娘家人亲视含殓。逝者安葬后,孝子要送三天"水火"。从去世落草的当天算起,每七天烧一次纸,共七次,最后一次叫"尽期"。逝后百天烧"百日"纸,满一年为周年纸,第三年做三周年祭,叫"换孝",也有一周年换孝的。满十年,要举行十周年祭祀。新中国成立后,人们思想觉悟有了提高,烦琐的丧葬活动从形式到内容皆有所简化。20世纪50年代起,居民办丧事,多以家祭仪式代替诵经超度,供奉遗像代替木主牌位,悬挂花圈、花幡代替焚香、摆供,但一些基本遗俗还是保留了下来。

第十六章　古城美食及其做法

永泰城的饮食以面食为主,与本地物产息息相关,就地取材,精工细作,口味独特,有长面、捋面、凉面、羊羔肉、杂碎等二十多种,为城内居民所喜爱。

第一节　特色面食

(一)长面(灰面)

长面的制作原料主要是永泰川砂地产的"禾尚头"小麦粉。做长面之前首先要和好面。和面用的是温水,里面兑上蓬灰水。蓬灰水要兑得适量,边和面边看面色,面色不能太黄,以淡黄为宜。锅开后,将长面下到锅里,等锅再开时,点入凉水,锅开三次后,长面便熟了。捞出长面后,可以吃油泼辣子干拌面,也可以吃肉臊子面、凉面等。蓬灰做出的长面吃起来爽滑劲道,深得人们的喜爱。长面是逢年过节、男婚女嫁时招待客人的家常便饭。

(二)捋面(拉条子)

永泰城里的捋面,因其特产旱砂地"禾尚头"小麦而远近闻名。捋面的制作程序如下:先把"禾尚头"面粉盛入面盆中,小盆中倒入凉水,放上细盐,盐不能放得太多,适可而止。盐水化好后,一边倒水,一边用手搅拌面粉,倒水要均匀,不然就会和成"走水面"。面和好以后,要使劲揉面。俗话说的"吃好饭,揉好面"就是这个道理。等面团反复揉搓到表面光亮柔软时,揉成似馒头团状,擀成饼状,上面涂上清油,放入面盆中饧半个小时备用。等锅中水开后,把盆中面张取出,用切刀切成1至1.5厘米宽的面条,拉面下锅。

拉面煮熟后,捞到碗中,浇上辣子油、蒜泥,一碗香喷喷的油泼辣子蒜拌面就做好了。拻面有肉臊子面、炒菜干拌面等。拻面的宽窄厚薄因人而异,有的人喜欢吃宽面,就拉成"皮带宽";有的人喜欢吃细面,就拉成筷子粗的"鸡肠子"。

(三)糁饭

糁饭松软、适口,抗饿性强,深得城内居民喜爱,尤其是中老年人。糁饭有黄米糁饭、小米糁饭、黄米小米混合糁饭、洋芋糁饭及豆面糁饭等,它的制作方法都是一样的。先烧水,等水烧开时,将淘好的米下到锅里,用筷子在锅内搅拌一下,防止米粘锅底。锅中水开时继续加热,等到米煮到开花时,将多余的米汤舀到小盆中供饮用。然后调上适量的食盐,取适量面粉放在米上面铺开,盖严锅盖,用小火蒸面,过上十至十五分钟,用小擀杖把蒸好的面粉搅拌均匀。俗话说:"糁饭若要好,三百六十搅。"这说明做好糁饭搅功是很重要的。不仅要搅动,还要边搅边盖上锅盖焖一焖,这样做出来的糁饭成色好、松软,吃起来可口,如果配上酸白菜、猪肉炖粉条,肯定会让你一饱口福。

(四)凉面

凉面是夏季的一种时令食品,操作简便,便于携带,吃起来清凉爽口。做凉面首先要擀好面张,擀面方法与长面相同,这里重点讲一下制作过程。等水烧开以后,把手工擀好的长面下到锅里,经过两次开锅,面条变得透亮时捞出,放到事先准备好的凉水盆中漂一下,然后用漏勺捞起,放到面板上,浇上几小勺熟清油,撒上细盐少许,然后用筷子挑抖拌均匀,用同样方法把其他长面条依次操作完,这样凉面便做好了。

凉面做好后,佐料葱、韭、蒜、香菜及油、盐、酱、醋,根据自己的口味调制。

(五)灰豆面

灰豆面即扁豆饭,是城内居民常吃的食品。因永泰砂地扁豆营养丰富、口感独特,深得大众喜爱。

做灰豆面时,先把旱砂地扁豆拣干净,用清水淘去泥土,然后下到锅里,往水中加上适量的蓬灰水或小苏打(加多少看水的成色),接着水烧开把扁豆煮烂。在煮扁豆的时候,温水加少许细盐。和面时,边和面边倒水,面要和得硬一点。面和好以后开始揉面,面要揉得均匀柔软,然后擀出面张。等扁豆煮烂时,再加上所需的水继续烧开,把面张平分后从中间切开,撒上面粉,摞在一起,再平分摞在一起,然后切成四指宽的长条,切刀从边角开始转着切成小三角状的"七划子",边切边下到锅中。面下完以后,锅中煮上五六分钟,灰豆面便煮熟了。起锅端在灶台上,铁勺中放上胡麻油或羯羊油,等油热到八九成时,把羊胡花(永泰城外的一种野菜,形似沙葱,开粉白色花,有香味)或葱花放到锅中,用热油炝一下,搅拌均匀,一锅香气扑鼻的灰豆面就做好了。羯羊油炝羊胡花灰豆饭别具风味,是永泰城特有的面食。

(六)血面

血面营养丰富,口感筋道,人们十分喜欢。城内的血面有猪血面和羊血面两种,制作方法差不多。下面说说猪血面制作方法。杀猪时拿上面盆网勺,把网勺放在面盆上面,等盛上猪血后,在猪血里加上一点花椒粉,再加适量的清水搅拌均匀。和面时边倒猪血边搅拌,面要和得软一点,太硬面张一下子擀不开,面条也较僵硬。面和好后要不断地搓揉,等面揉得光滑柔软时,分成几块小剂子,揉成面团放到盆中饧一会儿。饧好的面团拿出后撒上面粉擀成面张,擀面方法与长面方法一样,要擀得厚薄均匀。面张擀好后撒上面粉,对折切开,再对折切开,把四块摞在一起,然后切成四指宽的长条,用切刀从前边开始平行切成粗细均匀的面条。面条煮熟后,往锅中加入猪肉丁、葱花,调入香醋,一锅色泽红亮、香气弥漫的血面就做好了。吃血面一定要配上酸菜炒猪项圈(脖子)肉片,这样吃起来更是香而不腻,令人食欲大增。血面是永泰城的又一道美食。

(七)抄疙瘩

抄疙瘩做起来简便快捷,食后宜饱抗饿,是农忙时节城内居民常吃的食物。

做抄疙瘩时,先取适量的凉水加少许细盐化成盐水,和面时边倒盐水边用筷子搅动,等干面粉完全搅成面糊时停止倒水,接着继续搅面糊。俗话说"搅面团团转如下莲花瓣",说明做抄疙瘩搅面是很重要的工序。待面糊搅得用筷子抄起成长条状时,说明面糊已搅成功。等到锅中水开时,用筷子抄起面糊扯成条状扯断下到沸水中,这样直到把面糊抄完为止。下抄疙瘩时火力要猛,防止疙瘩沉底粘锅,这样饭汤会变成糊糊。抄疙瘩煮上八九分钟就煮熟了,然后往锅中加入肉丁、西红柿酱、葱花等,调入少许五香调料,按口味加入适量醋酱,这时一锅劲道可口的抄疙瘩就做好了。

(八)油饼子

首先,用酵面作引子发面。然后,取一个较大的盆,放入酵面,加入少许盐、适量糖,打一个鸡蛋,倒入两大碗面粉,徐徐加入冷水,用筷子搅拌均匀,再用手和面,尽量使面团达到最柔软又不粘盆的状态,放到热炕上、炉子旁发酵到两倍大。接着,把发酵好的面团取出,放在撒匀面粉的案板上双手翻揉,揉至面团光滑,扣上面盆,饧十几分钟。然后,把饧好的面团切成小剂子,用手按扁,并把按扁后的小剂子用擀杖擀成0.5厘米厚的圆形面团,用切刀在面饼中心划开两道口子。把生面饼放入油锅,用筷子轻轻翻拨,先炸透一面,再翻面,炸另一面,炸至两面深黄即可捞出,撒上一点白砂糖。刚刚出锅的油饼子,香酥脆软,非常好吃。

(九)麻花

麻花也叫油馓子,是城内居民的一种时令食品。它口味酥脆,香甜可口。

做麻花首先要发面,发面时,在面中加入白糖,煮好的花椒水中放入猪油,口感更酥软。面发好后,把面揉好切成小剂子,用手搓成细条状,然后像搓线绳那样搓合在一起,这时一个麻花便做成了。照这样的方法做完所有的麻花。上锅加热,锅中放入少半锅清油,等油烧到七八成热时,放入做好的麻花,以铺满油面为宜,用筷子轻轻拨动,等麻花变成金黄色时,用漏勺捞出麻花控干油放进盆中。炸麻花油温不能过高,否则会炸焦,影响口感,甚至会夹生。麻花清香酥脆,顿顿想吃。

(十)锅块

永泰城内把锅块又叫烧馍馍,特别是农忙时节,携带便利,耐饥,久放不易发霉,深受人们喜爱。

上好的锅块皮黄略有焦痕,酥脆虚软,咬一块慢慢地咀嚼,有一股醇厚浓郁的麦香味,尤其是农历八月十五的锅块,又大又圆又酥又香。

烧制锅块首先要将和好的面发好,然后和上食油、花椒粉、鸡蛋、香豆叶等,揉匀后即可烧烙。烧出的锅块越厚,越能显现出手艺来。厚达半尺的锅块,要把它烧熟,火候把握不好是绝对不行的。性急火旺,锅块就会皮焦瓤生;性急火文,锅块会结上厚厚的硬皮,咬起来像牛皮。锅块一般在室外烧制,在避风的地方放置一大块溜光的石板或铁板,把揉好的面放在上面,扣以大铁锅,用麦草火上下左右攻之,大约四十分钟就可烧熟。此时,扫去铁锅周围的草灰,热腾腾、黄灿灿的锅块便出炉了。

(十一)浆水面

浆水面是城内居民夏季的时令面食,它劲道、清凉、解暑、开胃,深受城内居民喜爱。

做浆水面之前,首先要制作浆水菜。浆水面面条的做法与灰豆面的做法是一样的,只是面张擀好以后要切成长面。捞出长面条放入大碗中,然后舀上用小葱炝好的浆水,一碗清凉爽口的浆水面就做好了。

第二节　特色菜肴

(一)清汤羯羊肉

永泰川有三角籽、碱柴、蓬草等丰富的碱草资源,是牛羊最喜食的野生草料。所以永泰羯羊肉以肉质细腻、味鲜汤清、膻味淡而著称,坐月子的妇女、大病初愈的病人都要选上乘的羯羊肉或羯羊脖子清炖来滋补,清汤羯羊肉也是逢年过节款待上宾的佳肴。

羯羊屠宰后,剔下上好的肌肉,把它切成肉丁,炒成肉臊子,用来做臊子面、拌面、羊肉面片等,剩下的带肉的羊骨头,剁成排骨,等水开后,把骨头放进开水中焯一下,大约十分钟后捞出。再往锅里倒进半斤旱砂地胡麻油,等油热到八九成时,放进葱段、姜片、辣椒、蒜瓣、花椒等煸炒,等炒出香味时,把排骨倒进锅里翻炒,等排骨炒到上色时,再倒进凉水以淹没排骨为宜,放进调料包,然后盖好锅盖炖40分钟左右,美味可口的清汤羊肉就炖好了。

(二)羊羔肉

永泰羊羔肉细嫩鲜香,营养丰富,是逢年过节款待上宾的佳肴。

羊羔肉的做法与羯羊肉相同。把羊羔宰杀清洗后,先把羊羔肉剁成小段,然后放进开水中焯上五六分钟,捞出后控干水分,接着往锅中加上三两胡麻油,等油烧到八成热时,加入葱段、姜片、食盐、花椒、辣椒、蒜瓣煸炒,炒到有香味时,把羊羔肉倒进锅里继续炒,等炒到表皮油光发亮时,倒入清水炖煮,半个小时左右,一锅美味色香的羊羔肉就炖好了。

(三)羯羊肉包子

羯羊肉包子是城内人们最喜爱吃的食品之一,其携带方便,营养丰富。包子有韭菜馅、洋芋馅、羊肉馅、猪肉馅、莲花菜馅等,特别是羯羊肉馅包子,深得人们青睐。做羯羊肉馅包子用的包皮是发面。做羯羊肉包子时,首先把羯羊肉切成半厘米大小的肉丁,然后把绿萝卜擦成丝放到开水中焯一下,捞出后用凉水浸一下,捏去水分,然后把萝卜丝、大葱、蒜苗、生姜切成丁,再把羊肉、绿萝卜丁、葱姜蒜混合在一起,里面拌上适量的食盐、花椒粉、胡麻油少许,用筷子充分搅拌使馅料均匀混合。这时,拿出发好的面揉成条状,切成适当的小剂子,把剂子擀成小圆片包皮,厚度以3毫米为宜,取两小勺包馅,左手拿包皮,右手顺着包皮边沿往一起捏,皱褶不要捏得太宽影响包子美观,把四周全捏在一起,一定要把包子封严,不然油水会流出来。按以上方法包完剩余的包子,等锅开后把包子放进蒸锅箅子上,盖好锅盖,蒸上半个小时,清香扑鼻的羯羊肉包子就出笼了。热气腾腾的肉包子,一定会让你垂涎欲滴。

(四)羊头麦子

永泰羊头麦子味鲜、黏稠、可口,是餐桌上待客的又一佳肴。

做羊头麦子首先要烧羊头,把屠宰后的羊头羊蹄放到大火上烧烤,边烧边翻动,防止把羊头烧焦。等把羊毛全部烧焦后,刮去烧焦的焦末,有烧不到的地方,用烧红的铁火棍依次烙去残余的羊毛。等把羊头、羊蹄子全烙完后,再把羊头和蹄子放到水中清洗,边洗边用刀铲刮去皮上的污垢。把头蹄洗干净后,把羊头分割成两半,把羊蹄子外壳剥去,此时,清洗工作已完成。把羊头羊蹄放入锅中加水烧开,等锅开时把淘干净的小麦下到锅中一起煮,等羊头羊蹄煮到离骨时,捞出头蹄,把肉从骨头上剔下来,晾一会儿,切成指头大小的肉丁下到锅中,这时按人口多少在大锅中加入适量清水,加火继续煮,还要在锅中调上花椒粉、食盐、姜粉、葱花等。等锅内麦子煮开花、头蹄肉炖烂时,一锅鲜香糊稠的羊头麦子就出锅了。

(五)杂碎

杂碎指的是猪、羊、牛等家禽的内脏。杂碎营养丰富,口味独特,城内居民常在腊月里食用。

羊杂碎的制作方法:首先把屠宰后的羊肠、羊肚、心、肝、肺、腰子等泡在清水中,泡好后进行清洗。特别是羊大肠、小肠和羊肚黏液较多,倒入两小勺清油反复搓揉,这样黏液很快就会洗去。等到羊内脏全部清洗干净,水开时把内脏全放进锅里煮,加上葱段、姜片及调料包,羊肝容易熟,要提前捞出,不然时间一长就会变老,影响口感。等到羊内脏煮烂时,从锅中捞出,然后把这些熟杂碎切成指头蛋大小的肉片与酸白菜一起炒,配上黄米糁饭,便是餐桌上的美味佳肴。也可把切好的羊杂碎放进开水锅中,然后加入白萝卜块、洋芋条、鲜辣椒、西红柿丁等,调进适量的葱花、鲜姜片、蒜瓣等,待萝卜块、洋芋条煮熟时,一锅鲜美的清汤羊杂碎就开锅了。

(六)酸菜

酸菜是城内居民冬春两季常吃的腌制蔬菜,它酸爽适口,是家家户户餐桌上不可缺少的菜。

腌制酸菜的原料通常是城南园子里、朱家梁、二墩子、余家庄子、闫家大庄子等处产的白菜(现在都是大白菜)、莲花菜、胡萝卜等。腌酸菜时,先把白菜晾上两三天,然后把外皮老叶子切掉,把白菜剖成两半用清水冲洗一遍,然后把白菜放进开水锅里,白菜在开水中烫焯得完全蔫下来时,捞出来放进凉水盆中清洗好,放在筛子中控干水分,接着切成一厘米宽的长条放进盆子里,再切一些辣椒丝,加上细盐、花椒拌入白菜中,杀一杀白菜中的水分。等水分杀得差不多时,用盆把白菜装入缸中压实,每一盆白菜撒一层青盐,盐的数量按每一百斤白菜加入二斤半盐来腌制。等所有的白菜分层腌完以后,最上面盖上洗净的白菜老叶子,再在上面压上光滑干净的青石头,让菜水充分地淹没白菜。装缸不宜太满,否则白菜在发酵时菜水会外溢,影响大白菜口味。经过二十天的发酵,就可以开缸食用了。

(七)酸菜炒肉

酸菜炒肉也叫酸烂肉,是城内居民冬天餐桌上的家常便饭,酸辣可口,肥而不腻,人人爱吃。

做酸菜炒肉时,先把炖好的猪肉切成两毫米厚的肉片,当锅内食油八成热时,放入葱段、姜片、花椒、辣椒反复煸炒,当炒出香味时放入肘子肉和泡好的宽粉条,并加入适量清水继续翻炒,等粉条快熟时再加入酸白菜继续翻炒,粉条熟透时开锅,这样一锅香气扑鼻的酸菜炒烂肉就做好了。

第三节　其他美食

(一)酒醅子

酒醅子又叫甜醅子,是城内居民喜食的一种夏季时令食品,甜中带酸,汤清微白,是盛夏时节老少皆宜的解暑食品。

酒醅子用料有小麦、莜麦等,城内居民都喜欢吃莜麦酒醅子。酒醅子的制作工艺大体如下:首先把拣干净的莜麦淘洗干净,把脱皮的莜麦装入簸箕簸去麦皮,然后上锅烧水。等水开以后,把莜麦下到开水中煮,莜麦煮熟后,用漏勺捞出控去水分,倒在面板上晾开。等晾到不烫手时,拿出酒醅曲子按比例均匀地撒入莜麦中,然后用手充分搅拌均匀装入面盆中,用塑料膜封住盆口扎紧,放到温热的地方进行发酵。三天以后打开面盆,看见莜麦上面长一层白毛,闻到一股酒香味,说明酒醅子已发酵成功。接下来烧半锅水,等水开以后,把酒醅子倒入锅中煮上二十分钟,这样就会把酵母煮死,以后就不会再次发酵,不致使酒醅子变酸,影响口感。把煮好的酒醅子倒入大一点的面盆中,等晾凉以后,一盆口味甘醇、略带酒香的酒醅子就可以品尝了。

(二)麻麻(麻麦)

麻麻又叫麻麦,是一种爆炒小食品,它酥脆醇香,深受城内群众喜爱,尤其深得孩童们的青睐。尤其是农历二月初二"龙抬头",家家户户都要"憨虼蚤",炒上麻麻,庆贺传统节日。

麻麻用料多种多样,有小麦、莜麦、大豆、玉米、青豆、黄豆、扁豆、麻子等。豆类炒前头一天,要把拣干净的豆子泡在水中备用;莜麦拣干净后要用沸水煮一下,煮到半熟时,捞出晾干备用。等到第二天豆子变软、莜麦晾到半干时就开始烘炒。

炒麻麦时往灶台上搭一口大撇沿铁锅,等锅充分加热后,放入两碗原料,用芨芨草扎成的扫刷来回搅拌,等麦粒炒到微黄、豆子裂开时说明麻麦已炒熟,用扫刷把麻麦从锅中扫到灶台上。这样反复进行,直到把所有原料炒完。最后把所有原料混合在一起,香脆可口的麻麦便炒好了。

(三)炒面

炒面是城内家家常吃的食品,农忙时携带方便,饥饿时随时可食用。加工炒面首先要炒小麦,这与炒麻麦的加工方法一样,只是炒的火候要稍弱一些,免得加工出来的炒面太粗太黑,影响口感。加工炒面时还要添加一些辅料,如黄豆、麻子、茴香、甜瓜子等。等麦子炒好后,即可到石磨上去磨,石磨磨出来的炒面味香色纯。今天,石磨早已被淘汰,炒面都是机磨加工的。

(四)面茶(油茶)

面茶又叫油茶,营养丰富,清香可口,尤其是羯羊尾巴油茶,别具特色,深得城内老少喜爱。做油茶时,先将羯羊尾巴用刀切成方块,去掉尾骨,然后将炒锅烧热,放入油块炼油,等到油渣变成焦黄色,说明油已炼尽,用漏勺把油渣捞尽,然后将面粉倒入油中,用饭铲反复搅拌,看面粉把油全部吸光,如果油多就继续加入面粉,等面粉搅拌松散为止。锅内炒拌的面粉呈淡黄色,说明面粉已炒熟,起锅放在灶台上继续翻动,这样防止面粉粘锅烧焦。等到面粉变凉时,装入小盆中。

油茶一般用作早餐。早晨起来,先烧开水(水的多少因人而定),然后往开水中加入适量油茶。油茶不能太稠,如果太稠影响泡烧馍。油茶放好后搅拌均匀,还要放入适量的辣椒粉、食盐、葱花等。盛上一碗香喷喷的油茶,再泡上烧馍馍,一定使你大饱口福。

(五)烧洋芋

洋芋即土豆,学名马铃薯。永泰城内有砂地洋芋和水地洋芋。砂地洋芋都种在川里,水地洋芋基本上产自城南的园子里。永泰洋芋营养丰富,口感酥软,尤其是土灶烧洋芋,口味纯正独特,深受城内居民青睐。

土灶烧洋芋要先挖土灶。在坡地上有土坎的地方,挖一个圆柱体的土坑,土坑大小按烧洋芋的多少而定。如果烧得多就挖一个二尺深,直径一尺的土坑;反之,挖一个深一尺左右,直径五六寸的土坑,然后在土坎下方对准圆柱体土坑挖灶门。土灶挖好后,接着找来拳头大小的土块疙瘩,沿着土坑边沿一圈一圈向上垒成塔状。垒好土块以后,找来柴草点火烧灶,等把灶和土块烧得滚烫的时候,把灶内的火压平,最后往灶内放入生洋芋,再把垒成的土块砸入灶内,把灶门封严。过上三四十分钟,挖去灶内的浮土,热气腾腾、酥软可口的洋芋就出炉了。

(六)麦索子

麦索子是城内一种古老的传统食品。以前遇到饥馑,青黄不接时,人们常用青麦粒加工成麦索用来充饥,现在麦索子成了城内居民餐桌上稀罕的绿色食品。

加工麦索子用的麦粒是小麦长到八成熟时,把麦穗从地里掐来,搓下麦粒,去掉麦秆,用簸箕簸去麦壳,然后把青麦粒拿到石磨上粗磨,当磨转动时,磨口便流下来一串串的麦索。磨好的麦索下到开水锅中,等煮熟后用漏勺捞在碗中,然后拌上熟清油、辣椒、蒜泥等,一碗鲜嫩香脆的麦索子就做好了。摆在饭桌上,保证让你垂涎三尺。

第十七章　永泰城影视文化

影视文化即电影电视文化,具有即时性、普及性、直观性、娱乐性、导向性等特点。这里所说的永泰影视文化,是针对历年来在永泰城所拍摄的影视剧而言的。

永泰城历经数百年沧桑,以其原有的雄浑、苍凉、悲壮、残旧、衰而不败的景象,突出了它的荒凉感、黄土味及原始化、民间化的审美内涵,并以它那特有的神秘韵味,引起了中国许多著名电影艺术家的浓厚兴趣,让电影艺术家们在这一片西部风光中尽情尽兴地发挥他们的想象力和创造力,被艺术家们称为"西部好莱坞"。

1985年,在宁夏镇北堡影视外联曹平原的引荐介绍下,著名导演吴子牛慧眼识珠——选中永秦古城作为电影《最后一个冬日》的外景拍摄基地,诞生了这里拍摄的第一部电影。主演有洪宇宙、陶泽如、李玲、虞梦等。自此,打开了古城的影视之窗,迎来了永泰古城万紫千红的影视春天。近四十年来,在此拍摄的影视剧达六十多部。今天,永泰古城已发展成为中国西部影视拍摄的首选之地,是名副其实的影视基地。

1988年,吴子牛在永泰古城取景拍摄电影《晚钟》,主演有陶泽如、孙敏、葛亚明等。1989年,该片荣获第39届西柏林国际电影节特别银熊奖。

2002年,著名导演杨亚洲在永泰古城执导拍摄了电影《美丽的大脚》,主演有倪萍等。该片荣获2002年第22届中国电影金鸡奖、最佳故事片、最佳导演等七个奖项。

2003年11月30日—12月14日，国家一级导演肖锋在此执导拍摄了电视连续剧《西部热土》。

2004年，吴子牛在此执导拍摄了电视连续剧《汗血宝马》。同年11月，央视大型系列片《黄河入海流》在永泰小学取景拍摄。

2005年，杨亚洲在此执导拍摄了电影《雪花那个飘》，主演有倪萍、刘威等。永泰小学学生闫立书、刘艳、李亚荣被选为影片小演员。同年，著名导演陈家林在此执导拍摄了大型电视连续剧《大敦煌》，主演有唐国强等。2006年，《大敦煌》在央视一套黄金时间播出。

2007年，香港导演谭友业在此执导拍摄了武侠古装电视连续剧《书剑恩仇录》。同年，国家一级导演谷锦云在此执导拍摄了电视连续剧《老柿子树》，主演是著名演员斯琴高娃、陈逸恒等。

《决战刹马镇》剧组古城合影

2009年，李蔚然在此执导拍摄了电影《决战刹马镇》，该片入围第四十七界台湾"金马奖"最佳新导演奖。同年，安战军在此执导拍摄了反映红西路军征战河西的电影《惊沙》，兰州电视台在此拍摄了电视剧《兰州1949》。

2011年9月19日—12月12日，著名导演熊欣欣在此执导拍摄了电影《光辉岁月》。

2015年，由八一电影制片厂、甘肃省委宣传部、北京天岳盛丰影视传媒有限公司联合拍摄,著名导演张玉中执导的红色革命历史题材电视连续剧《淬火成钢》在此拍摄取景。

2018年,著名导演王冀邢在此执导拍摄电影《红星照耀中国》。

《红星照耀中国》外景拍摄

2023年7月,李相国执导的电影《心中的军旗》在永泰古城取景拍摄。

2023年9月,虞音执导的电影《黄墙之下》在此取景拍摄。

2024年1月,卓邵斌导演的电影《梦绕尘埃中》在此取景拍摄。

谁会想到一座即将消失于西部戈壁的明代古堡,虽没有秦都唐宫那样气派壮观的废墟遗址,却会在四百年后的今天闪烁出耀眼的火花。这里,现已拍摄了包括《晚钟》《大敦煌》《美丽的大脚》《淬火成钢》《决战刹马镇》《光辉岁月》《红星照耀中国》等60多部影视剧。如果你来古城旅游有幸赶上拍片,就有机会做一次群众演员。中国影视外景地很多,但像永泰这样一个偏僻山城,能在短短四十年间吸引来如此多的导演明星、诞生如此多的影视大片,不能不说是一个奇迹。

第十八章　复兴之梦

第一节　逐梦永泰

四百年前的今天，
是谁在此与狼共舞？
四百年前的今天，
是谁在此金戈铁马？
四百年前的今天，
是谁在此反弹琵琶？
四百年前的今天，
是谁在此夯土围城？
……

你宛如一条苍龙，
盘亘在莽莽寿鹿山下，
为拉羊皮不沾草的永泰川，
呼风祈雨；
你恰似一只灵龟，
静卧在巍巍老虎山前，
为勤劳智慧的永泰人民，

献瑞呈祥。

你的身躯是如此健壮,
你的胸襟是那样坦荡,
你遍体鳞伤,
凝聚着边塞逐鹿的剑影刀光。
你滚烫的脉搏,
散发出西部热土的浓郁芳香。
你砥砺了风雨沧桑,
见证了丝路辉煌,
你以火热的胸膛和不屈的脊梁,
诉说着大明王朝,
拓疆戍边,
移民屯田的豪迈悲壮。

大风起兮,
扬沙漫天,
我思绪的烈马,
在历史的天空涤荡,
大柳树在呼啸,
大槐树在呜咽①,
爷娘妻子走相送,
尘埃不见咸阳桥。

雄关古道,
驼铃声声,
远近高低迷离的古墩烽燧,

如同嶙峋突兀的跋涉驼队，

在炎炎烈日下，

如饥似渴，

趑趄不前。

晴空万里的早晨，

莽莽永泰川，

看不见半丝狼烟。

隆隆战鼓在丝丝春雨中化为绵绵甘露，

昔日气吞万里如虎的英雄们，

静静地安放在边塞的诗篇里，

闪电的鸣镝抖落在瀚海深处，

红色骏马在绿色草地上悠然歇息……

生生不息的古城子孙，

在一片好奇与惊叹中，

迎来了《最后一个冬日》的拍摄。

它如同一只展翅的彩蝶，

打开了古城的影视之窗，

为偏远山城迎来了绚丽多彩的影视春天。

《大敦煌》与你同悲共鸣，

《汗血宝马》使你名扬华夏，

《淬火成钢》闪耀着你的初心本色，

《面向群众》唱响了时代强音，

《美丽的大脚》为你捧回了"金鸡""百花"，

《光辉岁月》连同你雍容典雅的名字，

飘扬到海角天涯……

山川的灵秀，

日月的精华，

被历史的石磨，

挤压成菽麦粟稷，

又被生锈的犁铧，

播种到永泰城下倔强的砂地里，

在干燥淳朴的泥土里，

萌芽成古城复兴的绿叶，

在徐徐惠风中，

蒸蒸日上，

春意盎然！

刊登于2014年6月《绿风》
2017年7月《白银文艺》

①即今天陕西省韩城县大柳树，山西省洪洞县大槐树，明末清初为重要的移民戍边驿站和人口疏散聚集地。

第二节 永泰赋

黄河远上,白云山前。有一雄关,名曰永泰[1]。南毗老虎城[2],北连明长城。乃丝路之要冲,实兵家之重地。城高三丈有余,城周三里有奇。四瓮城[3]抱团东南西北,众炮台[4]柱鼎铜墙铁壁。永泰门[5]气宇轩昂,老虎山云蒸霞蔚。

老虎山

遥望古城,危乎高哉!寿鹿[6]莽莽迤逦西东,虎山[7]巍巍横亘南北。云青青兮欲雨,水澹澹兮生烟。如苍龙盘亘,似灵龟[8]颐年。选胜登临:东眺黄河于云海深处,南仰寿鹿览眉宇之间,西望雪峰[9]蜒百里之遥,北瞰旷野至山川相连。噫吁嚱,此群虎四围[10]之势;嗟夫哉,乃万夫莫开之塞。

把酒凌虚,叹滚滚英雄谁在?遥想当年:李公出奇兵[11],松山鏖战酣。骁骑铁甲十万众,鹰扬虎贲欻飞勇[12]。云拥风从,扫清大漠。化胡为华,光复松疆[13]。筑边通渡[14],移民屯田[15]。为使边陲永康定,三公接力绘蓝图[16]。松疆防御布新局,申夏六月雄关起[17]。星罗棋布成掎角,锁护金城黎民安。林麓之饶足田猎[18],千军肉食雄赳赳。周眺原隰沟塍连,郑国分

渠屯良田[19]。百废俱兴军民乐,商贾荟萃丝路畅[20]。

永泰古城

城高池深甲兵云布,三街六巷民舍齐整。参将游击按察行辕,三吉六秀府署巍然[21]。街市繁华酒肆飘香,晨钟暮鼓香火盛旺。雕梁画栋庙宇幽雅,泥塑木雕精气神足。城隍庙堂忠烈侯[22],玉皇阁顶三宝藏[23]。官草沟内粮草足,骟马沟口战马嘶。扬武庭前令如山[24],金鼓鸣镝勤操练。烽燧如驼穿北磴[25],万里边墙一线牵[26]。

云横寿鹿八景奇[27],山川毓秀曾钟兹。人杰地灵永泰城,名将辈出镇西陲。达云万疆苟时进,升龙崔斌张国玉[28]。两代父子四提督[29],金戈铁马保家国。一代名将岳钟琪,归里祀祖利桑梓[30]。虎山松水气脉慨,尚武崇文永泰人。军民一心仇敌忾,无惧狼烟与贼匪[31]。寒光铁衣传金柝,梆声夜夜唤忠魂[32]。四百年来边塞梦,永保无斁护金城[33]。

雨水丰沛四时明,牧歌悠悠虎山青。松泉汩汩灌城南,杏黄蝶飞芋花漫[34]。砂田遍种禾尚头,粟黍溢香麦面纯[35]。东西沙河沟壑深,仲夏暴雨浊浪滚。洪漫川塬积墒泽,来年丰稔足九秋[36]。春耕夏耘荷锄归,小曲[37]民谣话苍生。秋收冬藏庆有余,风调雨顺乐年丰。

文运畅通文风兴,四圣宫[38]前拜先圣。义学私塾富文社[39],四书五经是本基。文郁林公李国华[40],古城文章三大家。一代才女孟坤元,两部诗集誉陇右[41]。民国重教办新学,永泰小学树楷模[42]。冲破旧俗建女校,巾帼教育开先河[43]。进步初阶启鸿蒙,勤勉自修有始终。古城名儒李临溪,《海门汇集》留嘉誉[44]。同乐社里同乐人[45],秦腔声声寓乡音。耕读传家润民风,勇健耿直秉民性。正道沧桑复原梦,风雨梨花千古恨。

东方风来满眼春,影视花开永泰城[46]。明星导演慕名来,佳片剧作如泉涌。群演戏骨遍村郭,名扬天下影视城。精准扶贫史无前,大通河水上古原。百年砂地变水田,现代农业永泰川[47]。葵海甘草枸杞园,鸟语花香胜桃源。

春雨如丝润故园,春潮滚滚话嬗变。景电工程惠民生,社会主义新农村。永川永丰和永安[48],小康路上笑语欢。"一带一路"东风劲,方兴未艾古城梦。

幸甚至哉!赋以咏志。

注释:

[1]永泰城始建于明万历三十五年(1607年),详见书中专述。

[2]在永泰城南,因南依老虎山而得名,当地人称"旧城子",遗迹尚存。据明兵备副使邢云路《永泰城铭》、明庄浪兵备使梁云龙《荡空松山碑》及《皋兰县红水分县采访事略》等地方志书文献所载和近年来西北师范大学李并成、刘再聪等专家学者考证,此城为西汉所建。

[3]永泰城东南西北有四座月城,当地人叫"城圈子",即瓮城。

[4]永泰城头四周共有十二座炮台(俗称马面)。

[5]永泰城只开一道城门,面南偏西。外门较小为永宁门,内门为永泰门,高大雄伟,是永泰城标志性建筑之一。

[6]寿鹿山,位于永泰城西南,海拔2833米,距永泰城6.5公里。

[7]老虎山,位于永泰城南,主峰形似卧虎,故名老虎山。最高海拔3321米,为白银市三县两区制高点。

[8]永泰城鸟瞰似龟形,所以又称之为龟城。据清代《永泰城图说》所

述,寓"洛龟献瑞"之意。

[9]即永泰城西北部一百多里外的天祝县毛毛山,为祁连山余脉,山上终年积雪。

[10]形容永泰城四周战略地势险要,有虎踞龙盘之势。

[11][12]明万历二十六年(1598年)三月,兵部尚书、三边总督李汶指挥了这场会剿之战,明军大胜。详情书中有专述。明兵备副使邢云路《永泰城铭》一文中有"率七郡鹰扬虎贲侁飞之士",此处指剑拔弩张镇守边陲雄关永泰城的勇士。

[13]随着松山会战的胜利,明王朝最终达到了割断河套蒙古部与青海蒙古部联系的目标,收复大小松山及附近大片失地,从根本上解除了西北边陲隐患。

[14][15]松山会战结束后,明万历27年(1599年),三边总督李汶亲自踏勘了景泰西北一带的边陲地形,并及时向朝廷上奏《松山善后事宜疏》,提出了筑边墙、建城堡、设将官、屯兵田、移民实边等巩固建设边防的重要措施。详见书中专述。

[16]三公指明甘肃总督彭泽、三边总督李汶、甘肃巡抚顾其志,他们分别先后以《边务疏》《松山善后事宜疏》《奏城永泰疏》,力言在原老虎城附近建城驻兵的重要意义。

[17]明万历三十六年(1608年),永泰城竣工雄起。

[18]形容寿鹿山兽类繁多、狩猎资源丰富。

[19]描写永泰城建成后,军民开荒屯田、兴修水利的生产场面。郑国,战国时期韩国人,水利家。为秦国关中地区设计修凿了著名的郑国渠。

[20]指黄河索桥建成,丝绸之路恢复贯通,商旅渐兴。

[21]三吉六秀属风水易学知识,指每一卦坐山纳甲方位的吉方,是指该方的星峰而言。

[22]忠烈侯,指永泰城城隍——西汉开国将军纪信。

[23]指永泰城的三件镇城之宝,即象皮鼓、渗金锣、夜明珠,明政府为

感化边民而特赐予永泰城。明末清初,一直保藏在玉皇阁的顶层,后被土司飞贼盗失。

[24]官草沟、教场营建于明万历三十六年(1608年),官草沟位于城西南5公里处,教场位于永泰城东约2公里处,扬武庭是此处的军训指挥所,书中有专述。

[25][26]指永泰城北的烽燧线。穿越昌林山,直达红水城,与明长城(俗称边墙)连为一体。

[27]"寿鹿八景"即古洞仙踪、崖畔虹桥、天梯云路、石泉泻玉、夜半涛声、炎天飞雪等景观,历来受文人雅士推崇。

[28]达云、李万疆、苟时进,永泰人。明末,达云曾任甘肃总兵,李、苟曾任永泰营守备等职;岳升龙、崔斌、张国玉,永泰人。清时,岳升龙曾任四川提督,崔、张曾任永泰营把总、都司等职。他们骁勇善战,为保卫家乡边陲作出了贡献。

[29]分别是永泰堡人岳升龙、岳钟琪父子,岳超龙、岳钟璜父子,岳升龙与岳超龙是胞兄弟,他们父子四人官至提督、总督等职。

[30]岳钟琪,永泰堡人,岳升龙长子,雍正时官拜宁远大将军,于雍正二年(1724年)归里祀祖,为家乡修缮水利设施。至今在永泰城内还流传着关于岳公补修龟城"五脏六腑"的佳话。

[31]清同治时,永泰城守军已全部裁撤。恰逢匪虏猖獗,城内居民万众一心、同仇敌忾,终不为匪破。

[32]民间相传,当年守城牺牲的巡夜更夫,他们所敲的梆子声,至今夜深人静时还能听到其余音。

[33]永泰城建成四百多年来,从未被外敌匪虏所攻破。

[34]永泰城南园子里阡陌纵横,有大片杏林,盛产洋芋。每年杏子黄时,洋芋花开,芬芳烂漫,蜂蝶戏舞,成为永泰城一胜景。

[35]永泰川日照强、光照足,盛产旱地优质禾尚头小麦。

[36]永泰人靠天吃饭,十年九旱。但是旱砂地、漫水地只要丰收一次,

可以满足一家人好几年的口粮。

[37]指永泰城内世代传唱的地方民谣。

[38]永泰城内供奉孔孟的庙宇,每年孔子生日,举行祭祀活动。

[39]富文社设在永泰城关帝庙内,是清光绪年间城内一些志趣相投的文人学子所结成的文社团体。

[40]指清时本邑文生李郁芬、林得时、李国华,他们为记录永泰城人文历史著书赋文,流传至今。

[41]清光绪年间,官草沟出了一位才女,姓孟,名坤元,字顺成。著有《读史集》《记游记》各一卷,书中有专记。

[42][43]永泰小学,民国十二年(1923年)由红水县政府创建,原名红水县第二公立高级小学校,当时为红水县名校;民国七年(1918年)三月,红水县知事胡云梯在永泰创立第二区公立第一初级女子小学校,即永泰女子初级小学,开景泰女学教育之先河,书中有详述。

[44]李临溪(1881—1953年),字维周,又名成祯,永泰堡人,书中有专记。

[45]是永泰城内的秦腔群团组织,创建于清咸丰、光绪年间。

[46]1985年,著名导演吴子牛慧眼识金——选中古城永泰作为电影《最后一个冬日》的外景拍摄基地,在这里诞生了景泰第一部电影。

[47]指永泰川灌溉引水工程,书中有专题介绍。

[48]从20世纪70年代初开始,随着景电灌区移民搬迁,永泰城逐步迁移分化出永川、永丰、永安三村。

第三节　景泰赋

陇右重镇,河西门户。地处鸡鸣三省之界,雄踞黄河大漠腹地。乃省府金城之屏障,系丝绸古道之要津。观其形彩蝶展翅,溯其源星汉璀璨[1]。放眼景泰,一马平川。高山嶙峋,丘陵起伏,川滩交错,沟壑纵横,碧野千顷,物阜民康。一派景象繁荣、国泰民安之盛世。

旷古时代,天宽地阔。雨露滋润,百草丰茂。风和日暄,万物生灵。喜集水、张家台、崇华沟……先民繁衍生息,彩陶生辉[2];石鹿沟、狼洞沟、黄崖沟……部落群居田猎,岩画缤纷[3]。

千古风云,百代遗迹。羌戎久居,风吹草低见牛羊;匈月角逐,刀光剑影话融合[4]。汉武伟略,张骞"凿空"西域道,索桥飞渡,金城至凉州,路捷三日;河西雄郡,吊沟肇置媪围县,古道新径,媪围至居延,商贾络绎[5]。白马东来,黄河岸边五佛寺[6];唐蕃争战,三和崖上西蕃窑[7]。夏蒙争锋[8],烽火连天鼙鼓寒;松山鏖战[9],七路雄师凯歌旋。万历新边[10],复完金瓯黎民安,丝路畅通,商旅云集;固疆安邦,云路筑城雄关连,虎贲佽飞[11],蟊贼胆寒。千筹百计,移民屯边。植根于斯,钟灵于斯。边陲中兴[12],一时多少豪杰。边将之冠达腾霄[13],武臣巨擘岳钟琪[14],建威将军李宗经[15],凉州镇台岳登龙[16]……智勇双全,功勋卓著。荆州俊勒石三眼井[17],朔风掠过昌林山。邢云路登山祭川岳,金戈铁马永泰城[18]。岁月如潮歌似梦,百年弹指一挥间。青天白日芦塘城,二十二年置新县[19]。红流磅礴惊天地,碧血雄风一条山。抗日促进五佛寺,薪火相传景泰川[20]。景泰学子马列坚,喋血疆场英名传[21]。昌林投诚举义旗[22],五星熠熠曙光灿。翻身人民庆新生,社会主义大道宽。

钟灵毓秀,文运启昌。红水分县宽沟城[23],光四书院教化兴[24]。一代廉吏冒兰仲,宽山书院清风轩[25]。戚翰林入京都水司,孝母潜绘《娱亲图》[26];颜举人不第绝仕途,诲人嘱修《红水志》[27]。寿堂蓝田东渡远,同盟会里精神显[28]。简易师范百花园[29],国民教育开新篇。

悠悠古道,泽遗百代。建商会、设盐局[30]、组驼队……矢志不渝徒步涉出景泰旧盐道,察汗池盐到汉中;压砂田、缝裘衣、烧土陶……殚精竭虑智慧联通新商路,景泰土特出远洋[31]。

农耕稼穑靠苍天,旱川砂田民生艰。一九六九春风暖,省委布阵景泰川[32]。人民公仆李培福,面向群众孺子牛。黄河岸边,草土围堰[33];刀楞山沟,凿洞开隧,猎虎山下,倒链架槽;兰炼岘上,红旗猎猎……栉风沐雨,筚路蓝缕。励精图治五十年,科技兴水济苍生。景泰儿女多奇志,敢教日月换新天。今日景泰川,田连阡陌,林渠纵横,绿树成荫,粮丰物盈。经济、社会、生态、绿色、文明效益著称陇上;救命、翻身、脱贫、致富、德政工程口碑在心。中华之最万民景仰,景电精神时代凯歌。

幸福美丽新景泰

　　丝路景秀,山水泰美。黄河、长城、大漠、绿洲交相辉映;石林、岩画、古堡、湿地点缀其间。古往今来,高人韵士,登临赋怀,尽在其中。祁连余脉寿鹿山北走蜿蜒,云杉甘草香獐蘑菇名冠陇右,寿鹿八景闻名遐迩[34];中华奇观黄河石林雄奇险,石笋峡谷驴的皮筏尽显其特,龙湾富士有口皆碑。九曲黄河入景泰,过龙湾、索桥、黑山峡……从流飘荡,任意西东;万里长城向西行,跨芦阳、草窝、牦牛圈……烽燧狼烟,气吞万里。看五佛寺渔火稻香,听千佛洞梵音禅禅;觅古盐道商旅陈迹,闻腾格里驼铃声声。白墩子盐沼湿地沙鸥翔集,鸳鸯戏水;新墩湾山地草场绿茵如毯,马莲花开。梧桐山锦鸡报晓胡杨盛,昌林山暮鼓晨钟飞雪瑞。文旅融出新天地,影视基地异彩呈[35]。

　　邦开淑景,国重民生。今之景泰,绿洲热土。造林遏沙,生态屏障。引黄灌溉,产粮重地。物产盈溢,矿藏富足。石膏储量,居国前列。新型能源,大有作为。地标产品[36],绿色健康。工业制品[37],低碳环保。大河奔流春潮涌,百年梦想黑山峡。举多元产业之措,创百业争鸣之景。

  雄哉景泰!万众一心,共创辉煌!

  壮哉景泰!宏图大展,鹏程万里!

  美哉景泰!沃野千里,瓜果飘香!

  康哉景泰!城乡一体,繁荣富强!

(2023年11月,此赋被景泰县委、县政府征选并镶刻于景泰文化广场)

注释:

[1]景泰岳镇西方,河绕东境,从地图上看,宛如一只翩翩起舞的彩蝶;且景泰历史悠久,早在4500多年前,就有先民繁衍生息。西汉以来,三次设县,五置县城,人文历史如九天星河中的星宿,参差罗列、耀眼瞩目。

[2]这些墓葬群都属于4500年前新石器马家窑时代半山类型文化遗址,出土的陶器多为彩绘红陶。

[3]景泰县相继发现岩画多达10处,分布在县内6个乡镇,总面积达100余平方米,约有数百幅数千个单体图像,属史前文明。其内容丰富,题材广泛,风格古朴。分布以祁连山东端余脉为载体,以县城为中心,集中在北、西、南各乡镇,主要分布在寺滩乡白茨水村石鹿沟,红水镇姜窝子沟、梁家湾、狼洞沟,中泉镇野狐水村板荨沟、尾泉村陈家坝沟和尾泉沟口,草窝滩镇三眼井村红石崖,正路镇彭家峡和芦阳镇黄崖沟的深山沟谷内。

[4]自夏至汉初,景泰地界曾先后属西戎、月氏、匈奴休屠王辖地,民族争战时起,犯扰反复,各民族融合共生。

[5]丝绸之路是一条曾对中外政治、经济、文化交流起过重大作用的国际通道。自张骞"凿空"西域后,丝绸北路于汉时,从京城长安出发经固原至索桥渡口(今芦阳镇索桥)过河入景泰境,经响水、媪围(今芦阳镇吊沟古城)、芦阳、一条山、寺滩、过蒿沟岘入古浪界沿河西走廊西行。从索桥古渡过黄河通往河西走廊时间最短,历代兵家视为重要的军事关隘,汉代对付匈奴,明代抵御蒙古残部,该地既是前沿,也是通往河西的要道,更是渡河

的要津,长城、丝路、黄河渡口在这里并存,见证了两千年的沧桑兴衰。蒿沟岘明、清时仍为"东达会州,西通新疆"之要道。西汉元狩二年(前121年)起,西汉在河西走廊置武威、张掖、酒泉、敦煌四郡。西汉元鼎六年(前111年),境内置媪围县,属武威郡,为景泰建县之始。媪围城位于县城东15公里处的芦阳镇吊沟村的大树梁,北跨山梁,南迤平滩,呈不规则状。城垣多已颓废,但痕迹犹存。居延置,今寺滩乡白茨水村,当时是丝绸北路上的重要驿站。

[6]在东汉时期,因汉明帝刘庄梦见丈六金人自西而来,普放金光,所以遣人西去寻访佛法,后迎天竺两位高僧回到洛阳,这两位高僧随行带来的佛经由白马驮运经索桥渡至洛阳。沿寺原名五佛寺,又名千佛寺。约建于北魏时期,位于五佛乡兴水村西南1公里黄河边沿,坐西向东,背山面河,因石窟内塑有五尊大佛像和千余小佛像而得名。历史上沿寺设渡口,遂为盐商占用,一变而成为盐市。

[7]唐广德年间,景泰由吐蕃控制,在此繁衍生息近九十年,在今中泉镇三和村山崖上凿窟而居,即西番窑。正面大小洞口112孔,洞内面积约3430平方米,其中最大的洞内面积600平方米,最小的3平方米。距今已有1200多年历史。

[8]咸平六年(1003年),党项羌族入河西。1038年为西夏占领,景泰地属西夏。宝庆二年(1226年),蒙古族攻入西夏境,经过激烈的征战,西夏败退景泰,遂为蒙古族所辖。

[9]明万历二十六年(1598年)三月,兵部尚书、三边总督李汶,大司马兼甘肃巡抚田乐约两河之众,集七路之师,统兵10万,指挥了松山会战。本书已重点详述,此处不再重复。

[10]松山会战结束后,明万历二十七年(1599年),三边总督李汶亲自踏勘了景泰西北一带的地形,并及时向朝廷上奏《松山善后事宜疏》。本书已详述,此处不再赘述。

[11]明兵备副使邢云路《永泰城铭》一文中有"率七郡鹰扬虎贲伙飞之

士"，此处指勇士剑拔弩张镇守边陲雄关永泰城。邢云路于明万历三十五年至三十六年（1607年至1608年）设计监修了永泰城、正路堡、保定墩院等，所以说"雄关连"。

[12]明末清初，西北边陲相对安宁，农业生产得到了一定发展，人民安居乐业。特别是永泰城建成后，朝廷大规模移民充边，松疆一带（今景泰地界）出现了空前繁荣。

[13]达云（1551—1609年），字腾霄，号东楼，永泰堡人（今寺滩乡永泰村），勇而有谋。书中有专记。

[14]岳钟琪（1686—1754年），字东美，号容斋，临洮府永泰堡人（今寺滩乡永泰村）。书中有专记。

[15]李宗经（1841—1907年），芳草渠（今芦阳镇芳草村）人。同治六年（1867年）正月，跟随靖远县知县金麟克复靖远县城，以军功奖六品蓝翎。返里后，出家资招募兵勇500余，率而西进，投效于哈密办事大臣文麟军前，屡著战功。戎马20余年，曾为甘肃威仪营参将，后为副将，补西宁镇所属南川营都司。光绪十六年（1890年）被保荐为总兵衔，诰封"建威将军"。

[16]岳登龙（1819—1863年），大芦塘人（今芦阳镇芦阳村），清代将领。历任把总、哨官、守备，洪广营、大通营游击、参将，潼关协副将，西宁镇海协副将，浙江海城镇总兵，凉州镇总兵，封"建威将军"，有"小岳家军"美称。退役后回故里，关心地方公益事业。

[17]三眼井堡在县城西北20公里处的上沙沃镇三眼井村。三眼井堡旧名氾水关，明万历二十七年（1599年），兵备副使荆州俊建，并勒石立碑铭文。

[18]永泰城于万历三十六年（1608年）修筑告竣，此城的设计监修者——兵备副使邢云路亲自到永泰城，选择吉日，登山祭奠，告其成功，树石勒铭，撰写《永泰城铭》。

[19]民国二十二年（1933年）一月三十日，甘肃省政府决定，红水县和

靖远县北区的大小芦塘、五佛寺、一条山、锁罕堡（兴泉堡）、胡麻水等地合并，成立景泰县。

[20]1936年10月27日，红四方面军渡过黄河进入景泰地区，与围追堵截的国民党8个旅在一条山等地浴血奋战10余日，击毙敌河防前线总指挥马廷祥（敌骑五师少将参谋长），共歼灭国民党军队2500余人，并成立了河西第一个群众性抗日组织"五佛寺抗日促进会"。

[21]1936年10月，红西路军强渡黄河，血战一条山，攻打芦阳城，伏击雷家峡，冲破重重堵截，向河西走廊挺进。红军在景泰宣传马克思主义，组建"五佛寺抗日促进会"，播下了革命的火种。之后，景泰县陆续有张永钦、马振兴、高钟、王贵仁等进步青年学生，奔赴解放区投身革命，其中张永钦、王贵仁为革命壮烈牺牲。

[22]1949年9月15日，国民党胡宗南部骑一旅少将旅长张钦武（景泰县一条山人）率部在红水昌林山向中国人民解放军投降，景泰县全境解放。

[23]乾隆四年（1739年），甘肃巡抚元展成奏请于红水、永泰、宽沟、镇虏（正路）等地适中之宽沟设县丞一员，首任县丞赵锡谷。书中《百年县治宽沟城》有专记。

[24]乾隆四十二年（1777年），红水县丞史载衡在宽沟创建光四书院，其本质为义学，旨在教化民众。

[25]冒菜，书中有专记。

[26]咸维礼（1807—1852年），字履白，大芦塘人（今芦阳镇芦阳村）。道光十五年（1835年）乙未科第二甲第八十一名进士，入翰林院任庶吉士，再授中宪大夫，任工部主事。后升任员外郎、督水司（从五品）等职。任期内曾多次来甘肃考察水利。公为官清廉。曾亲迎八旬老母入京就养，其母不惯京师繁华，念念不忘故园，屡谋返里，维礼乃绘《娱亲图》一轴，悬于堂上，供母赏玩，以减思乡之情。道光三十年（1850年），辞官归里。

[27]颜学洙（1846—1925年），字泰源，稽沟井（今正路镇石井村）人。光绪十一年（1885年）乡试，学洙中乙酉科举人。后，赴京会试，不第，即绝

仕途,教导后生,历数十年之久,成才者甚多。晚年时,多次嘱托门生武绳祖(兔窝人,贡生)早日完成《皋兰县红水分县采访事略》编纂事宜。

[28]宣统三年(1911年),景泰县最早出国留学生李蓝田(芦阳镇响水村人)、胡寿堂(五佛乡泰和村人)东渡日本,就学明治大学,两人在日本参加同盟会。

[29]1945年秋,国民政府在县城芦阳创办景泰县简易师范学校,旨在培养小学教师,开景泰县中等教育先河。

[30]1949年前,公营商业只有盐业一家,其将内蒙古阿拉善左旗察汗盐池、景泰白墩子盐池的白盐,销往兰州、靖远、会宁、静宁、天水、宝鸡、汉中等地。景泰盐场先后设在大圪达、青崖、沿寺、一条山等地。民国二十四年(1935年),成立"西北盐务管理局一条山盐场",对察盐、白盐实行专卖。年销量2500多吨,最高达5000多吨。盐场设有武装盐警中队稽查。

[31]清末英国商人在芦塘城设"兴泰新洋行",收购皮毛,为中级外贸市场。

[32]1969年10月3日,成立景泰川电力提灌工程指挥部,省革委会副主任李培福任总指挥。10月15日,景泰川电力提灌工程破土动工。

[33]草土围堰是用一层草一层土再一层草一层土在水中逐渐堆筑形成的挡水结构,为中国传统的河工技术。其下层的草土体靠上层草土体的重量,使之逐步下沉并稳定,堰体边坡很小,甚至可以没有边坡(俗称收分)。在修建景电一期草土围堰过程中,共需用长度0.5米以上的麦草或者稻草240多万斤,10米长的粗草绳4万多根,细草绳16万根,这对当时物资匮乏的景泰县来说是个极大的困难。在没有组织、没有命令、没有动员的情况下,当地老百姓自发地捐送麦草,许多农民把自家盖房子的麦草也送来了。稻草、麦草源源不断地从四面八方聚集到了工地,不到一个月时间,一座座草山便矗立在了盐寺坪。草土围堰是景电一期工程建设中的一项重要工程。

[34]《寿鹿八景诗》,书中有详述。

[35]1985年,著名导演吴子牛在永泰古城拍摄了第一部电影《最后一个冬日》,便打开了景泰的影视之窗,从此一发而不可收。目前,在永泰古城、黄河石林、大敦煌影视城、寿鹿山等景区拍摄的影视剧有80多部,景泰县已成为西部乃至全国著名的影视基地。

[36]近年来,景泰的特色农产品"景泰枸杞""条山梨""龙湾苹果""翠柳羊肉"等获得国家农产品地理标志认证。

[37]景泰县的主要工业产品水泥、铁合金等均占全省总量的10%左右,纸面石膏板年产量居全省首位。

后 记

  古城永泰历史内涵丰富，文化底蕴深厚，如同一部史诗，熠熠生辉，光彩夺目。四百多年来，勤劳智慧的永泰人民一面传承文明，一面创造历史，哺育培养出了达云、岳升龙、岳钟琪等历史名人，他们为维护民族团结、保卫祖国边陲作出了卓越贡献，名垂青史。由于永泰城长期地处边陲地带，经济文化相对落后，史书中关于古城历史的记载很少，迄今没有一本完整记载永泰古城历史文化的专门书籍。即便有少量著作，其内容或零星纷乱，或含糊其词，或断章取义，不利于今天研究开发永泰古城。

  露从今夜白，月是故乡明。多年来，笔者凭借着对故乡永泰的赤诚之情和执着热爱，利用工作闲暇之余，通过翻读查阅《水经注》《天下郡国利病书》《明史·地理志》《大清一统志》《清史稿》《岳钟琪传》《宁远大将军岳钟琪》《兰州府志》《皋兰旧志》《皋兰县红水分县采访事略》《创修红水县志》《白银市志》《景泰县志》《永泰城与寿鹿山》《景泰古今》等史料、书籍，走访查询了永泰城三十多家居民的家谱序文，在探索中寻觅，在思考中积累，在甄别中拓展。同时，秉承马克思历史辩证唯物主义思想，坚持史料佐证，力求以史为准、以史话事、以史陈情、以史明理，经过近一年的努力编撰，终于在甲辰龙年十月前完成了《永泰城史话》一书初稿，作为一份国庆文化薄礼敬献给故乡人民，以飨喜欢永泰文史的朋友们。

  读史存鉴，汇文成书。这是笔者平生第一次大胆尝试，确有"初生牛犊不怕虎"之莽撞，委实惴惴不安、诚惶诚恐。由于笔者文史知识浅薄，写作水平朴陋，加之时间仓促，书中一定有很多错误和不足。为此，笔者竭诚恭请广大读者批评指正,为进一步发掘古城历史,提供更多、更宝贵的研学资料。

同时,在编写该书的过程中,笔者发现了以下几个问题,现将其逐一罗列,以便共鉴。

一、永泰城的督建设计者——邢云路的官职是"明兵备副使",不是"兵部副使"。在当前县域范围内流传的一些书刊或有关工作人员的解说中,存在混淆误解现象,虽一字之差,概念截然不同,切不可等闲视之。

二、邢云路《永泰城铭》一文中所述"乃以是年秋,移皋兰参军驻兵永泰"。这里述说得非常清楚,当时入驻永泰城的是皋兰参军。但是,在今天的解说中,许多人误将皋兰参军说为兰州参将,参军与参将是两个不同的官职。永泰城建成以后,其战略地位日益凸显,肃王为了进一步加强永泰城军事防御功能,裁拨卫所马八百匹归永泰营,并以将官移驻,这时,兰州参将才入驻永泰城。

三、《皋兰县红水分县采访事略》(以下简称《采访事略》),原稿保存于台湾"国立中央图书馆",可能为国民党撤离大陆时携至台湾的,1986年由台湾刘兆佑博士主编的《中国史学丛书三编》中影印出版。由于民国二年(1913年)才有"红水县"的正式名称,有清一代,一直以"红水分县"称之,因此,《采访事略》当成书于清光绪末年,早于民国初年所编纂的《创修红水县志》。《采访事略》一书,是兰州财经大学高启安教授在访日期间发现此书并协调复印,回国时随身携带并交流到景泰县。这是高教授对景泰文化的一大贡献,并非当前一些书刊中所言:是某人某年在南京古籍图书馆中查找到的。更有甚者,把《采访事略》与《创修红水县志》误认为是同一本书,导致部分读者把与永泰城相关的年月时间和人物传记张冠李戴,错误频出。

四、《皋兰县红水分县采访事略》中《永泰城图说》后署名为"邑生员林得时创记"。但其中又言"余于圣母庙见邑生员林得时叙《重修庙记》,代画城像,龟形之语,未见洞彻,因搜古區残碑,得其记略,删其荒诞之辞,择其晓畅之语,汇成图说,以备后览"等,由此可见《永泰城图说》非林得时所作,而是另有他人,李国华谓"林得时创记"明显是错误的。林公所作者,《永泰城图》及《重修庙记》也。《重修庙记》,《采访事略》不载;《永泰城图》尚不知现藏何处。景泰县博物馆现藏有一幅《永泰城图》,不知是否为林得时所画,有待考证。《永泰城与寿鹿山》一书中所述《永泰城图说》的作者为林得时、李国华,明显是错误的。

五、关于清宁远大将军岳钟琪的身世原籍问题。目前,在永泰古城能够佐证的历史资料只有两处,即岳家坟嶂(掌)和《永泰重建诸神阁记》碑文。其中,岳家坟嶂(掌)的碑文已全毁,只字不留,能够看得到的只有几座荒冢,已无法考证。另一处是裸露在永泰城内戏楼下的《永泰重建诸神阁记》碑,碑上中清晰地记录着岳钟琪的祖父"陕西西宁镇南川都司管守备事岳镇邦"、父亲岳升龙及其本家岳镇库、岳镇国、岳会龙、岳见龙、岳钟瑾等人为家乡捐款集资的名字。目前,此碑文由于长期裸露遭受风雨侵蚀,部分字迹已模糊不清。为此,本人建议景泰县有关文保部门尽快采取措施,妥善保护此碑,否则,碑文损毁,将无从考证,有负于历史和子孙后代。

六、近年来,一些研究者在古典诗词中寻觅永泰历史,印证相关历史地名、事件,过于牵强附会,从而出现了望文生义、断章取义现象。在近年来出版的《景泰古今》等书刊中,有把李白《塞下曲》"将军分虎竹,战士卧龙沙"中的"龙沙"释义为"景泰县永泰城北之龙沙岘"。但是《辞海》《唐诗三百首集注》中对"龙沙"一词的注解是"泛指塞外沙漠之地",由此可见,龙沙并不是指一个确切地方;又《后汉书班超传赞》"坦步葱雪,咫尺龙沙",《注》"葱岭、雪山、白龙堆、沙漠也"。龙沙本为两地,皆在西北塞外。刘孝标有《待宴赋得龙沙宵月明》诗,诗家始误以龙沙为一地,泛用为塞外通称。清方式济著《龙沙纪略》,专记黑龙江事,亦沿用旧文,而东北亦称龙沙矣。永泰城东南1.5公里有龙沙岘。经笔者查看永泰城李、王、马、高、周等兵户人家的家谱和清光绪《永泰城记》,有对永泰一带为"龙沙"之称谓的记述,如"永泰城,汉时为老虎城,唐宋为龙沙……"但是,李白《塞下曲》中的"龙沙"与永泰之"龙沙"显然离题万里,是不可混为一地的。

七、当前,对永泰城一些具体建筑物历史的阐述说明,不够精准具体,存在臆断推猜现象。如对永泰门的解说：此门建于明万历三十五年（1607年），是一座完整纯粹的明代建筑……但实际上，民国九年（1920年），海原大地震，永泰门内门及东边城墙坍塌200多米，受损严重。震后地方人士会同红水县政府对此进行了维修。又如对永泰城头东西城楼文魁阁、财神阁（镇番阁）、城外教场扬武庭、龙王庙诸多建筑物都解说为毁于"文化大革命"及破"四旧"运动中，实质上这些建筑物都毁于清同治年间，新中国成立前就不存在了。

八、永泰城址是全国重点文物保护单位，在丝绸北路影响很大。但是，目前永泰城址没有一个规范统一的名称。有"龟城""永泰龟城""金龟城""永泰城"等名称。其实，这都是针对永泰城的形状而言。其文化内涵何在？自然界中有河龟、海龟……并无什么金龟、银龟等神物。再说，龟在中国传统文化中，虽为吉祥物，但"龟"字并不被世人称道认可。尤其是在重大建筑物及名胜古迹的命名中，基本不用"龟"字。如成都古城、平遥古城，其形状都是龟形，但其正名都没有龟字。所以，古城的设计者邢云路在《永泰城铭》中未提到半个"龟"字。笔者建议：古城的正式名称还是以"永泰城""永泰城址"或"永泰古城"为好，"永泰龟城"或"金龟城"乍听生动形象，但仔细体味则名不雅，因为传统景泰人对"龟"字的排斥是特别强的，且在全国的名胜古迹和文物保护单位中，以"龟"命名的也不常见。

以上所述疑点错误，只是管中窥豹、一隅之见。史海钩沉，大海捞针；逆水行舟，不进则退。笔者试图通过《永泰城史话》一书，解析清楚一些史实公正、评价公允、分析透彻、逻辑合理的历史知识，能够给读者朋友以知识获得和思维启迪，并由衷希望本书能够得到读者朋友的认可，这是笔者的初衷祈愿。但限于史料不全和本人水平有限，书中难免有许多错误和疏漏之处，谨请广大读者朋友提出宝贵意见。

石延荣

2024年10月